Ilse M. Seifried

die kunst zu wandeln

LABYRINTHISCHE FREIHEIT

symbol und erfahrung

Impressum

Labyrinthische Freiheit, Symbol und Erfahrung

Herausgegeben von
Verein IK – Internationale Kulturprojekte
Hebragasse 4/7, A-1090 Wien
ZVR 192255436

Grafik-Design
Sibylle Gieselmann
www.sibyllegieselmann.com

Druck und Vertrieb im Auftrag von Verein IK:
Buchschmiede von Dataform Media GmbH, Wien
www.buchschmiede.at

ISBN: 978-3-99152-081-8 (Paperback)

Die Autorin erhielt keine finanzielle Unterstützung für Forschung, Autorinnenschaft und Drucklegung. Der Text entstand ohne KI.

Wien, September 2023

VOR-WORT

GELEIT-WORT

Spüren, schmecken, riechen und hören. Als Embryo. Als Baby die Welt zusätzlich sehend entdecken. Die Labyrinth-Struktur sah ich als Erwachsene in einem Museum in Kalifornien und zeichnete sie ab. Doch meine Neugierde reichte nicht, mehr wissen zu wollen. Jahre vergingen. Dann begegnete mir das Wort noch einmal. Der Name. Magisch wie Rumpelstilzchen. *Labyrinth.* Ich las über die mythische Ariadne und ihren Faden. Ein paar Tage danach tanzte ich den griechischen Kranichtanz Géranos. Ich hörte, dass sein zweiter Name Tsakónikos, Labyrinth-Tanz ist. Aus diesem Tanz heraus entsprang der Wunsch: Ich will wissen, was das Labyrinth wirklich ist.

Die Labyrinth-Struktur zeichnete ich für die erste Begehung mit Kreide auf einen Holzboden. Mehr als 26 Jahre ist das nun her. Jetzt schreibe ich über das Labyrinth. Obwohl ich immer noch nicht weiß, was es wirklich ist.

Schreiben ist für mich ein achtsamer und entschleunigender labyrinthischer Dialog mit mir und der Welt, ähnlich einem Land-Art-Prozess. Es gibt einen Augenblick der Fertigstellung, der ein Wendepunkt ist, mit dem ein Prozess des Loslassens, Veränderns und Weitergehens beginnt.

EIN-LEITUNG

Eine lineare Verbindung von Ausgangspunkt und Ziel ist der kürzeste Weg. Diese Arbeit entwickelt sich entlang eines labyrinthischen Weges, der ein erfahrungsreicher Umweg ist. Mein Ziel im März 2021 war, eine Dissertation zu schreiben, weil es im deutschen Sprachraum noch keine zum bzw. über das Labyrinth gibt. Ich war bereit, mich dieser Herausforderung mit all ihren Ängsten zu stellen und mich dem labyrinthischen Weg anzuvertrauen, der mich führen würde. Er führt mich seit ich ihn kennenlernte und mich entschied, ihm zu folgen.

Auf der Suche nach einer Betreuungsperson, die ich nie fand, wurde ich gefragt: ‚Warum wollen Sie sich das antun?' Ich verstand diese Frage nicht sofort. Erst nach einer Weile wurde mir bewusst, dass ich mich bereits im Dissertations-Labyrinth befand und gab meine Vorstellung vom Ziel auf. Einfach weitergehen. Mein Schreiben würde durch keine institutionellen Grenzen eingeengt sein. Das ermöglicht, in aller Freiheit zu forschen, zu schreiben und zu leben. Ich muss nichts leisten, niemandem etwas beweisen, ich brauche den Titel *Doktorin* nicht.

Labyrinthische Strukturgrenzen bestimmen und leiten mich. Dazwischen schreibe ich mich Wort für Wort. Mehr als klassische Forschungs-Perspektiven füllen den Korb des Wissens bunter und vielfältiger.

Vielleicht werden Sie als Leser:in an einigen Stellen irritiert sein und das Gefühl haben, der Faden sei verloren, abgerissen oder verknotet. Wenn Sie weiterlesen, werden Sie ihn wieder zu fassen bekommen, spätestens am Ende, dem Ausgangspunkt, der nun mit einem anderen Blick gesehen wird.

Auch ich folge einem unbekannten Weg, der in mir erst entsteht, indem ich schreibe. In meinen Händen liegt mein labyrinthisches Herz, das durch alle Zeiten und Welten pocht und mich so führt.

FORSCHUNGSVORHABEN

Mein Forschungsinteresse gilt dem Labyrinth. Es gibt viele Fragen. Zum Beispiel: Warum ein Labyrinth begehen? Das ist eine Frage, deren Antwort eine Begründung finden wird. Rose Ausländer meint: „Warum? Weil. Erklärungen sind nur ein kleiner Bruchteil der Wahrheit ...“ (Ausländer 1984, S. 285) Andere Fragen lauten: Wie hängen Phänomene nichtlinearer Bewegung mit nichtlinearem Denken zusammen? Welche Wirkkräfte sind dem Labyrinth durch seine Struktur inhärent? Diese Fragestellungen bedingen, dass eine qualitative Methode angewendet wird. Ich habe mich für ein phänomenologisches Vorgehen entschieden. Mein Vorhaben besteht darin, das Labyrinth als Symbol und als Erfahrung zu erforschen. Meine theoretische Annahme ist, dass zwischen Form und Inhalt des Labyrinths wie auch zwischen Symbol und Erfahrung Zusammenhänge bestehen. Diesen Zusammenhängen möchte ich auf die Spur kommen. Dieser Text macht meine Spur sichtbar. Er ist meine Spur.

Beim Durchgehen eines Labyrinths wird ein nicht alltäglicher Bewegungsvorgang erlebt, womit das Labyrinth zu einem unkonventionellen und innovativen Erfahrungs-, Denk- und Erkenntnisraum wird. Diese Zusammenhänge gilt es zu beschreiben, möglicherweise auch zu erklären und schließlich systematisches Wissen und eine Theorie darüber herzustellen. Allgemein wird das griechische Wort *theorein* mit anschauen, beobachten und betrachten übersetzt. Bei meinem Vorhaben füge ich erfahren und erleben dazu.

Da alles Menschliche gesellschaftliche Bezüge hat, wird Gender konsequent auch in Theorie und Methodik mitbedacht. Grundlage bilden die Arbeiten von Donna Haraway und Trinh T. Minh-ha. Trinhs Theorie ist eine feministisch postkoloniale, die Wissenschaft und Kunst verbindet. Sie geht von nicht nur einer Wahrheit aus und zeigt viele Zugänge zu Wissen auf, wobei sie sich gegen jegliche Hierarchisierung von Wissen ausspricht. Staunen ist von zentraler Bedeutung, da dieses ein Sehen ohne Bewertung ermöglicht. Ich wählte ihre Theorie, weil sie bisherige wissenschaftliche Trennlinien dekonstruiert. Ihr Denkansatz scheint mir für die Erforschung des Kulturobjekts Labyrinth besonders geeignet.

Es gibt viele Arten zu sprechen und zu schreiben. Wissenschaftliche Sprache ist ein eigener Stil, mit Vor- und Nachteilen. Es ist von Gewicht, mit welcher Sprache gesprochen wird. „Es ist von Gewicht, mit welchem Anliegen wir andere Anliegen denken. Es ist von Gewicht, mit welchen

Erzählungen wir andere Erzählungen erzählen. Es ist von Gewicht, welche Knoten Knoten knoten, welche Gedanken Gedanken denken, welche Beschreibungen Beschreibungen beschreiben, welche Verbindungen Verbindungen verbinden. Es ist von Gewicht, welche Geschichten Welten machen und welche Welten Geschichten machen.“ (Haraway 2018, S. 23)

In diesem Sinne schreibe ich.

Die Konzeption zeigt sich am Inhaltsverzeichnis. Zu Beginn steht meine Auseinandersetzung mit Epistemologischem. Über die Aspekte Symbol und Erfahrung findet eine Vertiefung ins Thema Labyrinth statt. Dieser sind vier Studien angeschlossen, die sich auf Topographie und Choreographie des Labyrinths beziehen. Die Labyrinth-Struktur und ihre unterschiedlichen Teile werden einzeln analysiert und erweitert. Labyrinth-Erfahrungen werden anhand ihrer körperlichen Aktivitäten analysiert und philosophisch ergänzt. Daran schließt sich eine Analyse zu Form und Inhalt, der philosophische Aspekte hinzugefügt werden. Bisher Fehlendes oder Ausgeschlossenes wird in der vierten Studie über Dimensionen der Erweiterung thematisiert. Danach erst wird ein Resümee gezogen.

Material und Daten setzen sich aus dem Labyrinth selbst sowie vorliegender Literatur und recherchierten Berichten und auch reflektierten Eigenerfahrungen zusammen. Damit die Zuordnung offengelegt ist, verwende ich das Wort ICH, wenn Gedanken und Erfahrungen originär von mir stammen.

Die Auswertungsmethode umfasst, um die Sicherung und Nachvollziehbarkeit zu gewährleisten und Unbewusstes bewusst zu machen, auch die Offenlegung meines Relevanzsystems und Interpretationsrahmens sowie Reflexionen sich einstellender Gefühle. Differenzen werden innerhalb und nicht nur zwischen Identitäten zu lokalisieren und mitzudenken sein. Berücksichtigt werden besonders wirksame Muster unserer Kultur, die Bendel-Larcher als Problem-Lösungs-Schema und Ursache-Wirkungs-Schema benennt. Aus diesem Grund sei erwähnt, dass ich nicht suche. Ich muss meine Arbeit niemandem zur Prüfung und Benotung vorlegen und habe auch keinen Abgabetermin. Ich schreibe aus Freude am Entdecken. Ich will wissen. Nicht nur kognitiv abstrakt, auch sinnlich, emotional und körperlich. Mein Forschen inkludiert ein Wahrnehmen und Erspüren, ein Erkennen, Benennen und Bedeutung geben, um so o. g. Muster möglichst zu vermeiden bzw. offenzulegen. Das bedeutet, dass manche Schritte geplant und manche gänzlich ungeplant und spontan gemacht werden. Mein Maßstab ist innere Stimmigkeit. Stimmig können auch Disharmonien und Konflikte sein. Ich kenne für mich keine bessere Orientierung, denn innere Stimmigkeit ist immer in Bewegung, ein lebendiger Veränderungsprozess. Sein ist Musik.

Paul Watzlawick richtete an Franz Kreuzer, der 1982 das Interview mit ihm führte, folgende Frage und beantwortete diese selbst: „Können Sie sich vorstellen, dass jemand sich ganz bescheiden als Magnetnadel empfindet, die sich einfach einspielen will auf höhere Kräfte, die der Magnetnadel vollkommen unverständlich sind? Die Magnetnadel spielt sich ein, steht dann – und es stimmt. Können Sie sich vorstellen, dass man als Mensch unter Umständen so leben könnte? Die Vibrationen der Nadel erfolgen durch die Veränderungen des Magnetfeldes. Das Vibrieren, das Einspielen, das Gefühl des Stimmens und nicht das Erkennen des Sinns wäre meines Erachtens sehr ausreichend.“ Ob Stimmigkeit oder Vibration – ich vermute, er und ich meinen dasselbe.

Ziel meiner Arbeit ist, neue Erkenntnisse zu präsentieren, die meist durch Verknüpfungen von Fäden und Lösen von Knoten entstehen. Wenn diese als Impulse für weitere (interdisziplinäre und internationale) wissenschaftliche Labyrinth-Forschungen aufgegriffen werden, erfüllt sich ein weiteres Ziel.

Themenwahl

Das Labyrinth kann in der Natur mittels Steinsetzung errichtet werden, die sich auf einer Ebene oder auch einer schiefen Ebene, also Hanglage, befindet. Solche sind in Skandinavien seit dem 14. Jahrhundert oft anzutreffen und werden als Troiaburgen bezeichnet. Wenn beispielsweise ein Unwetter Steine versetzt, wird aus einem Labyrinth ein Irrgarten. Die Struktur kann sich auch mit Holzstücken gelegt indoor befinden oder mit auf den Boden geklebten Bändern sichtbar sein. Unsichtbar, so sich die konkrete Vorstellung im Kopf befindet, kann es überall, wo sich ein dafür freier Raum anbietet, begangen bzw. getanzt werden. Mich fasziniert die Vielfalt der Labyrinth-Welt innerhalb der Welt. In Glastonbury (GB) führt ein labyrinthisch angelegter Weg einen Hügel hinauf, womit dieses Labyrinth über eine dritte Dimension, die Höhe, verfügt.

Beeindruckt hat mich der Text „BergDenken“, die Habilitation von Dr.in Helga Peskoller. Ihre Arbeit inspirierte mich, so wie sie sich auf die Berge eingelassen hat, auf das Labyrinth einzulassen. Sie beschäftigte sich mit Grund, Übergang, Berg, Zeit(W)orten, Spurensicherung, Abstieg, Aufstieg und Gipfel.

Meine Assoziationen zum Labyrinth sind: Körper – Füße – Stehen – Bewegen – Vorwärtsgehen – Form – Grenze – Ordnung des Blicks – Vertrauen, die Orientierung zu bewahren und Angst, die Orientierung zu verlieren – Weltinnenraum – Weltaußenraum – Bezugspunkte der sinnlichen Wahrnehmung – Bezugspunkte von innerer Orientierung (Vorstellung, Erwartung, Wünsche, Moral ...).

Es gibt beim Labyrinth keinen Nullpunkt wie beim Bergsteigen, da eine Horizontale und nicht eine Vertikale begangen wird. Im Gehen kann es zu einer plötzlichen Ungleichgewichtung kommen, etwa durch ein Stolpern. Dafür gibt es wohl viele Gründe, wobei der Urgrund aller Gründe wohl im Nicht-gegenwärtig-Sein liegt, was in körperlicher und/oder geistiger Schwäche wurzeln mag. Doch vielleicht gibt es ja auch noch ein Drittes. Dieses Aus-der-Balance-Sein geht meist mit einem Gefühl des Verirrt-Seins einher. Auch wenn es im Labyrinth keine Möglichkeit gibt, vom Weg abzukommen, können doch die Fragen auftauchen: Wo ist nun vorne und hinten? Was vernebelt die Sinne, den Verstand? Nebel, der Verwirrung bewirkt. Er ist nicht leer oder hohl, sondern voller Angst, die sich plötzlich oder auch schleichend im Gemüt und Verstand ausbreiten kann, bis sie von allem Besitz ergreift. Es ist eine mutige Entscheidung, den nächsten Schritt zu setzen, denn erst später wird sich zeigen, ob damit der Rückweg angetreten wurde oder es doch vorwärts Richtung Labyrinth-Zentrum ging. Es gibt im Labyrinth kein Davonlaufen vor der Angst. Es findet eine Begegnung mit ihr statt. Eine Verbindung, mehr oder weniger vertraulich, entwickelt sich, begleitet von elementaren Gefühlselementen, die am Ende des Weges eine Qualitätsveränderung erfährt.

Aus meiner Auseinandersetzung mit „BergDenken“ entwickelte sich meine Themenwahl: *Labyrinthischer Denkraum*. Ich möchte bisher unerforschte Potenziale des Labyrinths als Erfahrungs- und Denkraum und seine möglicherweise inhärente Theorie entdecken und erforschen, wobei ich meinen Fokus darauf richte: Wie hängen Phänomene nichtlinearer Bewegung mit nichtlinearem Denken zusammen?

Forschungsfeld

Thematisch geht es allgemein um Bewegung und im Speziellen um die Bewegung durch ein Labyrinth. Grundsätzlich, meint der Hirnforscher Kempermann, ist festzustellen: „Gedächtnis- und Lernleistungen, Aufmerksamkeit und auch Kreativität profitieren von körperlicher Aktivität." Pointiert formuliert er: „Letztlich, so könnte man sagen, sind unsere Gehirne entstanden, um Bewegungen zu ermöglichen. Mehr noch: Sie ‚können' im Grunde nichts anderes als Bewegung. Auch das Sprechen ist ja eine motorische Aktivität." (Kempermann 2018)

Das Labyrinth hat einen Eingang, der auch der Ausgang ist. Beim Lernen ist das ebenso: „Eingangs- und Ausgangsseite, sensorischer Input und motorischer Output, sind sehr eng miteinander verzahnt." (ebd.) Der Weg durch ein Labyrinth folgt einem spezifischen Rhythmus. Auch das Lernen: „Es scheint, dass das Lernen gern bestimmte Taktfrequenzen vorfindet: Wenn ich von außen einen Stimulus setze, eine gewisse Rhythmizität, mit der die intrinsischen Taktfrequenzen gut harmonieren, dann fördert dies nachweislich das Denken. Ein klassisches Resonanzphänomen: Innen und außen sind im Gleichklang", fasst Kempermann zusammen.

Das Forschungsfeld ist sowohl thematisch als auch zeitlich eingegrenzt. Die Labyrinth-Figur wurde durch die Jahrhunderte sehr verändert. Meine Forschungsarbeit beruht auf der siebengängigen Ur-Struktur des Labyrinths, die die älteste ist und auf 5000 Jahre geschätzt wird. Meine Begründung dafür ist, dass die hohe Komplexität der Struktur-Charakteristika in der Ur-Figur ihren einfachsten Ausdruck findet und nicht weiter konzentriert, sondern nur verändert werden kann. Weiters umfasst das Forschungsfeld meine eigenen Erfahrungen und Reflexionen sowie recherchierte Literatur. Auf Befragungen und deren Auswertung wird verzichtet, weil dies den Umfang meines Vorhabens überschreiten würde.

Bedeutung, Relevanz und Kontext des Themas

Das Labyrinth und seine Erforschung sind von Bedeutung, weil das Labyrinth nicht nur ein archäologisches Objekt, sondern gegenwärtig für Millionen von Menschen von großer Bedeutung ist: Weltweit wurde und wird es in unterschiedlichen Kontexten angelegt und begangen.

Relevanz hat meine Arbeit, weil alles relevant ist, was ist und daher nicht fehlen sollte, damit das Fehlen nicht relevant wird.

Zu Kontexten werden alle Kapitel, alle Worte und Sätze, die Verstehen und Erfahren des Labyrinths und des Labyrinth-Weges pendelnd umkreisen. Auf diese Weise bewegtes Denken und Formulieren mag Verbindungen zum Zerreißen spannen und bis zur Unkenntlichkeit auch spannungsfrei verbunden sein, es wird jedenfalls auf keinen Punkt zusammenfallen, der ein Kern sein möchte oder sein soll. Trinh formuliert es so: „Denn der Kern der Sache ist immer anderswo als vermutet. Damit er sich zeigen kann, nähern sich ihm die Menschen indirekt, auf Umwegen, um ihm Zeit zum Reifen zu geben; sie lassen ihn kommen, wenn er bereit ist. Es gibt kein Jagen, kein Drängen, kein Schieben, kein Durchstoßen, kein Bedürfnis nach einem gradlinigen Fortschritt, der die bequeme Illusion erwecken könnte, man ‚wüsste wo es lang geht'. Raum und Zeit sind nichts, was einem völlig äußerlich wäre, was man haben, behalten, sparen, vergeuden oder verlieren könnte." (Trinh 2010, S. 28)

Alle Texte sind Kontexte, weil sie mit dem Labyrinth indirekt oder direkt, offenkundig und auch verschleiert im Zusammenhang stehen.

Mein Ausgangspunkt: Es ist nicht möglich, nicht labyrinthisch zu sein. Labyrinth ist Symbol und Erfahrung. „Die Erfahrung braucht das Andere, etwas, das ihr außerhalb liegt, ein Medium, eine Projektionsfläche, einen Rahmen und Kontexte, die übersetzen, übertragen und mehrfach vermitteln, bis sie das genau erzählt, was ihr geschenkt und widerfahren ist." (Peskoller 2001, S. 14)

Forschungsfrage

Meine theoretische Annahme ist, dass Zusammenhänge sowohl zwischen Labyrinth-Symbol und Labyrinth-Erfahrung bestehen wie auch zwischen Labyrinth-Form und Labyrinth-Inhalt.

Meine Forschungsfrage lautet: Wie hängen Phänomene nichtlinearer Bewegung mit nichtlinearem Denken zusammen?

Diese Fragestellung wurde bisher im wissenschaftlichen Bereich noch nicht gestellt und ist somit mein Beitrag zu wissenschaftlichem Fortschritt.

Forschungsziel

Ziel meiner Forschung ist es, eine Theoriebildung zu erarbeiten und zu präsentieren – eine Theorie, die möglicherweise dem Labyrinth inhärent ist. Ziel ist es auch, innerhalb der klaren Inhaltsstruktur labyrinthisch, also auf Umwegen und somit immer wieder die Perspektive wechselnd, schreibend weiter zu gehen, um – ja, richtig – wieder am Ausgangspunkt meiner Forschung – um neue Erfahrungen und neues Wissen reicher – anzukommen.

Theorie nach Trinh T. Minh-ha und Donna Haraway

Aus dem umfangreichen Werk von Trinh T. Minh-ha (Musikethnologin, postkolonialistische Differenz-Theoretikerin und Künstlerin) und Donna Haraway (Biologin und Epistemologin mit den Schwerpunkten Wissensgenese und Wissenschaftsgeschichte, eine der einflussreichsten Denkerinnen in der Kunstwelt) nehme ich jene Blickwinkel und Aussagen heraus, die in meinem Verstehen einen Bezug zum Labyrinth haben. Diese werden nicht in einem eigenen Kapitel abgehandelt, sondern sind immer wieder im Text integriert. Ich sehe darin keine mir möglicherweise vorzuwerfende Beliebigkeit, weil prinzipiell nie etwas vollständig sein kann und immer etwas offenbleiben muss. Ansprüche, dass ein abgeschlossenes theoretisches System vorgelegt werden muss, lehne ich, wie die beiden Autorinnen, ab, weil dies auch der Labyrinth-Struktur inhärent ist.

Wissenschaftlichkeit ist gegeben und bleibt erhalten, weil meine Gedankengänge und Argumentation einer Systematik unterliegen, verständlich und überprüfbar wie auch diskussionsfähig und kritisierbar sind.

EPISTEMOLOGISCHES

Über Denken

Was lässt sich über Denken denken? De Bono meint, dass es nur zwei Möglichkeiten gibt, Denken zu verstehen: „Denken ist wie Gehen und Atmen, das stattfindet ohne darüber nachzudenken, weil sonst die Gefahr besteht, dabei zu stolpern oder als Fertigkeit, die wie Radfahren trainiert werden kann, wozu ein Wille nötig ist." (de Bono 1989, S. 177) Ich habe mich immer schon gefragt, warum die Welt so oft in zwei Teile geteilt wird, die scheinbar unverbunden sind. Mit aktuellen neurologischen Forschungsergebnissen verbinde ich o. g. Aspekte. Davor zitiere ich Peskoller, die aufgrund ihrer Erfahrung als Extrembergsteigerin schreibt: „Das hängt mit den Bilderfluten zusammen, die kaum mehr zu bearbeiten, geschweige denn zu verarbeiten sind. Daher bin ich dran, mein Denken anderswo zu gründen: nicht im Blick, d. h. also nicht im Sehen, sondern im Tasten und Spüren. Das ist für mich die Grundlage des Erkennens." (Peskoller 2001, S. 185) Als Labyrinth-Begehende stimme ich ihr zu, wenn sie meint: „Mit den Füßen, die jemand benützt, kommt zwar etwas vom Körper zurück und mit ihm ein Denken, das nie mehr ohne Körper geht, aber das ist nicht schon das Paradies." (Peskoller 2007, S. 89).

Die Frage, was im Gehen anders geschieht, wenn der Raum nicht durch Sehen strukturiert ist, wird von blinden Menschen beantwortet, die sich durch das Labyrinth tasten und auch von Menschen, die ihre Augen geschlossen halten und sich am Ariadnefaden festhaltend ihre Schritte setzen. Die Aufmerksamkeit wird auf den Boden fokussiert und auf die Hände. Ein Hören auf die eigene Körperlichkeit und deren Bedürfnisse, Emotionen wahrnehmen, Gefühle zeigen und möglicherweise Selbstgespräche, bezogen auf gegenwärtiges Erleben oder vergangenes Erlebtes, all das wird dadurch aktiviert. Mit offenen Augen ist eine Person optisch dem Weg ein paar Schritte voraus, sieht, was am Wegrand wächst bzw. liegt, was generell oder im Detail wahrzunehmen ist.

Es gibt viele Arten des Denkens. Unter *linearem* bzw. *vertikalem Denken* ist analytisches Denken, das bestimmten Regeln wie Ursache-Wirkungs-Zusammenhängen folgt, gemeint. *Vernetztes* oder *laterales Denken*, zu dem Edward de Bono forschte, folgt einem intuitiven Ansatz mit subjektiver und selektiver Auswahl und Bewertung. Gedankensprünge und freie Assoziationen sind willkommen. Es geht nicht um Ja und Nein, sondern um unkonventionelle Herangehensweisen, denn es wird nicht ausgeschlossen, dass Rahmenbedingungen und Ausgangssituation verändert werden können. Thematisiert wird in diesem Zusammenhang auch, welche Hilfsmittel dem Denken zukommen, ob sie analog sind oder digital und wie relevant. Der Begriff „Querdenker:in" wurde ursprünglich im Zusammenhang mit diesem kreativen Denken verwendet. Während der Covid-Pandemie wurde er für alle Wissenschaftsskeptiker:innen verwendet, also jene, die nicht argumentativ und begründet diskutierten, sondern willkürliche Standpunkte einnahmen. Damit kam es zu einer Begriffsverwirrung, auf die an dieser Stelle hingewiesen sei.

Denken kann weiter differenziert werden in konvergentes und divergentes. Bianchi berichtet dazu: „Der Intelligenzforscher Joy P. Guilford hat 1950 in einer vielzitierten Rede vor der American Psychological Association, welche eine Bewegung von Kreativitätsforschung in Gang setzte, davon gesprochen, dass sich im divergenten Denken die offensichtlichsten Anzeichen von Kreativität finden. Damit wandte er sich nicht zuletzt gegen die für konvergentes Denken charakteristische Annahme, dass es nur eine einzige korrekte Lösung für ein Problem gäbe. Ihre Frage zielt auf einen entscheidenden Punkt: Linkshirn und Rechtshirn lassen sich in der Tat nicht schematisch trennen, sodass jemand entweder nur konvergent, logisch, rational und objektiv denkt oder nur divergent, intuitiv, holistisch und subjektiv. Im kreativen Prozess ist sowohl divergentes als auch konvergentes Denken unabdingbar. Die Beziehung zwischen konvergentem und divergentem Denken sollte eher als Kontinuum denn als Dichotomie verstanden werden. Wichtig ist zu erkennen, dass divergentes Denken eine grundlegende Voraussetzung für die Umsetzung von Intelligenzressourcen bildet." (Bianchi 2019, S. 28f) Weiters weist er darauf hin, dass Routine so lange Routine ist, bis ein unvorhergesehenes Ereignis zu einem Erlebnis wird, womit Vertrautes in Bewegung gerät, eventuell sogar erschüttert. Wenn keine Abwehrreaktion eintritt, entsteht in diesen Momenten Offenheit für Neues, „für Ungeplantes und bislang Unverfügbares, genährt aus den Quellen unbewusster Kräfte." (ebd., S. 25)

Bianchi bezog sich nicht auf ein Labyrinth und doch kommt mir ein solches in den Sinn, wenn ich seine Worte lese: „Ästhetisches Forschen beschreibt im Grunde eine Schlüsselkompetenz von kreativem Sein und Tun: Wir begeben uns auf den Weg, ohne ein bereits vorhersehbares Ergebnis erhalten oder erwarten zu wollen. Es ist ein Weg mit Unwegsamkeiten und einem ungewissen Ausgang. Wir folgen zwar bestimmten Zielvorstellungen, verlassen sie jedoch wieder – greifen andere auf, folgen ihnen, verwerfen sie usw. Der Prozess ist performativ. Kern ästhetischer Forschung ist die Synergie (das Zusammenwirken, Vernetzen, Verknüpfen) von Kunst- und Kreativstrategien mit Alltagserfahrungen und wissenschaftlichen Methoden, um dies alles in einer Selbsterfahrung zu integrieren." (ebd., S. 30)

Es gibt viele Theorien des Denkens, die, wie auch das lineare Denken, in einer patriarchalen Denkwelt entstanden, wie jene von Platon, Aristoteles u. a. Auch wird Denken in den Disziplinen Biologie, Ethnologie, Psychologie und Philosophie unterschiedlich definiert.

Feministische Kritik bringt zum Ausdruck, dass „der Kategorienrahmen der meisten Systeme der abendländischen Philosophie nicht nur dualistisch strukturiert, sondern daß die jeweiligen Kategorien *hierarchisch geordnet* und zugleich *sexualisiert* sind, dergestalt, daß die jeweils übergeordnete und wertvollere Kategorie als männlich und die jeweils untergeordnete und irgendwie suspekte als weiblich gilt. Auf diese Weise schreibt sich die patriarchale Geschlechterordnung in den Aufbau philosophischer Systeme ein." (List 1991, S. 516) Patriarchale und jede präfeministische Philosophie, ein Ausdruck, der mir soeben einfiel, lasse ich hinter mir. Dazu gehört auch, wie Zeit verstanden und bewertet wird. Graeber und Wengrow verweisen auf Eliade, der meinte, dass das lineare Zeitgefühl eine relativ neue Errungenschaft menschlichen Denkens ist und „zwar eine mit katastrophalen sozialen und psychologischen Folgen. Seiner (Anm.: Eliades) Ansicht nach verringerte die Vorstellung, Ereignisse entwickelten sich im Gegensatz zur Rekapitulation tieferliegender Muster in kumulativen Sequenzen, unser Vermögen, Härten wie Kriege, Ungerechtigkeit oder Unglück zu bewältigen, und stürzte uns in ein Zeitalter beispielloser Angst und letztlich ausnehmenden Nihilismus. Die politischen Folgerungen dieser Einstellung waren gelinde gesagt beunruhigend." (Graeber und Wengrow 2022, S. 529f)

Ausgangspunkt meines Denkens ist eine postkoloniale und feministische Philosophie, die nicht (neue) Geschlechter produziert, sondern die dem Leben dient, eine für alle gut lebbare Welt ermöglicht und herstellt, wie u. a. Donna Haraway und Trinh T. Minh-ha dazu anregen. Wie ist philosophisches feministisches postkoloniales Denken konkreter zu verstehen? Elisabeth List unterscheidet es von anderen Formen intellektueller oder kollektiver Orientierung. „Jeder Gedankenzusammenhang weist vier Merkmale auf: den Versuch, das *Ganze* der menschlichen Erfahrungswelt zu reflektieren, das Bemühen, dieses Erfahrungsganze *vernünftig* zu deuten, den Anspruch, dass philosophische Deutungen dieser Art von *humaner Relevanz* sind und ein Bewusstsein davon, dass Philosophie als ‚Liebe zur Weisheit' in ihren Ergebnissen hinter dem Anspruch auf die ‚ganze Wahrheit' notwendig zurückbleibt." (List 1991, S. 515) Sie weist auch darauf hin, dass keine Position frei von problematischen Konsequenzen ist und De-Konstruktion wichtig ist.

Es braucht immer wieder neue Denkansätze, um scheinbar unverrückbare Grenzen aufzulösen. Haraway sind viele innovative Denkansätze zu verdanken. Sie thematisiert die traditionelle Grenze zwischen Pflanzen, Tieren und Menschen und löst diese auf. „Der Genfetischismus ‚vergisst', dass Körper Knoten in Verbindungsnetzen sind, er vergisst den tropischen Charakter aller Wissensansprüche. Auch meine Auffassung von situiertem Wissen und Genfetischismus kann auf diese Weise starr und dogmatisch werden und scheinbar an und für sich bestehen, außerhalb der Artikulationen, die die These sinnvoll machen. Lässt man also das Wortgeklingel und die entsprechenden Wendungen beiseite, kann ein Prozessdenken genauso fetischistisch sein wie ein reduktionistisches. Sowohl Wissenschaftler*innen wie auch Nichtwissenschaftler*innen können Genfetischist*innen sein, und die US-amerikanische Kultur innerhalb und außerhalb der Laboratorien ist voll von Zeichen eines solchen Fetischismus wie auch des Widerstands dagegen." (Haraway 2017, S. 193f)

Die Verbindung von Denken und Handeln, die untrennbar miteinander verbunden sind und auch sein sollen, werden bei Haraway ebenso zum Thema. „Weil sie auf eine Sympoiesis praktischer Bündnisse eingestimmt sind, stehen das gehäkelte Korallenriff und die Navajo-Weberei im Zentrum des Denkens/Machens für lebbarere Politiken und Ökologien in Zeiten der Verbrennung und Extraktion, die Anthropozän und Kapitalozän genannt werden. Von Angesicht zu Angesicht und Hand in Hand sind das Great Barrier Reef und Black Mesa zusammengehäkelt und zusammengewoben: in einer kosmologischen Performance für das tentakulare Chthuluzan der Tausend Namen." (Haraway 2018, S. 125) Jede:r denkt. Haraway weist darauf hin, dass wir entscheiden können, was und wie wir denken. Wir denken auch ohne Entscheidungen, weil wir leben. Denken kann durch meditative Techniken auch temporär gestoppt werden. „Es ist von Gewicht, welche Konzepte Konzepte denken, und umgekehrt. Aber in diesem Fall haben koloniale Strukturen dafür gesorgt, dass den beiden wichtigen Konzepten nicht gestattet wurde, sich wechselseitig zu denken und etwas hervorzubringen, das bis dahin in beiden Gedankenwelten noch nicht vorhanden war, aber für beide Seiten brauchbar sein konnte. Wenn ein System des Denkens und Handelns das andere lediglich in kolonialen Rekursionen herabsetzt und für ungültig erklärt, dann kann es weder Sympoiesis noch *hózhó* geben." (Haraway 2018, S. 129)

Aus dem bisher Beschriebenen wird klar, dass es DAS feministische Denken nicht gibt. Die Vielfalt der erarbeiteten Konzepte feministischer Diskurse ermöglicht eine Annäherung aus unterschiedlichen Perspektiven. Ökofeministische Denkbeiträge haben die Basis bereitet, um die globalen Verflechtungen von Patriarchat, Kapitalismus und Kolonialismus mit ihren Konsequenzen nicht wie einen Gordischen Knoten zu zerschlagen, sondern die vielen Fäden einzeln sichtbar gemacht. Intersektionales Denken – den Begriff Intersektionalität brachte die US-Juristin Kimberlé Crenshaw 1989 zum ersten Mal ein – macht die bisher übersehene Verflechtung von Geschlecht, Klasse und Race sichtbar und damit bewusst.

Auch Hannah Arendts Denken und wie sie Denken versteht, soll hier genannt sein. Sie gehört weder einer Denkschule an noch folgt sie einer bestimmten Theorie. Auch gegen Kritik und Anfeindungen dachte sie auf ihre Art und Weise weiter, die sie als ‚Denken ohne Geländer' bezeichnet. Darunter versteht sie ein Denken, das Freiheit vermehrt, weil wir selbst nachvollziehen können, eigenständig beobachten und beurteilen anstatt, „wie es in der philosophischen Tradition üblich ist, dem Willen unterzuordnen." (Schmidt 2018, S. 25)

Sie bringt Gedankenlosigkeit und jene Konsequenzen, die diese hat, ins Zentrum des Blickfelds. „(...) wir sind das, was die Menschen immer gewesen sind – denkende Wesen. Damit meine ich lediglich, daß die Menschen eine Neigung, vielleicht ein unabweisliches Bedürfnis haben, über die Grenzen der Erkenntnis hinauszudenken und mit ihrer Denkfähigkeit mehr anzufangen, als sie bloß zum Erkennen und Handeln einzusetzen." (Arendt und Beiner 2013, S. 21) Eine Seite von Gut und Böse beruht auf dem Denkvermögen, meint Arendt. Eine andere, denke ich, beruht auf ungezähmten Emotionen und ebenso auf gesellschaftlichen Normen. Denken, meint Hannah Arendt, findet im Unterschied zum Erkennen nicht zielgerichtet statt und ist der Sinnlichkeit enthoben. (Arendt 2016) Mit dem ersten Teil stimme ich überein, doch nicht im zweiten. Den „Körper an sich" gibt es nicht, weil er immer schon „kulturell interpretiert" ist, meint Judith Butler. (1991, S. 24) Analog lässt sich daher behaupten, das Denken an sich gibt es nicht, weil es immer schon kulturell interpretiert ist. Butlers Denken „kreist um die Frage, wie es der Macht gelingt, den Eindruck zu erwecken, es handle sich beim Körper um eine biologische Voraussetzung gesellschaftlicher und politischer Prozesse, und sie nimmt an, dass die Antwort auf diese Frage in den Kategorien unseres Denkens selbst liegt." (Bublitz 2021, S. 13)

Wie die Frage „Was ist Denken eigentlich?" ist die Frage „Wie funktioniert Denken?" eine interessante. Wie funktioniert das eigene Denken und über welche Erkenntnisse verfügt die Gehirnforschung? Vier Systeme sind bedeutend für menschliches Verhalten und für Entscheidungen: „Es handelt sich um das Belohnungssystem, das emotionale System, das Gedächtnissystem und das Entscheidungssystem." (Schwarz 2010, S. 41) Von Bedeutung ist das Gedächtnis, das in drei Arten unterteilt werden kann. „Das prozedurale Gedächtnis macht uns handlungsfähig, ohne über Reaktionen und die Koordination von Bewegungen nachdenken zu müssen. Das semantische Gedächtnis hilft uns, uns in der Welt zurechtzufinden, und das biografische Gedächtnis ist eine Art sozialer Kitt, weil Gemeinsamkeiten und gemeinsame Erinnerungen die Verbindungen zu anderen Menschen stärken, wir dort die Erfahrungen im Umgang mit anderen Menschen speichern und den größten Teil unserer Identität auf unserer Biografie aufbauen." (Schwarz 2010, S. 70)

Felix Hasler, promovierter Pharmakologe, schreibt in seinem Buch „Neuromythologie" über wissenschaftlich gesicherte Ergebnisse und entstandene Mythen. Eindeutig scheint zu sein, dass es ca. 10.000 Stunden intensiver Beschäftigung braucht, um Expert:in (Geige, Schach, Kunst- und Wissenschaftsbereich u. a. m.) zu werden. Dem Thema Denken können viele Aspekte zugeordnet werden: Bewusstsein, Gedächtnis, Intelligenz, Künstliche Intelligenz, Emotion, Motivation, Sprache, soziale Kompetenz und Intuition. Konkrete Ergebnisse sind: „Das alte Dogma der Hirnforschung, dass das erwachsene Gehirn keine neuen Nervenzellen mehr hervorbringen könne, wurde widerlegt. Grundprinzipien der Hirnentwicklung, der dynamischen Formbarkeit des Gehirns (‚Neuroplastizität') und von Gedächtnisprozessen wurden entdeckt. Als größter Erfolg der Neuro-Unternehmung der 1990er Jahre werden aber die neuen Bildgebungstechnologien gefeiert. Das Zeitalter des Neuroimagings war soeben angebrochen. Nuklearmedizinische Verfahren wie die ‚Positronen-Emissions-Tomographie‘ (PET) und die ‚Single-Photon-Emission-Computed-Tomographie‘ (SPECT) hatten ihre Kinderkrankheiten abgelegt und erlaubten nun erstmals den molekularen Zugriff auf das lebende menschliche Gehirn. Und die ‚funktionelle Magnetresonanztomographie‘ (fMRT) ...“ (Hasler 2015, S. 19) Kritische Reflexion ist immer wichtig. „Martha Farah von der University of Pennsylvania geht sogar noch weiter: ‚Hirnbilder sind die Wissenschaftsikonen unserer Zeit, die Bohrs Atommodell als Symbol für Wissenschaft ersetzt haben.‘“ (ebd., S. 20) Hasler stellt fest, dass eine Verschiebung der Krankheitsursache von der Psyche zum Gehirn festgestellt werden kann und auch Sexismen zu finden sind. Er verweist auf Cordelia Fine, Kognitionspsychologin und feministische Kritikerin der Neurowissenschaften, die feststellte, dass es immer wieder bei der Interpretation zu direkten und indirekten Aussagen über geschlechtertypisches Verhalten kommt.

Race, Class und Gender dürfen nicht unberücksichtigt bleiben. Der Aspekt *Doing Gender* findet immer und überall immer noch in unterschiedlichen Ausmaßen statt. Auf Medizin bezogen formuliert Cleghorn an die Ärzt:innenschaft: „Wir sind die verlässlichsten Zeuginnen dessen, was in unserem Körper geschieht. Das Leben von Frauen hängt davon ab, dass die Medizin lernt, ihnen zuzuhören.“ (Cleghorn 2022, S. 472)

Nicht zu klären ist gegenwärtig die Frage, wie und weshalb Hirnprozesse von einem bestimmten *Erleben* begleitet sind. „Wer schon einmal mit halluzinogenen Drogen wie LSD oder Psilocybin experimentiert hat, wird ebenfalls bestätigen, dass es durchaus keine Selbstverständlichkeit ist, ein stabiles ‚Ich‘ zu besitzen.“ (Hasler 2015, S. 188) Eine spezielle Art in Bewegung zu sein, ist, sich im Flow zu befinden. Mit anderen Worten: alles ist in Bewegung.

Auch in der Alltagswirklichkeit gibt es nicht DIE Alltagswirklichkeit. Wildermuth schreibt: „Nach der Theorie von Lisa Feldman Barrett gibt es keine universellen Gefühle, sondern nur viele gesellschaftlich vermittelte Gefühle. Das ist die Herausforderung in der Kommunikation mit anderen Kulturen.“ Weil: „Gefühle sind keine festgeschriebenen emotionale Reflexe, sie werden in jedem Moment vom Gehirn neu erschaffen. Ausgangspunkt ist der aktuelle Zustand des Körpers. Fühlt er sich wohl oder eher nicht, ist er ruhig oder eher angespannt?“ Er berichtet, dass die Psychologin und Neurowissenschaftlerin Feldman Barrett feststellte: „Das Gehirn versucht ständig zu erraten, was die körperlichen Empfindungen eigentlich bedeuten. Es verknüpft sie mit der Situation aufgrund seiner Erfahrungen – und die sind von der Gesellschaft geprägt.“ (Wildermuth 2022)

Graeber und Wengrow vertreten in ihrem Buch „Anfänge" die Theorie, dass es nie ein Paradies gegeben hat, dem nach dem Sündenfall unvermeidlich Herrschaft folgte und es keine schrittweise Höherentwicklung menschlicher Gesellschaften gibt und evolutionäres Denken aus Vorurteilen besteht. Sie schreiben: „Die meisten Kulturanthropologen betrachten dieses evolutionäre Denken als ein kurioses, anachronistisches fachwissenschaftliches, das heute niemand mehr ernst nehmen kann, und die meisten Archäologen wiederum verwenden Begriffe wie ‚Stamm', ‚Stammesfürstentum' oder ‚Staat' nur noch, weil sie über keine alternative Terminologie verfügen. Fast alle anderen jedoch sehen solche Schemata nach wie vor als selbstverständliche Grundlage für jede weitere Diskussion an. Wir versuchen in diesem Buch zu zeigen, wie trügerisch das alles ist. Der Grund, warum sich die geschilderten Denkweisen so hartnäckig halten, gleichgültig wie oft man auf ihren mangelnden Zusammenhang hinweist." (Graeber und Wengrow 2022, S. 479) Damit wird klar, dass neue Begriffe nicht nur in der Anthropologie fehlen und wie schwierig es ist, sich von Denkgewohnheiten zu befreien.

Wenn von einem Paradies ausgegangen wird, in dem es zwar eine große Vielfalt an Wesen gibt, jedoch keine Ambiguität, keine Veränderungen, so wird, denke ich, doch Totenstarre beschrieben und nicht einmal linear gedacht. Tod und Töten wurden zur Ideologie, die den politischen Alltag über Jahrtausende prägte. Die Einsicht, dass auch das eine begründete Sichtweise ist, ist erschaudernd, erschütternd und wird daher meist abgelehnt. Vielleicht braucht es keine neuen Ideologien, sondern viele Einsichten, die die innere Haltung (Achtsamkeit statt Konsumieren) verändern und so jeden Lebensaugenblick die Lebensumstände zu freundlicheren machen durch Einsehen.

Die Beweggründe, weiterhin in dieselbe oder doch in eine andere Richtung weiterzudenken, vermute ich sowohl in unterschiedlichen persönlichen Emotionen als auch institutionellen und strukturellen Machtaspekten.

Wie schwierig Denk-Wendungen zu bewältigen sind, wissen Graeber und Wengrow: „Dennoch kann man der Versuchung kaum widerstehen, so zu schreiben und zu denken, als wäre der gegenwärtige Zustand der Welt zu Beginn des 21. Jahrhunderts das unvermeidliche Ergebnis der vergangenen 10 000 Jahre Geschichte, obwohl man in Wirklichkeit natürlich kaum eine oder gar keine Ahnung hat, wie die Welt im Jahr 2075, geschweige denn im Jahr 2150 aussehen wird." (ebd., S. 557) Konsequent weitergedacht bedeutet das: „In mancher Hinsicht mag die neue Perspektive sogar noch tragischer erscheinen als unsere bisherige Standarderzählung von der Zivilisation als unvermeidlichem Sündenfall. Sie bedeutet, wir hätten mit radikal anderen Konzeptionen von dem, was die menschliche Gesellschaft eigentlich ausmacht, leben können. Sie bedeutet, Massenversklavung, Völkermord, Straflager, ja sogar das Patriarchat oder die Produktion durch Lohnarbeit hätten niemals geschehen müssen. Andererseits jedoch lässt sie auch vermuten, die Möglichkeiten menschlichen Eingreifens seien auch heute noch weitaus größer, als wir zu denken geneigt sind.“ (ebd., S. 558)

Im Begehen des Labyrinths ist Denken nicht der Sinnlichkeit enthoben. Es findet auch ein Wechselspiel zwischen dem Labyrinth und der begehenden denkenden Person statt, das Studie 1, 2 und 3 beschreiben. Die Grenzen gewohnter Denkweisen zu überwinden, wird konkret und anschaulich mit dem 9-Punkte-Problem. Neun Punkte sind quadratisch angeordnet und sollen mit einem Stift durch vier oder weniger gerade Linien verbunden werden, ohne dabei den Stift abzusetzen. Unbewusst werden Einschränkungen vorgenommen, die eine Lösung verhindern. Nur wenn diese aufgegeben werden, ist die Lösung möglich.

So entwickle ich in meiner Forschungsarbeit mutig und versuchsweise eine Theorie, die dem Labyrinth inhärent ist. Das Labyrinth ist nur körperlich, sinnlich also, erfahrbar. Sinn wird im Duden diese Bedeutungen gegeben: „Fähigkeit der Wahrnehmung und Empfindung, Gefühl und Verständnis für etwas bzw. eine innere Beziehung zu etwas, Gedanken und Denken bzw. Sinnesart und Denkungsart eines Menschen, der gedankliche Gehalt und die Bedeutung also Sinngehalt, Ziel und Zweck und somit ein Wert, der einer Sache innewohnt.“

Die Labyrinth-Struktur wird normalerweise als fest und starr aufgefasst, weil die graphische Darstellung eine festgelegte ist. Diese Einschränkung der Starrheit aufzugeben macht es erst möglich, den Eingang flexibel im Raum sein zu lassen und sich an jede Stelle des Labyrinth-Weges hin bewegen zu können. Mein Dank gilt Mag.[a] Birgit Eichberger für diesen Gedanken, auf den ich selbst nicht gekommen bin. Somit wird der scheinbar symmetrische Weg hinein und hinaus asymmetrisch und vielfältiger.

Wenn die Struktur-Grenzen nicht mehr als starr angesehen werden, sondern als elastisch, dann könnte eine Person die Grenzwände beliebig hinausdehnen und dem Labyrinth auch einen Irrgarten-Charakter verleihen.

Aus diesem Grund ist die phänomenologische Methode dieser Forschungsarbeit zwar die Grundlage, zu der jedoch kreativ innovative Möglichkeitsstrategien miteinbezogen werden.

Interessant ist auch der Aspekt, dass Gedanken wandern können. Wieselberg schreibt dazu: „Nichts tun, als sich mit dem eigenen Denken zu beschäftigen, empfanden die meisten zwar immer noch nicht sehr prickelnd. Das Unbehagen davor ist aber viel größer als während der eigentlichen Erfahrung. Und das ist laut den Psychologen auch kein Wunder, denn beim Wandern der Gedanken geschieht nicht ‚nichts'. Das ziellose Herumdenken könne dabei helfen, Probleme zu lösen und die Kreativität anzuregen. Gedankenfetzen aus der Vergangenheit können die Stimmung aufhellen, um Sinnfragen des Lebens besser zu begegnen. ‚Wenn man dieses Denken absichtlich vermeidet, bringen sich die Menschen um diese Vorteile', sagt der Psychologe Murayama." (Wieselberg 2022)

Denken mit Vernunft verbunden wird allgemein ein hoher gesellschaftlicher Wert gegeben. Doch es birgt Gefahren in sich: „Ihre Vernunft lässt die Menschen vergessen, dass die Beschreibung nur eine Beschreibung ist, und bevor sie es merken, sind sie mit der Ganzheit ihres Selbst in einem Teufelskreis gefangen, aus dem sie ihr Leben lang kaum mehr entrinnen werden." (Castaneda 2003, S. 132) Castaneda führt weiter aus: „Menschen sind wahrnehmende Wesen, aber die Welt, die sie wahrnehmen, ist eine Illusion: eine Illusion, geschaffen durch die Beschreibung, die ihnen seit dem Augenblick ihrer Geburt erzählt wurde. Im Grunde ist jene Welt, die sie mit ihrer Vernunft aufrechterhalten möchten, eine Welt, geschaffen durch eine Beschreibung und deren dogmatische und unumstößliche Regeln, die ihre Vernunft zu akzeptieren und zu verteidigen gelernt hat." (ebd., S. 133)

Menschen verfügen über fünf basale Verhaltensmuster: Fliehen, Standhalten, Anpassen, Verändern und Umdeuten. Mit diesen versuchen sie gut zu leben.

Menschliches Denken ist, wie bisher beschrieben und aktuelle wissenschaftliche Forschungsergebnisse zeigen, vielfältig und divers. Aus diesem Grund kann nur eine begrenzte Aussage getroffen werden, welche Theorie dem Labyrinth innewohnt. Nach dem Anthropologen Joseph Henrich geschieht jede Aussage nur vom Standpunkt bzw. vor dem Hintergrund von WEIRD (Western, Educated, Industrialized, Rich and Democratic). Wie schwierig es ist, die eigene Kultur zu reflektieren, wird auch hier augenscheinlich, denn Henrich hat das P vergessen, das ich für patriarchal schreibe. *Educated* inkludiert, dass alle anderen nicht educated sind, was ich als weitere Ignoranz interpretiere. Ich modifiziere in WIRPD: Western, Industrialized, Rich, Patriarchal and Democratic, wobei das Rich im Vergleich zu anderen steht, denn in Österreich sind im Jahr 2022 17 Prozent der österreichischen Bevölkerung (1.519.000 Menschen) armuts- oder ausgrenzungsgefährdet, 14,7 Prozent armutsgefährdet und 2,4 Prozent „erheblich materiell depriviert". (Die Armutskonferenz 2022) „Zusammengefasst sind 34,1% nicht reich. Die Verteilung ist sehr ungleich! Dieses Vermögen ist in Österreich extrem ungleich verteilt. Die reichsten 5% aller Haushalte verfügen über beinahe die Hälfte des gesamten privaten Vermögens. Knapp 190.000 Haushalte besitzen zusammen fast 500 Milliarden Euro. Jeder dieser Haushalte nennt zumindest eine knappe Million Euro sein Eigen, damit gibt es in Österreich rund 5% Vermögensmillionäre. Für die vermögensärmere Hälfte der privaten Haushalte bleiben weniger als 5% des gesamten Bruttovermögens, oder rund 40 Mrd. Euro. Im Schnitt haben diese Haushalte ein Bruttovermögen von 22.000 Euro." (Kammer für Arbeiter und Angestellte für Wien 2013) Daher modifiziere ich weiter in WIrRPD, wobei r für relativ steht. Und immer noch kommen die ungleichen Machtverhältnisse nicht zum Ausdruck, der Westen dominiert immer noch, auch wenn China an Dominanz gewinnt. Western, Industrialized, Dominance, relatively Rich, Patriarchal and Democratic – WIDrRPD. Für wissenschaftliche Arbeiten ist vielleicht *patriarchal* ausreichend und für das kritische Hinterfragen aller Machtverhältnisse und Diskriminierungen *feministisch* nötig.

Jedes Wort und dessen Inhaltsspektrum ist wichtig und muss überprüft und so genau wie möglich definiert werden, um sich Verständnisweisen anzunähern. Ich habe mich z. B. nicht mit dem Labyrinth *auseinandergesetzt*, sondern mich mit dem Labyrinth *verbunden*.

Die Aussagekraft meiner dem Labyrinth inhärenten Theorie kann prinzipiell vergrößert werden, indem Menschen aus unterschiedlichen Kulturkreisen miteinbezogen werden, wie beispielsweise Bewohner:innen des Amazonas (Südamerika), Menschen aus der Gruppe der San in Namibia (Afrika) und Aborigines (Australien). Dies überschreitet jedoch den Rahmen dieser Arbeit.

Die Bedeutung und Wichtigkeit von Vielfalt klingt in der Gehirnforschung so: „Die bloße Weitergabe der Nervenimpulse von Nervenzelle zu Nervenzelle macht die Menschen nicht zu kreativen Genies (und von denen soll es ja tatsächlich einige wenige geben). Das wäre auch reichlich mathematisch, geradezu vorhersehbar: Ein bestimmter Gedanke würde immer dieselbe Folge haben, das Gehirn wäre gleichsam eine Rechenmaschine. Das Besondere aber ist: Das Gehirn arbeitet anders. Ohne mathematische Zwänge, ohne das Diktat einer analytischen Logik. Im Gegensatz zu Computern, die Informationen nach vorgegebenen Rechenanweisungen (den Algorithmen) umsetzen, denkt das Gehirn geradezu völlig verrückt: Es macht Fehler – und das macht es so besonders. Denn erst die Fähigkeit, falsch zu denken, Informationen scheinbar sinnlos zu kombinieren, gibt dem Menschen Kreativität und unterscheidet ihn von der rechnenden Maschine." (Beck 2013, S. IX)

Meine Assoziation dazu ist Schach, von Menschen auch gegen Computer gespielt. Ein Kenner und Schachspieler kommt zu diesem Schluss: „Auf den ersten Blick erscheint Schach geradezu das Spiel der klassischen Newton'schen Physik, alles ist spinozistisch klar, das Universum des Spiels ist deterministisch. Es herrschen die Kräfte von Ursache und Wirkung, jede Figur hat ihren Platz, der Raum für alle Bewegungen ist unveränderlich vorhanden und die Zeit, na ja, die Zeit vergeht einfach. Zufälle? Gibt es nicht, Caissa, die Göttin des Schachspiels würfelt nicht." (ruf & ehn 2022, S. 1) Dazu fällt mir ein: „Welche Gesellschaft letztlich welchen Ethos ausbildet, bleibt dabei ebenso unerklärlich wie ein Würfelwurf." (Graeber und Wengrow 2022, S. 229)

Meist ist bei einem zweiten Blick anderes zu sehen als beim ersten bzw. mit dem Wissen, wie Entscheidungen zustande kommen. „Priming-Effekte sind Reize, die nur unbewusst wahrgenommen werden, aber unsere Bewusstseinsinhalte indirekt beeinflussen." (Batliner und Ballweg 2009) Vielleicht hilft dies: „Stellen Sie sich das Gehirn eher als ein Sammelsurium von miteinander verbundenen Netzwerken vor, die zwar separat aktiviert werden können, aber praktisch ein Super-Netzwerk formen. Durch seine besondere Dynamik (Nichtlinearität, Plastizität) kann es Informationen (also Aktivitätsmuster) anders verarbeiten als ein Computer. Auch anders als ein Computernetz. Denn Gehirne verändern sich *durch ihr Denken*." (Beck 2013, S. 204)

Gehirne verändern sich auch durch Angst. (Hoffmann-Ammann 2022)

Ein Rätsel aufzulösen bedeutet im Alltag Entwirrung, Klärung und eine Antwort. Was es bedeutet, das eigene ICH aufzulösen, sich aufzulösen, diese Erfahrung wird gesucht bzw. gemacht bzw. angstvoll gemieden. Bedeutet Auflösung nicht Tod? Zweifel und Zwiespalt bringen Verunsicherung und ein Gefühl von Zerrissenheit, weil die Einheit gespalten wurde, was schmerzt. Was klebt, verbindet und heilt? Auflösung bringt vielleicht

Verwirrung oder Vernebelung oder Erleuchtung oder Wiedergeburt oder Wortlosigkeit. Diese Erfahrung ist unteilbar.

Peskoller schreibt: „Denken ist ein Produkt der Angst. Dieser biografisch wie historisch folgenschwere Satz lässt sich auch noch umkehren: Angst ist eine der Folgen zu denken. Wenn dieses doppelseitige Verhängnis stimmt, und eine Anzahl von Befunden spricht dafür, dann wäre weder in der Angst dem Denken, noch im Denken der Angst zu entgehen." (Peskoller 2001, S. 278) Dieser Erfahrung und Reflexion in speziellen Situationen stimme ich zu. Und auch das Gegenteil davon ist wahr und vieles liegt dazwischen.

Das Labyrinth bietet sich an, Erfahrungen zu machen. Jeder Schritt findet auf dem Boden statt. Utopien wandeln sich zu Ideologien. Sie entstehen im Kopf, mit ihnen Vorstellungen der Umsetzung. Damit gehen Bodenhaftung und taktiles Handeln verloren. Ich registriere: Immer wieder verwende ich das Wort „geht". Es bestätigt die Bewegungsdynamik. Diese bringt Ungewissheit mit sich. Utopien beschäftigen sich mit der Zukunft, womit sie zu Objekten werden. Das Jetzt im Jetzt kann jede:r durch eine Haltungsänderung verändern. Dieser Bewegungsänderung folgen veränderte Erzählungen. Den Geschichten, die das Labyrinth erzählt, beim Gehen zuhören. Geschichten weitererzählen. Geschichten anderer lauschen. Mit jedem Schritt verändern sich Geschichten. Starre Tradition bringt Anpassung, scheinbare Sicherheit und irgendwann führt dies zu Stillstand und innerer und auch äußerer Erstarrung. Eine Labyrinth-Begehung initiiert ein „sich spüren", Kreativität und Imagination kommen in Bewegung, wenn sich jede:r führen lässt und nichts kontrolliert. Mit dem „sich spüren" geht ein „sich zuhören" einher. Dieser inneren Stimme zu folgen, bringt innere Kräfte zum Wachsen, weil es keine Entscheidungen mehr zu treffen gilt, es keine Unentschiedenheit mehr gibt, die Kräfte raubt. Die Welt, die bisher ein Irrgarten war, wird zu einem Labyrinth.

Marçal, die ebenso wie ich den Boden und das Gehen als zentrales Element sieht, beendet ihr Buch mit den Worten: „Wenn wir aber die Gerätschaften der Frauen, die hier zur Sprache kamen, in die Geschichte einbeziehen, ändert sich das Bild. Wenn die ersten Werkzeuge keine Waffen waren, sondern zum Beispiel Grabstöcke, scheint es gleich weniger offensichtlich, dass menschliche Erfindungen immerzu zermalmen, dominieren oder ausbeuten müssen. Wenn wir Frauen und das, was wir ihnen zuschreiben, nicht länger ignorieren, entsteht eine neue Erzählung über uns selbst, die Wirtschaft und die Welt. Dann gerät der Boden unter unseren Füßen in Bewegung und es eröffnen sich neue Wege. Das ist die

Mutter der Erfindung. Es ist Zeit, zu ihr heimzukehren." (Marçal 2022, S. 246–247) Und das belegt: „Bewusstseinsmobilität ist die große evolutionäre Leistung unserer Spezies." (Breithaupt 2022, S. 25)

Die vorliegenden Ergebnisse sind von Relevanz, denn: „Wahrscheinlich ist es sogar so, dass Mythen und Symbole wichtige Instrumente sind, die uns helfen, bestimmte Prozesse des Denkens, des Erinnerns und des Wahrnehmens effektiver zu gestalten." (Schwarz 2010, S. 166)

„Sich der Angst nicht zu stellen heißt, unterhalb der Erkenntnis und außerhalb der Erfahrung seiner eigenen Grenzen zu bleiben. Beim Bergsteigen wie beim Denken hat man es viel mit Angst zu tun." (Peskoller 2001, S. 194) Allgemein gesprochen: Angst gehört zum Leben. Differenziert werden kann zwischen konstruktiver und destruktiver Angst. Gesellschaftliche Normen können Angst machen, weiter zu denken als üblich. Dazu fällt mir das Frauenwahlrecht ein. Es machte Männern, die ihre Privilegien nicht aufgeben wollten, Angst – wie auch Frauen, die kein Selbstvertrauen in ihre Meinung und Gleichberechtigung hatten. Diese Angst wurde 1918 in Österreich überwunden, als das Frauenwahlrecht eingeführt wurde.

Das Bild von Seiltänzer:innen kommt mir in den Sinn: Realistische Gefahreneinschätzung erhöht die adäquate Reaktion, die das Überleben sichert. Leben ist Bewegung, nicht Stillstand. Bewegungen. Bewegungsarten, Bewegungsweisen und Stile. Eine von vielen unterschiedlichen Denkbewegungen ist jene des Umwegs.

Peskollers These lautet: „Einsamkeit ist nicht das Ergebnis, sondern Voraussetzung und Verfahren zugleich, um sich der Höhe, der Größe und dem Widerstand der Materie Berg überhaupt erst aussetzen zu wollen und zu können." (Peskoller 2001, S. 272) Sie ist auf diesem Gebiet Expertin. Ich überlege, ob ihre These auf das Labyrinth zu übertragen ist und formuliere: „Einsamkeit ist nicht das Ergebnis, sondern Voraussetzung und Verfahren zugleich, um sich dem Labyrinth überhaupt erst aussetzen zu wollen und zu können."

Gender

Über gesellschaftliche Einflüsse, Zwänge und Freiheiten wurde und wird geforscht und publiziert. Gender spielt auch beim Denken und Erkennen eine relevante Rolle. Die Neurowissenschaftlerin Sommer, die empfiehlt, Unterschiede wahrzunehmen und Stereotypen zu überwinden, schreibt: „Das weibliche Gehirn ist entschieden anders als das männliche. Ob uns das nun gefällt oder nicht – so ist es nun einmal, und wir müssen damit umgehen. Simone de Beauvoir, die einmal sagte, dass man nicht als Frau geboren, sondern von der Gesellschaft zur Frau gemacht werde, lag ganz richtig damit, dass die Gesellschaft Männer und Frauen von klein auf unterschiedlich behandelt. Aber sie lag falsch mit ihrer Ansicht, dass wir geschlechtsneutral geboren würden." (Sommer 2022, S. 171)

Wichtig erscheint mir hervorzuheben, dass in unserer Welt nicht nur Frauen und Männer leben, weshalb ich aktuelle Ergebnisse der Gehirnforschung zitiere.

„Die Ergebnisse zeigten, dass bei Personen, denen man weibliche Sexualhormone verabreichte, die Hirnaktivität bei der Sprachaufgabe zunahm. Die Menge an weiblichen Sexualhormonen, die den Mann-zu-Frau-Transgendern vor der zweiten Messung verabreicht wurde, korrelierte mit der Gehirnaktivität während der Sprachaufgabe. Die Menge des männlichen Sexualhormons, die Frau-zu-Mann-Transgendern verabreicht wurde, korrelierte hingegen eindeutig mit der Gehirnaktivität während der räumlichen Aufgabe. Die Lateralisierung sowohl der Sprachfunktion als auch des räumlichen Vorstellungsvermögens änderte sich durch die Hormonbehandlung jedoch nicht, was darauf hindeutet, dass die Sexualhormone nicht mit der Lateralisierung in Zusammenhang stehen." (ebd., S. 120) Es gibt noch weitere Aspekte: „Bei Frauen ist die Cortisolreaktion viel geringer als bei Männern. Bei einer Depression oder Angststörung fällt die Cortisolreaktion bei Frauen sogar noch geringer aus, bei Männern hingegen stärker. Auch die Cortisolrezeptoren von Männern und Frauen unterscheiden sich in Funktion und Anzahl. Es ist deutlich erkennbar, dass Frauen mehr Rezeptoren bilden. Darüber hinaus sind Mädchen und Jungen, Männer und Frauen unterschiedlichen Stressoren und Traumata ausgesetzt, und auch ihre Art der Stressbewältigung, des Copings, ist unterschiedlich. Es gibt also einige erhebliche geschlechtsspezifische Unterschiede im Stresssystem, die sich nicht einfach als stärker oder schwächer kennzeichnen lassen, sondern auf verschiedenen Ebenen in unterschiedliche Richtungen wirken.“ (ebd., S. 144) „Der menschliche Embryo ist bis zum Alter von etwa sechs Wochen geschlechtsneutral; danach werden unter dem Einfluss des Sry-Gens Hoden gebildet oder nicht, und ab der zehnten Woche wird Testosteron produziert oder nicht. Schon von diesem frühen Stadium an entwickelt sich der Mensch (ohne Testosteron) in eine weibliche oder (mit Testosteron) in eine männliche Richtung. Zunächst sind die Geschlechtsorgane betroffen, kurz darauf aber auch das Gehirn. Diese frühe Hirnentwicklung wirkt sich dauerhaft auf die Größe des Gehirns und die Anzahl der Zellen in diesem Organ aus, aber auch auf das Denkvermögen, die Persönlichkeit, die Interessen und die Genderidentität. Wir haben gesehen, dass die geschlechtliche Entwicklung des Gehirns später stattfindet als die Entwicklung des übrigen Körpers und zusätzliche Schritte erfordert. Daher ist die Genderidentität nicht strikt an die Entwicklung der Geschlechtsorgane gebunden, was bedeutet, dass sich unterschiedliche Kombinationen von äußeren Geschlechtsmerkmalen, Genderidentität und sexuellen Präferenzen ergeben können.“ (ebd., S. 171–172) „Ein auffälliger Unterschied zwischen Mädchen und Jungen ist das Tempo der Gehirnreifung. Ab dem zehnten Lebensjahr schreitet die Gehirnreifung bei Mädchen schneller voran. Bis zum jungen Erwachsenenalter haben die Mädchen durchschnittlich einen Vorsprung von zwei Jahren vor den Jungen. Das ist viel, auf den weiterführenden Schulen macht es einen erheblichen Unterschied aus. Mädchen sind im Durchschnitt besser organisiert, haben ihre Impulse besser unter Kontrolle und können besser planen. Das spiegelt sich in den Zensuren wider: Mädchen schließen häufiger die Schule ab und entscheiden sich häufiger für eine höhere Ausbildung als Jungen.“ (ebd., S. 174) Abschließend fasst sie zusammen: „Trotz der erheblichen Unterschiede in der Größe des Gehirns und der Zahl der Gehirnzellen ist das Denkvermögen von Männern und Frauen annähernd gleich. Männer haben einen Vorteil beim räumlichen Vorstellungsvermögen, Frauen haben einen – etwas geringeren – Vorteil aufgrund ihrer höheren Sprechgeschwindigkeit. Frauen sind auch etwas besser darin, Emotionen zu erkennen, während Männer eine kürzere Reaktionszeit haben. All diese Unterschiede werden erst deutlich, wenn man größere Gruppen von Männern und Frauen (Gruppen mit 100 oder mehr Teilnehmern) miteinander vergleicht.“ (ebd., S. 173)

Als wichtigste Aussage schätze ich diese ein: „Unsere Genderstereotype sind zwar dabei sich zu verändern, aber sie hinken ihrer Zeit immer noch beträchtlich hinterher. Um soziale Ablehnung zu vermeiden, aber auch, weil wir Gendermuster nun einmal verinnerlicht haben, neigen die meisten Menschen dazu, sich in ihrem Verhalten an diesen Stereotypen zu orientieren. Wir sehen uns nicht als Mensch, sondern als Mädchen oder Junge, als Mann oder Frau. Doch Gender besteht nicht nur aus zwei Wahlmöglichkeiten: Mann oder Frau. Sexualhormone, Geschlechtschromosomen und Sozialisation sind keineswegs eins zu eins aneinandergebunden, es gibt vielerlei Möglichkeiten, sich teils weiblich, teils männlich und teils genderneutral zu entwickeln. Die Tatsache, dass der LGBTI*-Gemeinschaft immer mehr Raum und Aufmerksamkeit zuerkannt wird, sorgt für frischen Wind auf dem festgefügten Feld der Stereotype. Es gibt mehr zwischen Mann und Frau." (ebd., S. 177)

Menschliche Unschärfe des Erkennen-Könnens des Gegebenen liegt in der menschlichen Natur und auch im Gegebenen selbst begründet. Die Heisenbergsche Unschärferelation bezieht sich auf die Quantenphysik. Leben ist mehr als Menschen begreifen können. Manchmal fühlt es sich an, als ob Leben ein Traum ist, ein Traum, der nicht erlebt werden kann und der doch wirklich ist. Grenzen verschwimmen, werden diffus und werden damit vielleicht das, was sie wirklich sind: wirkmächtige Illusionen.

Über die Verbindung von Denken und Gender schreibt Marçal pointiert: „Diese Vorstellung von Männlichkeit – die nichts mehr fürchtet als die Macht des Körpers – war es, die neue Technologien nach ihrem eigenen Ideal geformt hat. Deshalb haben wir jetzt Maschinen, die Garri Kasparow schlagen können. Aber nicht Serena Williams." (Marçal 2022, S. 189)

Lernen

Lernen beruht auf Erfahrungen und kann überwiegend kognitiver oder emotionaler Art sein, wobei nie das eine oder andere ausgeschlossen ist. Etwas besser zu wissen, ist immer relativ zum Bezugspunkt. Durch ein Wort zu viel, einen zu kräftigen Schlag, kann es zu Verletzungen kommen, die nicht gewollt und doch das Ergebnis von einem *zu viel* sind. Faktenwissen über Beziehungsqualitäten zu stellen, führt im schlimmsten Fall zu Streit und Kriegen. Diversität ist eine der wichtigsten Möglichkeiten, wie Resilienz gestärkt werden kann. (Sakdapolrak 2018)

Woran orientieren? Wann ist Orientierung wirklich nötig? Wann ist sie hinderlich? Vielleicht, wenn Suchen das Erleben verhindert. Die Frage „Woran erkenne ich, dass ich mich verirrte bzw. irrte?“ ist eine ebenso relevante und möglicherweise irreführende Frage. Ein Umweg, der ein Erfahrungs-Weg ist, stellt sich vielleicht erst sehr viel später als wichtiger heraus als der kürzeste Weg von A nach B. Welche Orientierungspunkte also gibt es (im Leben)? Was sind die un/bewussten persönlichen oder gesellschaftlichen Axiome? Woran merkt eine Person, dass sich diese wandeln, dass sich jemand oder etwas verändert?

Ich lebe anders, wenn ich präziser denke, Gefühle reflektiere und immer passendere Worte verwende. Wortgewandt. Dieses Wort ist das Partizip II von wenden. Ich assoziiere damit, Worte wie einen Umhang wenden, die Lage, Position oder Richtung verändern. Wörter sind für mich nur ein Gewand, das wechseln kann, auch wenn dieses gekleidete Etwas unveränderbar bleibt oder sich auch verändert. Im Alltag wird das Wort *wortgewandt* im Sinne von redefreudig, eloquent und sprachmächtig verwendet. Damit wird für mich der Zusammenhang von Wörtern, Leben, Labyrinth und Wendungen sichtbar.

Sicherheit ist ein wichtiger Aspekt auf Denk-Erfahrungs- und Lernwegen. Worauf beruht die Vorstellung, dass diese nötig ist? Warum fällt es vielen Menschen so schwer, mit und in Unsicherheit zu leben? Auch Irrgarten und Labyrinth sind nichts weiter als Vorstellungen für den Lebensweg, die mehr oder weniger hilfreich sein können. Vorstellungen. Meine Erfahrung ist, dass es Sicherheiten gibt, die kraftvoll innerlich bestärken (wobei nicht ein ICH oder ein Ego gemeint sind, sondern die Lebensfreude) oder innerlich schwächen und einen irgendwann das Leben verfluchen lassen.

Stärker als Unsicherheit ist Angst. Peskoller schreibt: „Die Angst ist eine Warnung, und diese Warnung hat mit Gewahr werden zu tun, was seinerseits wiederum zusammenhängt mit Wahrnehmung.“ (Peskoller 2001, S. 205) Sie fügt hinzu: „Mit der Zeit habe ich gelernt, mit der Angst so umzugehen, dass sie nicht zur Panik wird. Und auch wenn sie zur Panik würde, weiß ich, dass nach der Panik etwas kommt. Die Panik ist nicht das Ende, das ist wichtig, dass man das weiß und darauf vertrauen kann. Nach der Angst kommt immer noch ein anderer Zustand, und diesen Zustand würde ich am besten mit Geistesgegenwart bezeichnen. Wenn man sich in diesem Zustand befindet, der im Normalfall nie lange währt, dann erst kann man sich ziemlich sicher fühlen.“ (ebd., S. 206)

Lernen. Staunen. „Wenn wir zu wissen glauben, was wir zu erwarten haben, wird dieses Ereignis für uns subjektiv auch mit höherer Wahrscheinlichkeit eintreffen. Normalerweise nimmt das Gehirn in diesem Zusammenhang Irrtümer in Kauf, um daraus zu lernen und für nachfolgende Situationen neue Vorhersagen abzuleiten." (Schwarz 2010, S. 116) Meist werden verborgene Regeln unbewusst erkannt und angewendet. „Erfolgen jedoch bestimmte Ereignisse regellos, kann dies durchaus dazu führen, dass sich das Gehirn Illusionen macht und Zusammenhänge zu erkennen glaubt, die es tatsächlich überhaupt nicht gibt." (Schwarz 2010, S. 117) Dies verstehe ich so, dass diese Nicht-Zusammenhänge ein großes Potenzial für kreatives Schaffen sind, nicht jedoch als Wahrheit angesehen werden dürfen, weswegen Überprüfungen von Denk-Verbindungen immer kritisch zu hinterfragen sind.

Irgendwann kommt der Zeitpunkt, da das Gehirn ausreichend Vorhersagen erfüllt hat und es keine weiteren Belohnungen mehr dafür will, sondern es macht sich auf die Suche nach Neuem. Lernen. Dazulernen. Weiterlernen.

Im Interview mit dem Titel „Pfeif drauf, was andere sagen" erklärt Zeilinger seine Quantenforschung: „Was auf jeden Fall nicht funktioniert, ist kontrafaktische Bestimmtheit: Das bedeutet, ich kann Objekten keine Eigenschaften zuordnen, ohne sie nicht tatsächlich beobachtet zu haben. Es gibt einen Widerspruch zwischen der sogenannten klassischen Realität, die natürlich auch schwer zu definieren ist, und der Natur. Das bedeutet für mich, dass unsere Auffassung von Realität falsch ist. Meine Überzeugung ist auch, dass Raum und Zeit dabei überhaupt keine Rolle spielen – es kommt bei der Realität nicht auf die zeitliche Abfolge von Beobachtungen an und auch nicht darauf, wie diese räumlich arrangiert sind. Das ist eine tiefe Erkenntnis." (Zeilinger 2022)

Dazu fällt mir ein: Ich kann Menschen keine Eigenschaften zuordnen, ohne sie tatsächlich beobachtet oder mit ihnen interagiert zu haben. Erst wenn ich eine Person anspreche, zeigt sie sich freundlich oder ungeduldig etc. und die Wechselbeziehung setzt sich fort. Davor ist gänzlich offen, wie die Beziehung sein wird. Indem ich eine Antwort bekommen möchte (wie wissenschaftliche Forschung), erhalte ich auch eine aus den unzähligen Möglichkeiten, da die Zukunft offen ist. Damit sehe ich eine Wende im Bewusstseins-Bildungs-Prozess. So weit auseinander scheinen mir Alltags- und Quantenwelten gar nicht zu sein.

Zeilinger weist darauf hin, dass bei der Teleportation von verschränkten Teilchen die Eigenschaften getauscht werden und es nicht die Materie ist, die definiert. Nicht nachvollziehbar, dass und wie es funktioniert, doch es ist wirklich so.

Viele Menschen definieren sich über ihr Aussehen, also Materie. Viele definieren sich über ihre Eigenschaften, also nicht materiell. Menschen sind im Alltag beides. Was sie vor und nach dem Leben sind, auf einer anderen Wirklichkeitsebene bzw. außerhalb von Raum und Zeit, darüber kann nichts Sicheres gesagt werden. Mir gefällt der Gedanke: „Auf jeder Wirklichkeitsebene hat die Wechselbeziehung von Materie und Nichtmaterie (Geist) unterschiedlich elastische Wechselwirkung mit differenten Präsenzen." Ist dieser Satz wirklich von mir oder habe ich ihn irgendwo gehört? Ich weiß es nicht.

Die Theorie der Paralleluniversen Hawkings lehnt Zeilinger ab. Doch vielleicht fehlt ihm in diesem Fall einfach nur die Phantasie? Der Physiker Edward Witten erzählte, dass er zu akzeptieren gelernt hat, dass das Universum womöglich nicht so konstruiert wurde, sodass wir Menschen es leicht verstehen können. (Witten 2022) Wieso auch immer, dieser Satz berührt mich und lässt mich heiter lächeln. Der Welterkennungsprozess scheint ein labyrinthischer zu sein und keine gerade Strecke.

Das Verstehen des Universums kann auf individueller Ebene und auf der Ebene gesellschaftlicher Übereinkünfte stattfinden. Religiöse Menschen und Gruppen wollen unbedingt alles verstehen und behaupten zu verstehen. Manche gestehen sich und anderen ein, dass sie keine Ahnung haben oder nur einen Hauch davon. Das eigene Selbstverständnis ist damit verbunden: Wie verstehe ich mich selbst und in welchen Kontexten?

Mit dem Verstand und dessen Rolle setzt sich die Philosophin Donatella Di Cesares auseinander. Ihr Ausgangspunkt ist, dass die Aufklärung versprach, die Welt und das Staatswesen zu ordnen, zu erklären und verstehbar zu machen. Damit würde *die Lesbarkeit der Welt* ermöglicht. Die Welt ist die Welt, wie sie heute ist, weil es Komplottisten sind, die an den Machthebeln sitzen. Diese definiert Di Cesares als Nostalgiker der Lesbarkeit, weil die Begrenztheit der Vernunft nicht akzeptiert wird. Jene, die langsam begreifen, dass ihre Vorstellungen nicht der Realität gewachsen sind, sind enttäuscht. Verstärkte Tendenzen von Antisemitismus und Faschismus sind festzustellen, wie auch von Verschwörungstheorien und Fake News. Die Philosophin analysiert und stellt fest, dass Komplottismus weltweit ein Symptom demokratischer Gesellschaften ist, die in vielen Bereichen entpolitisiert sind und verweist auch auf historische Hintergründe. (Di Cesare 2022)

Die Ergebnisse von Studien lassen den Psychiater Philipp Sterzer sagen, dass Menschen von ihren Überzeugungen nicht zu überzeugt sein sollten. Vernunft ist eine Illusion. Das Gehirn geht nach dem Prinzip *best guess* vor. Das bedeutet, dass das Gehirn nicht die Realität abbildet, sondern aufgrund von Vorerfahrungen konstruiert und vorhersagt, was real ist. Auch wenn evolutionär vorgegeben ist, dass tendenziell Menschen an ihren Überzeugungen festhalten, ist er überzeugt, dass Menschen die Freiheit besitzen, ihre Überzeugungen zu hinterfragen. Auch wenn eine Person überzeugt ist, dass die eigene Überzeugung die richtige ist, bleibt dennoch das Fakt, dass alle Überzeugungen schlussendlich und letztendlich Hypothesen sind. Diese Erkenntnis sollte helfen, im Gespräch zu bleiben. (Sterzer 2022) Diese Erkenntnis könnte helfen, weiter zu lernen.

Denken, Lernen, Wissen und Gewissheit sind Begriffe, die miteinander verwebt sind. Wesentlich und wichtig, obwohl zu oft vergessen, ignoriert oder geschätzt: Die Berührung. Peskoller beschreibt sie so: „Die Berührung verwahrt die Erkenntnis, dass Gewissheit mehr als Wissen ist, diesem vorangeht und damit – entgegen der Analyse – immer ein Gemisch, sprich Erfahrung ist" und meint weiter: „Die Kunst der Berührung besteht u. a. darin, in den Bedingungen und in der Struktur von Erfahrung kundig zu werden und Erfahrungen als das zu denken, was sie sind: Qualitäten. Als Qualitäten sind sie Ausgänge dafür, Theorie zu bilden, die sich selbst – in einer Art Methodologie in actu – während des Bildungsprozesses zusieht und nicht vergisst, worin sie gründet. Sie gründet im und in Körper/n und seinen/ihren Bewegungen, d. h. im Perfomativen, das es erst noch sorgfältig zu erforschen gilt." (Peskoller 2001, S. 131) Interessant und bemerkenswert ist für mich dieser Aspekt: „Diese Spannung zwischen Sehen und Greifen zwingt zur Herausbildung von etwas, das ich Spürsinn nenne. Er ist eine Zusammenfassung aller Sinne, die wir haben. Der Spürsinn geht durch den Raum, durch das Feste hindurch, hält sich an das Atmosphärische und hält dieses fest." (ebd., S. 205)

Stimmt meine Analogie? Diese Spannung zwischen *Sehen* und *Gehen* zwingt zur Herausbildung von etwas, das ich Spürsinn nenne. Er ist eine Zusammenfassung aller Sinne, die wir haben. Der Spürsinn geht durch den Raum, durch das Feste hindurch, hält sich an das Atmosphärische und hält dieses fest. Die Hände sind mit dem Begreifen der Welt früher beschäftigt als die Füße mit dem Gehen. Den Händen mag etwas entfallen im Lernprozess mit der Schwerkraft, sodass ein Objekt auf dem Boden zu liegen kommt. Kommen die Füße beim Gehen aus der Balance, fällt möglicherweise die ganze Person aufgrund der Gravitation zu Boden.

Sich darüber bewusst zu sein, wie Lernen für sich selbst prozesshaft und punktuell stattfindet, ermöglicht es, neue Lernräume zu beschreiten, die möglicherweise auch Räume mit heilender Wirkung sind. Peskoller stellt aufgrund ihrer Erfahrung fest: „Den heilenden Charakter gibt es beim Bergsteigen und Klettern, und zwar in der Weise, dass man lernt, dranzubleiben, konkret an der Materie, am Material zu bleiben und mit ihm tätig zu sein. Zu fürchten hat man sich *vor* Menschen, die nicht dranbleiben können, die den Kontakt mit der Materie, der ja immer auch ein Kontakt mit der Wirklichkeit ist, die also diesen Kontakt nicht halten können oder wollen, die Angst *vor* der Angst haben." (ebd., S. 206)

Zurück zum Lernen. Es gibt viele Arten zu lernen. Vielleicht bin ich in so großer Resonanz mit Helga Peskoller, weil wir eine ähnliche Art und Weise haben zu lernen. Sie erzählt: „Meine stärkste Erfahrung war die Konfrontation mit etwas, das nicht Mensch war. Ich glaube, dass gerade darin die wichtigste Aussage für die Wissenschaft liegt, der ich zugehöre. Ich gehöre den Geisteswissenschaften zu, verstehe mich aber als Kulturwissenschaftlerin, d. h., ich arbeite in diesem noch weitgehend unbekannten Feld zwischen Geistes- und Naturwissenschaften. In diesem Feld versuche ich zu zeigen, dass nicht der Mensch das wichtigste Problem ist, das sich in den Wissenschaften stellt. Darauf hat bereits Michel Foucault hingewiesen. Für mich geht es darum, einen Zugang zu finden, aus dem Menschen herauszukommen. Dafür brauche ich etwas, das kein Mensch ist, ein ganz Anderes, ein radikal Anderes, und das waren für mich eben Wände aus Stein." (Peskoller 2001, S. 206) Ich kann zwar nicht sagen, dass meine stärkste Erfahrung jene ohne Menschen war. Meine Erfahrungen mit dem Labyrinth waren allerdings ebenso stark und existenziell wie jene mit Menschen.

Im Zentrum der Erfahrungswelt Peskollers sind Körper und Schwerkraft. Mit Schwerkraft arbeitete auch Hengstenberg. Ihre Bewegungsgeräte (Meyer-Stromfeldt 2022) waren Hocker, Hühnerleiter, Balancierstangen, Reifen, Kletterstangen zum Kriechen, Krabbeln, Klettern, Balancieren, Rutschen und Springen. Ein Bewegungsparcours (Plagge 2012) fordert volle Konzentration auf ganzkörperliches Tun in Beziehung zur Schwerkraft, womit Denken über oder Denken an verunmöglicht werden. In dieser Situation weiß der Körper mehr als der Verstand. Angst kann hochkommen. Sie zeigt, wo die Grenze ist: keine Sprosse höher, nicht durch den Reifen u. a. m. Zweckmäßiges Verhalten wird von unzweckmäßigem in der Erfahrung gespürt, erkannt und unterschieden. Keine Worte. Nur wohlwollend begleitet sein oder auch alleine unterwegs im Parcours. Mit einer Augenbinde durch den Parcours, das schärft die Sinne, erhöht die Balancierfähigkeit, lässt Selbstvertrauen entwickeln und nachentfalten wie auch den Willen dazu. In der Bewegung ist Grenze keine Trennung, sondern eine gute Verbindung aller beteiligten Kräfte. Lernen mit und als Körper zu leben, sich zu spüren und zu erkennen, den Verstand zum Schweigen zu bringen. Jede:r hat einen eigenen stimmigen Zugang und Lernort, manche zu Hause sitzend in der Meditation, andere kletternd und wieder andere im Labyrinth.

Richte ich meine Aufmerksamkeit und Konzentration auf die Wegbegrenzungen im Labyrinth, so sind die Erfahrungen andere als bei Konzentration auf den Weg oder auf das, was auf dem Weg liegt oder auf jeden Schritt. Unabhängig davon ist das Labyrinth, das ein Labyrinth ist, ein Labyrinth.

Möglicherweise ist das Labyrinth aus einem Tanz (Kern 1982, S. 18) entstanden. Aus diesem Grund füge ich an dieser Stelle Gedanken von Hortensia Völckers ein. Sie schreibt: „Was muss man wissen, um zu tanzen? Was wissen wir, wenn wir tanzen?“ Aber auch, und das scheint mir das Interessanteste: „Was weiß der Tanz von uns – das wir nicht wissen, oder nur ahnen, oder vergessen haben? Wie können wir dieses Wissen des Tanzes selbst in Bewegung setzen?“ (Gehm et al. 2007, S. 10) Selbst wenn Menschen nicht selbst tanzen, sondern Tanzenden zuschauen, partizipiert das Gehirn an der motorischen Leistung der Tänzer:innen, womit es bewiesenermaßen keine Trennung zwischen Zuschauenden und Tanzenden gibt. Auch werden die Tanzenden vom Publikum beeinflusst. Diese Wechselbeziehung kann als Resonanzschleife bezeichnet werden. Die Grundsatzfrage in Zusammenhang mit Lernen lautet daher: „Aber wie können wir mehr wissen von dem Wissen, das in unsere Körper eingeschrieben ist? Wie überwinden wir den für unser ‚Vernunftzeitalter‘ chronischen Analphabetismus im Verständnis unserer Körpersprachen? Wie entdecken und wie nutzen wir den semiotischen Reichtum, mit dessen Hilfe wir kommunizieren, lange bevor und lange nachdem ‚Worte gewechselt‘ und Symbole produziert werden?“ (Gehm et al. 2007, S. 11) Völckers beschreibt den Lernprozess nachvollziehbar: „Denn im Tanz lernen Körper den Boden unter ihren Füßen und die Wirkung der Schwerkraft kennen. Sie erkennen ihre Freiheit und das eigene Vermögen, die Schwerkraft zu überwinden, zu springen, zu fliegen, zu fließen und sich zu vereinen in der Bewegung mit anderen." (Gehm et al. 2007, S. 12) Ich füge ergänzend hinzu, dass der Körper neben der Freiheit auch seine Grenzen kennen lernt. Und schließe meine analoge Frage an: Was lernt der Körper bei einer Labyrinth-Begehung?

An Grenzen kommen auch Sprache und Wissenschaft. „Da Bewegung nicht ohne Weiteres in Sprache zu übersetzen ist, muss eine Sprache für die Darstellung dynamischer Vorgänge gefunden werden. Wie eine solche Schreibweise aussehen kann, veranschaulicht Gabriele Brandstetter: Die Wahrnehmung von Bewegung kann am besten ‚geschrieben' werden, wenn sich die dazu verwendete Sprache ebenso in Bewegung versetzt. Damit stößt die Wissenschaft in einen Bereich des Unkontrollierbaren und Unvorhersehbaren vor." (Gehm et al. 2007, S. 16)

Auf den Alltag bezogen kann festgestellt werden: „Wollte man die im und durch den Tanz praktizierte Form der Wissensproduktion auf eine Formel bringen, so lautete diese: Tanz schult die sinnliche Wahrnehmung und schärft das Bewusstsein im Umgang mit anderen. Diese Sensibilisierung wiederum ermöglicht es, Erfahrungen innerhalb eines bestimmten soziokulturellen Kontextes zu machen. Solche Erfahrungen können schließlich in Wissen umgewandelt werden und sind so für die Alltagspraxis von Nutzen." (ebd., S. 21) Völckers meint, dass es wichtig ist, Wissen in Bewegung zu halten und damit Wissen auch zu erweitern, denn das „ist auch der Ausgang aus der ‚selbstverschuldeten Bewegungslosigkeit'." (ebd., S. 13) Inge Baxmann weist darauf hin, dass mit der aktuellen Umstrukturierung von Wissenskulturen der Körper als Gedächtnisort wieder neu entdeckt wird. „Denn in Bewegungen, Gesten und im Rhythmus sind Sinnes-, Gefühls- und Wahrnehmungserfahrungen gespeichert. Dieses Wissen beruht auf mündlichen und gestischen Überlieferungstraditionen und ist in nonverbalen Ausdrucksformen oder in Artefakten materialisiert." (ebd., S. 217) Körperbewegung kann intuitiv erfolgen oder einer Technik folgen. „Jede Körpertechnik habe ihre spezifische Form, werde tradiert, erlernt, verbinde Bewusstes und Unbewusstes und codiere Körperwahrnehmung als soziale Erfahrung. Sie stellt in den Worten Mauss' eine ‚physio-psycho-soziologische Montage' dar, in der sich die Körpererfahrung mit dem psychologischen und soziologischen Kontext unauflösbar vermischt. Mauss' Idee eines Archivs der Körpertechniken ist deshalb wegweisend, weil es nicht von einem Dualismus zwischen Körper und Kultur ausgeht. Das Körpergedächtnis ist selbst eine kulturelle Form, die stets historisch spezifisch ist." (ebd., S. 218)

Wenn Labyrinth ursprünglich Tanz war, so ist es heute schwierig und vielleicht unmöglich zu erforschen, was Körper vor 3000 Jahren wussten und lernten. Körpergedächtnis und das Verständnis der Einheit von Körper und Kultur wirken.

Auf gegenwärtige Labyrinth-Begehungen als gesamtheitliche Erfahrung fokussiert mein Forschungsprojekt. Es geht nicht um spezielle Schrittfolgen wie bei einem Tanz. Eine Labyrinth-Begehung ist ein rhythmischer Bewegungsablauf, der als Tanz verstanden werden kann. Es geht ums Gehen und davon gibt es viele Arten. Gehen. Weitergehen. Es ist auch mein Lernen.

„Das Wort ‚Lernen' geht auf die indogermanische Wurzel *Lais* zurück, und dieses alte Wort hat die Bedeutung ‚Spur'. Im Gothischen hieß *lais* ‚ich weiß', verweist also auf das Ergebnis von Lernen. Im Deutschen erkennt man die Bedeutung der Wurzel Lais am Wort ‚Gleis' noch gut." (Hunger und Zimmer 2012, S. 30) Ariadnes Faden, der Weg durchs Labyrinth, kann somit als körperliche Lern-Spur verstanden werden. „Deswegen ist es auch so, dass je mehr Fingerspiele Sie im Kindergarten gemacht haben, umso besser sind Sie in Mathematik in der Schule und auch später. Deswegen weiß man seit über 100 Jahren, dass Finger und Mathematik ganz eng in unserem Kopf beieinander liegen." (ebd., S. 39)

Wo Lernen stattfindet, ist auch Verlernen ein Thema. Plahl meint: „Was Kinder noch quasi automatisch können, verfälscht sich oft in den späteren Lebensjahren." Und führt weiter aus: „Bewegungen und eine Bewegungsintelligenz sind also auch stark an eine Person und ihre Emotionen gebunden. Körper, Geist und Seele, Ängste, Schmerzen oder auch Freude und Spaß, das gesamte Befinden eines Menschen beeinflusst die mechanischen Abläufe. Beim Gehen oder Tanzen wird dies besonders offensichtlich. Wir zeigen ein persönliches Gangbild oder einen eigenen Tanzstil. Diese beiden Bewegungsformen werden in letzter Zeit immer genauer erforscht – und gleichzeitig lehren Therapeutinnen und Therapeuten verstärkt wieder mehr persönliche Bewegungskompetenz." (Plahl 2020)

Bedeutungsänderungen können bewusst auf Sachebenen und auch in wissenschaftlichen Bereichen stattfinden wie auch auf der Emotionsebene. In der kognitiven Psychologie wird die Theorie vertreten, die Umstrukturierung genannt wird, dass emotional belastende Erfahrungen nach dem Erkennen in Begleitung des:der Therapeut:in durch neue ersetzt werden könne, was zur Entlastung des:der Klient:in führt. In der humanistischen, wie der Logotherapie, wird nach einer hilfreichen Bedeutung gesucht, um das Leben sinnvoll zu erleben. In der Integralen Psychologie werden spirituelle Aspekte erfahren, was neue Bedeutungen mit sich bringt. In der Psychoanalyse ist das Ziel, unbewusste Mechanismen bewusst zu machen, was neue Bedeutungen ermöglicht. In der Katathym Imaginativen Psychotherapie wird der Imagination eine große Wirkkraft zugeschrieben, die im therapeutischen Setting zur Anwendung kommt und somit von Bedeutung ist.

Bedeutungen sind von Bedeutung. Richtig und falsch hat eine individuelle Richtschnur und beruht auf gesellschaftlichen Übereinkünften. In Demokratien können diese angstfrei hinterfragt, diskutiert und auch verändert werden.

Individuelles Reflektieren kann eigene Vorstellung zum Vorschein bringen. Ein einfaches Beispiel aus dem Alltag: Es fragt die Physiotherapeutin, ob ich meinen Termin verschieben kann. Ich sage zu und denke mir, sie hat einen Termin und will meinen deswegen verschieben. Im späteren Gespräch stellt sich heraus, dass jemand abgesagt hat und sie weiß, dass ich lieber einen Nachmittags- als Vormittagstermin habe und mich deshalb fragt. Vor-Annahmen sind gefährlich, weil sie im Beziehungsleben verändernd wirken können. Kommunikation ist hilfreich, um Übereinstimmungen erzielen zu können. Beziehungen sind die Grundlage, welche Bedeutung einzelnen Situationen oder Personen zugeschrieben werden.

Trinh und Haraway thematisieren auch das Thema *Lernen*. Was beide mit Peskoller verbindet, ist das Zuhören und nicht Über-etwas-Schreiben. „Aber was ich versuche, ist, nicht über etwas zu sprechen, nicht über den Berg, sondern mit ihm, hören, was er erzählt.“ (Peskoller 2001, S. 207) Trinh schreibt: „Anderswo, in jedem Winkel der Welt, leben Frauen, die, trotz der Gefahr der Zurückweisung, entschlossen auf das Verlernen der institutionalisierten Sprache hinarbeiten, während sie aufmerksam jedes Ausschlagen der Kompassnadel ihres Körpers verfolgen.“ (Trinh 2010, S. 146) Trinh möchte nicht über etwas sprechen, sondern nur nahe dran entlang. (Trinh 1996, S. 11) Haraways Essenz zum Thema, nämlich das Lernziel, sehe ich im folgenden Zitat: „Appell: ‚Macht euch verwandt, nicht Babys!‘ Antirassistische, antikoloniale, antikapitalistische, pro-queere FeministInnen unterschiedlichster Herkunft engagieren sich schon lange für sexuelle und reproduktive Freiheit und die damit verbundenen Rechte. Die Brutalität und Rücksichtslosigkeit reproduktiver und sexueller Gebote gegenüber armen und marginalisierten Menschen haben sie dabei besonders im Blick. FeministInnen beharren darauf, dass sexuelle und reproduktive Freiheit bedeutet, die eigenen oder auch die Kinder anderer innerhalb von intakten und sicheren Gemeinschaften zu robusten und gesunden Erwachsenen großzuziehen. FeministInnen waren auch historisch einzigartig klar darin, auf das Recht jeder Frau, ob jung oder alt, zu bestehen, *kein* Kind zu bekommen." (Haraway 2018, S. 15) Macht euch verwandt! Dieses Lernziel betrifft, wie bei Peskoller und auch Trinh: Beziehungen.

Haraway fügt an anderer Stelle hinzu: „Wir sind verpflichtet, unser Sprechen in situierten Welten zu beginnen, aber wir müssen nicht länger von einer humanistischen Patrilinie, ihren atemberaubenden Auslöschungen und ihren Hochseilakten ausgehen. Das Risiko, einer Geschichte zuzuhören, besteht darin, dass sie uns dazu verpflichten könnte, uns in zuvor unbekannte, sich verzweigende Netze zwischen unzählige Fäden zu wagen. In einer Welt der Anthropo-Zoo-Genese wird das Figurative ziemlich wahrscheinlich Zähne bekommen und uns in den Hintern beißen." (Haraway 2018, S. 182f) Haraway beschreibt Geschichten-Zuhören als Wagnis. Das Hineinbegeben in Unbekanntes, ein Sich-hinein-Begeben in die Welt aus Fäden. Peskoller beschreibt das Wagnis, sich in die Senkrechte zu begeben. Trinh beschreibt ein anderes Wagnis: „Indem sie sich selbst schrieben, gingen Frauen das Wagnis ein, all das laut und deutlich zu Gehör zu bringen, was im phallozentrischen Diskurs verschwiegen wurde." (Trinh 2010, S. 78) Ich beschreibe eine Labyrinth-Begehung als Wagnis.

Allen gemeinsam ist, sich einzulassen auf Unbekanntes, das im schlimmsten Fall lebensgefährlich sein kann. Sich mit Ängsten vertraut machen, wie es der Kleine Prinz mit dem Fuchs tut. In Beziehung leben, diese erforschen und weiterentwickeln, ist ein Wagnis. Ein Wagnis ist es auch, sich kennenzulernen und wahrzunehmen, was berührt. In sich suchen und finden, erfordert Mut und Humor, weil ungewiss ist, was gefunden wird. Im besten Fall das Lied des Lebens hören und in dieses einstimmen mit dem Text, den die Seele einflüstert.

Wer erfahren ist und gelernt hat, weiß. „‚Sicherheit' nimmt viele Formen an. Es gibt die äußere Sicherheit zu wissen, dass man mit einer statistisch geringeren Wahrscheinlichkeit von einem Pfeil getroffen wird.

Und es gibt die mitmenschliche, soziale Sicherheit zu wissen, dass Menschen auf der Welt leben, die tiefstes Mitgefühl hätten, wenn man von einem getroffen würde." (Graeber und Wengrow 2022, S. 34)

Carolyn Bertozzi, 2022 Nobelpreisträgerin für Chemie, meinte im Interview: „Die Wissenschaft wirkt manchmal schwierig und frustrierend, weil sie eine hohe Misserfolgsquote hat. In Wirklichkeit gibt es aber keine Misserfolge, sondern nur Experimente, mit deren Ergebnis man nicht gerechnet hat. Und das ist die Chance, etwas Neues zu lernen." (Bertozzi 2022)

Methode der Phänomenologie

Die phänomenologische Methodik ist deskriptiv in ihrer Untersuchung räumlicher Erscheinungen (*Chorologie*) und zeitlicher Zuordnung (*Chronologie*) von Prozessen zur Chorologie. Aus dem Beobachtbaren soll eine Theorie entwickelt werden. Weil jede Person in bestimmter Weise wahrnimmt, ist Selbstreflexion ein Bestandteil.

Im Folgenden beziehe ich mich auf die Ausführungen von Kristin Westphal (2014), die den Diskurs beschreibt. Sie erwähnt Merleau-Ponty, der die Phänomenologie als Bewegung, die sich nicht als lineare Bewegung darstellen lasse, versteht. Der phänomenologische Ansatz kann als gesonderte Methodenlehre gesehen werden, wenn unter Methode kein neutrales Werkzeug verstanden wird, sondern ein Weg, der den Zugang zur Sache ermöglicht. Die Phänomenologie ist somit der Hermeneutik vorgeordnet. Sowohl eine natürliche Erfahrung als auch die Differenz von lebensweltlicher und wissenschaftlicher Erfahrung sind im Fokus. Westpahl nimmt auf Waldenfels Bezug. „Der phänomenologische Grundzug ‚etwas als etwas' zu verstehen zielt auf eine ‚signifikative Differenz'. Er weist einerseits auf die aristotelische Bestimmung des ‚Seienden als Seienden' und andererseits auf Kants Bestimmung der transzendentalen Erkenntnis hin, die sich nicht mit den Gegenständen ‚an sich', sondern mit unserer Erkenntnisart von Gegenständen beschäftigt. Das ‚Wie' oder ‚Als' ist weder ein objektives Merkmal noch ein realer Bestandteil eines Erlebnisaktes bzw. -zustandes. Husserl unterläuft damit den neuzeitlichen Dualismus von Innen und Außen, von einem immanenten subjektiven Erleben und einer objektiven, wahren Wirklichkeit. ‚Indem jemand etwas erlebt oder erfährt, ist er in sich selbst bei Anderem, ist er außer sich, überschreitet sich' (ebd., S. 16). Die Welt zeigt sich nicht ‚an sich', sondern in den Strukturen unseres Bewusstseins von ihr. Im phänomenologischen Sinne ist damit Wirklichkeit ein Komparativ: ‚Wirklichkeit wird umso wirklicher erfahren, je dichter das Gefüge der Relationen ist.' (Fellmann 2009, S. 43) – und zwar derjenigen Relationen, die die ‚signifikative Differenz' ausmachen." (Westphal 2014)

Westpahl verweist weiter auf Maurice Merleau-Ponty, der meint, dass sich mit der Verwandlung des Bewusstseins in eine leibliche Existenz, die dem zugehört, was sie konstituiert, das transzendentale Gefüge grundlegend ändert. Der Leib, der mit der Welt als physische, psychische, soziale und kulturelle Ordnung verschränkt ist, wird zum Ort der Wahrnehmung und des Bewusstseins. Merleau-Ponty sieht in der Wahrnehmung ein Grundphänomen, in dem sich leibliche Verbindungen zur Welt ausdrücken. Welt lässt sich für Menschen immer nur in begrenzten Perspektiven und Horizonten erschließen. Der Leib, im Hier und Jetzt definiert, antwortet einer Situation adäquat, öffnet sich synästhetischen, kinetischen und medialen Erfahrungsdimensionen. Körper- und Wortsprache setzen Wahrnehmungen und Wissen kreativ um. Wirklichkeit ist, phänomenologisch betrachtet, ein Potenzial von Möglichkeiten, das über Intentionen und bestehende Bedeutungen hinausgeht. Kunst ermöglicht Abstrahierung und somit lebensweltliche Ent-Kontextualisierung, des Gegenstands selbst und seiner Rahmung, womit sich Wahrnehmungs- und Erfahrungsgewohnheiten der Betrachtenden verändern können. Die Kunsttheorie fragt, so Böhm 2006, nach dem Unbestimmten, Unsagbaren, Nicht-Sichtbaren. Westpahl fasst zusammen: „Methodisch richtet sich die Aufmerksamkeit dann auf den Hiatus zwischen dem Sagen und Gesagten, Zeigen und Gezeigten, Wahrnehmen und Wahrgenommenen, Hören und Gehörtem." (Westphal 2014) Das führt zu einem umfassenden und heterogenen Feld, in dem sich unterschiedlichste Traditionen und Hintergründe spiegeln, was eine allgemeingültige Definition verhindert. Bildung inkludiert gegenwärtig Natur-, Technik- und Sozialwissenschaften sowie auch Ästhetik.

Die UNESCO verfolgt zwei Stränge, auf die eine Unterstützung immateriellen Kulturerbes (Tanz, Theater, Musik u. a.) ausgerichtet ist: Vereinheitlichung und kulturelle Diversität. Ästhetische und kulturelle Bildung ergibt sich aus der Auseinandersetzung mit medialen, technischen und als ästhetisch qualifizierten Gegenständen und Formen als Prozesse und Resultate reflexiv erfahrener Praxis. Daraus schließt Westpahl: „Was wir wahrnehmen, ist dabei stets abhängig davon, wie wir etwas *als* etwas wahrnehmen. Ästhetische Erfahrungen gehen dann nicht in einer intendierten pädagogischen Intention auf, sondern öffnen Möglichkeitsräume." (ebd.) Bezugnehmend auf die Bildungswissenschaft lässt sich festhalten, dass Beschreibungen von Bildungsprozessen nicht nur Ausbildungen von sozialen und kulturellen Identitäten erfassen, sondern auch Subjektivierungsprozesse einbeziehen sollte. Ereignisse sind auch auf ihre Veränderungen und Transformierbarkeiten zu analysieren. Ereignisse können Übergänge auf Unbestimmtes und Fremdes sein und Erfahrung jenseits symbolischer Vergegenwärtigung. So, ist Kristin Westphal überzeugt, „ermöglicht Bildungswissenschaft Fragen der ästhetischen und medialen Erfahrung zu bearbeiten, die andere Theorien nicht berücksichtigen." (ebd.)

Malte Brinkmann versteht Phänomenologie so: *Erfahren* kann, schreibt Brinkmann in seinem Artikel, als Prozess mit Ereignischarakter definiert werden, der Neues, Unerwartetes, das nicht der gewohnten Routine entspricht (z. B. lust- bis leidvoll), und das Gefühl von Ausgesetzt-Sein und Verletzbar-Sein mit sich bringen kann. Damit kommt es zu einer Verbindung zwischen Person und Welt und weiter zu intentionalen Sinnbildungen (Noesis) und Sinngebung (Noema). Erfahrung als Erfahren meint beides: Aktivität und Passivität. Brinkmann beschreibt die „phänomenologische Deskription als qualitative Methode, die auf einem spezifischen Begriff und Modell der Erfahrung und der Leiblichkeit basiert. Die phänomenologische Deskription – und ihre verwandten Verfahren wie Anekdoten und Vignetten sowie die darauf aufbauenden responsiven Bild- und Videoforschungen – kann als zentraler empirischer Zugang der Phänomenologie gelten. Sie versucht in den Differenzen von Sichtbarkeit und Unsichtbarkeit, Sagbarkeit und Unsagbarkeit sowie im Wechselverhältnis von Appell und Antwort methodologische und gegenstandstheoretische Probleme, die bei einer qualitativ gehaltvollen Beschreibung von pädagogischen Erfahrungen auftreten, im Modus der Reduktion zu reflektieren. Die Deskription basiert auf der phänomenologischen Reduktion, das heißt die Einklammerung von Urteilen (Husserl), das Anhalten einer Erfahrungsbewegung (Heidegger) bzw. die Reduktion auf das Gesagte und Gesehene (Waldenfels)." (Brinkmann 2020)

Von anderen philosophischen Ansätzen unterscheidet sich die Neue Phänomenologie dadurch, dass sie grundsätzlich an Erfahrung und Anwendbarkeit orientiert ist. (Gesellschaft für Neue Phänomenologie e. V. 2022) Was ist feministische Phänomenologie? Zur Wiederentdeckung des Körpers trug besonders Judith Butlers „Unbehagen der Geschlechter" (1991) bei. Silvia Stoller, Veronica Vasterling und Linda Fisher beschäftigen sich in ihrem Buch mit dieser Fragestellung. „Einigen Feministinnen galt diese Phänomenologie als eine hilfreiche Ressource für eine Schärfung des feministischen Körperbegriffs. Andere wiederum zeigten spezifisch anhand der phänomenologischen Theorie des Leibes die Grenzen eines poststrukturalistischen Körperbegriffes auf. Wieder andere bezogen sich auf phänomenologische Theorien der Leiblichkeit, um die so genannte ‚Leibverdrängung' innerhalb der abendländischen Tradition aus feministischer Perspektive zu thematisieren. Zwar setzte die Wiedergewinnung der Leiblichkeit als Thema der Philosophie nicht erst mit der Phänomenologie ein, doch die eigentliche Rehabilitierung der Leiblichkeit im 20. Jahrhundert geht auf deren Konto. Dazu hat insbesondere die französische Phänomenologie mit Merleau-Ponty als einem ihrer Hauptvertreter beigetragen." (Information Philosophie 2006)

Davon inspiriert schrieb Iris Marion Young ihren Aufsatz „Werfen wie ein Mädchen", in dem sie weibliches Körperverhalten analysierte. Irigaray hatte nicht wie Beauvoir das Ziel, Gleichheit der Geschlechter herzustellen, sondern die sexuelle Differenz zu kultivieren. Das bedeutete eine Asymmetrie, die Aufwertung des Weiblichen in Abgrenzung zu hegemonialen Normen des Männlichen. Christina Schües formulierte ihre Bedenken gegen ein transzendentales Ego, das für sie die reine ungeschlechtliche Vernunft repräsentiere, womit diese allerdings am Menschlichen vorbeischaue.

Kaja Kröger formuliert es so: „In Hinblick auf eine Vielfalt der Geschlechter ist es in der feministischen Praxis schwierig, über *den weiblichen Körper* zu sprechen, weil Geschlechtsidentität selbstverständlich nicht auf eine bestimmte körperliche Beschaffenheit zurückgeführt werden kann. Es gibt mittlerweile, seit in den 70er-Jahren das Thematisieren weiblicher Körpererfahrung eine wichtige Säule feministischer politischer Praxis darstellte, zurecht ein erweitertes Verständnis von ‚Frauenkörpern', das nicht zuletzt durch die Dissoziierung von *Gender und Sex* – sowie der Demaskierung ebendieser Konzepte als diskursiv konstruiert – ermöglicht wurde." (Kröger 2020) Eine Minimaldefinition lautet: „Feministische Phänomenologie und Hermeneutik sind eine phänomenologische und hermeneutische Philosophie in feministischer Perspektive." (Information Philosophie 2006) Kaja Kröger schließt ihre Gedanken mit folgenden Worten ab: „Aus aktueller Perspektive ließe sich noch ergänzen: feministische Philosophie ist die Arbeit an den Begriffen, die patriarchale Geschlechterverhältnisse rechtfertigen. Um diese Arbeit fortzuführen, ist es also essentiell, dass feministische *Philosophie* sich weiterhin des weiblich markierten Körpers als Erkenntnisorgan annimmt, feministische *Theorie* sich des weiblich markierten Körpers als Erkenntnisobjekt annimmt, und feministische *Bewegung* den Körper als ein widerständiges Objekt anerkennt.“ (Kröger 2020)

Die Unterscheidung zwischen Leib (Leben) und Körper (Leichnam) ab dem 13. Jahrhundert bewirkte eine große Veränderung sowohl des persönlichen Selbstverständnisses als auch auf gesellschaftlicher Ebene. Wer spricht heute noch von seinem:ihrem ‚Leib‘? Leibwächter:innen und ihre Auftraggeber:innen. Peskoller formuliert pointiert: „Dem Verlust von Leib wie Leben antwortet ein Aufstieg des Körpers, aus dem die daseinsmächtige Befindlichkeit gewichen ist.“ (Peskoller 2001, S. 134)

Werner Eberwein, psychologischer Psychotherapeut, fasst das Thema der Phänomenologie prägnant zusammen: „Phänomenologie vertritt nicht die Position, dass Realität durch unsere Wahrnehmung ‚konstruiert‘ sei (wie beispielsweise die Vertreter:innen des radikalen Konstruktivismus), sie bestreiten nicht die Existenz einer realen Wirklichkeit, sondern sie unterscheiden lediglich **unterschiedliche Blickwinkel** darauf und Zugangsweisen dazu. Insbesondere wird eine spezielle Perspektive betont und hervorgehoben, die ‚Erste-Person-Perspektive‘, die von der ‚Dritte-Person-Perspektive‘ unterschieden wird.“ (Eberwein 2015)

Er führt weiter aus: „Der phänomenologische Standpunkt versteht sich als Kritik einer erkenntnistheoretischen Einstellung, die nur das gelten lassen will, was naturwissenschaftlich (physikalisch-mathematisch) erfassbar ist.“ Weiters betont die Phänomenologie, „dass die Methodik einer Wissenschaft ihrem Gegenstand angepasst sein muss. Eine mathematisch-physikalische Reduktion des Psychischen (z. B. durch statistische Empirie oder durch Hirnscans) führt zu einer kategorialen Verwechslung des Gegenstands der Psychologie, damit zu einem Selbstmissverständnis der Psychologie als Wissenschaft.“ Denn, so wird daraus geschlossen: „In der Konsequenz führen sie zu einer **Verdinglichung der Subjektivität**, die letztlich in Zahlenwerte (Potentialaktivitäten, Effektstärken, ICD 10-Kategorien, Resultate von Vergleichsstudien usw.) verwandelt wird. Phänomenologie untersucht insbesondere die Art, wie die Lebenswelt (das heißt unser alltägliches Leben) subjektiv (also für uns, für mich) erscheint und intersubjektiv (im Kontakt, im Gespräch, in der sozialen Interaktion) erlebt und ausgearbeitet wird. Ausgangspunkt ist dabei **das unmittelbare**

Erleben, also die Erfahrung, die vor jeder sprachlichen oder wissenschaftlichen Erfassung liegt, das primäre Erleben.“ Der Leib ist für jede Person kein Ding unter Dingen, sondern etwas, das auf einmalige Weise gegeben ist. „Gleichzeitig geschieht Erleben immer auf Basis gesellschaftlicher, historischer und sozial-kultureller **Tradition**.“ (Eberwein 2015)

Mein Verständnis der phänomenologischen Methode beruht auf Eberweins Beschreibung. Auf diese beziehe ich mich. Sie ist Grundlage dieser Forschungsarbeit, der kreative und innovative Möglichkeits- und Denkstrategien hinzugefügt werden. Sie scheint mir die passende für das Labyrinth zu sein, das selbst viele Blickwinkel bietet und einen langen Umweg in sich birgt.

Qualitativ wissenschaftlich arbeiten

Der Anspruch an Wissenschaft war und ist *Objektivität*. Qualitative Forschung bezieht die Forschenden ein, die ihre persönlichen Standpunkte offenlegen. Die von Knut Ebeling bezeichnete „Autotheorie“ begreift das eigene Leben als selbstverständlichen Bestandteil von Theorie. (Eberling 2022) Eine qualitative Vorgehensweise bedeutet, keine Hypothese zu haben, offen und nachvollziehbar der Fragestellung Schritt für Schritt nachzugehen und selbstreflexiv zu sein. Diesem Ansatz folge ich.

Methodisches Vorgehen

Die Beschreibung des Untersuchungsobjekts Labyrinth und des Bewegens durch diese Struktur, wobei Nachvollziehbarkeit und Replizierbarkeit gegeben sind, finden sich in den Kapiteln 3 und 4 (Einstimmung ins Thema und Topo- & Choreographie).

Zur Erhebungsmethode: Die Beschreibung der Untersuchungsdurchführung folgt dem Prinzip des empirischen Systems. Die zu erforschenden Phänomene sind die Erfahrungs- und Erkenntnisprozesse, die exakt beschrieben werden, damit Zuverlässigkeit, Gültigkeit, Generalisierbarkeit gegeben sind, deren Grundlage die Selbstbeobachtung ist.

Zur Auswertungsmethode: Sie hat ihre Basis darin, dass die Morphologische Analyse, mit dem Fokus, alles in Frage zu stellen, um auch die nie in Frage gestellten Als-ob-Annahmen aufzudecken, also wie die Welt aufgrund der Sozialisierung ab der Geburt zu sehen ist, im Zentrum steht. (Kotzab 2022) Beispielhaft nenne ich Liebe und Leben. Sie werden geschenkt, ohne etwas leisten zu müssen. Leistung ist ein gesellschaftliches Konstrukt, das mit massiver Machtausübung der Herrschenden alle verinnerlichen sollen. (Maderthaner 2021)

Selbstreflexion ist wichtig zu formulieren, um die Forschung nachvollziehbar zu machen, darum an dieser Stelle Grundlegendes:

Ich erforsche die Welt und lebe in dieser, ohne wirtschaftlichen oder anderen Zwängen ausgeliefert zu sein, ein relativ freies und friedliches Leben, das andere zurecht als privilegiert bezeichnen können, denn ich lebe in einer Demokratie ein gutes Leben.

Ich lebe, wie der Global Peace Index 2023 ausweist, im fünftsichersten Land weltweit und in der lebenswertesten Millionenstadt.

Sozialisiert wurde ich in einem vielschichtigen Umfeld, das musikalisch offen, politisch interessiert, patriarchal und feministisch war und von katholischem Religionsunterricht begleitet. Selbstreflexion war mir immer ein Anliegen und ist im Text immer wieder zu finden. Fragen-Können, Wissen-Wollen und Diskutieren war mir immer wichtig.

Zur Freiheit gehört freie Meinungsäußerung. Sie ist ein eigener Wert und Grundlage für jede Demokratie. Westliche Rechtsordnung schützt Menschen. Ideen dürfen, bis auf wenige Ausnahmen wie die Leugnung des Holocaust oder die Zerstörung der Verfassungsordnung, attackiert werden. Alle werden aufgrund dieser Rechtsordnung, die zwischen physischen Besitztümern, Gedanken und Menschen unterscheidet, gleichbehandelt. Es gibt keinen Schutz von religiösen Wahrheiten mehr, alle Mittel der Religionskritik sind erlaubt. Das Verbrennen von Papier ist keine Kriegserklärung, sie ist eine individuelle gewaltlose Äußerung. Dies ist eine zivilisatorische Errungenschaft.

Immer wieder gilt es in Erinnerung zu rufen, dass die westliche Säkularisierung mit Gotteslästerung begann, die religiöse, wissenschaftliche u. a. Dogmen betraf. Blasphemisches und Anstößiges ist, ohne Selbstzensur aus Angst vor Gewalt, notwendig, um den „Schutzmantel des Heiligen“ mit Lächerlichkeit, Witz und Argumenten zu zerstören, um damit Diskurse zu ermöglichen.

Verfolgte, eingesperrte und ermordete Dissident:innen gibt es in jedem autoritär regierten Staat. Fanatische Bewahrer:innen des Alten und

Bisherigen fordern in Demokratien, dass ihre verletzten Gefühle höher als Demokratie gestellt werden, um Kritik zu verunmöglichen und beanspruchen für sich, sich gegen „Kränkungen" mit Gewalt zu wehren. Doch der demokratische Staat ist der Einzige, der Gewalt anwenden kann und der entschiedet, was erlaubt ist und was nicht erlaubt ist. Freiheit muss immer wieder wachsam und mutig gegen diverse Anfechtungen verteidigt werden.

Aus meiner bisherigen Arbeit zum und mit dem Labyrinth, aus der auch meine Expertise wuchs, zeigt sich an meinen Workshop-Leitungen ab 1998 für Kinder, Jugendliche, Erwachsene (Blinde, Therapeut:innen, Mediziner:innen, Interessierte) an Schulen, VHS, UNI Wien, PH, ÖGS, Heilpädagogik, St. Virgil u. a. m. sowie Vorträgen und Workshops u. a. Psychotherapie-Tagung Bad Wildungen WAP 2004, St. Josefs Spital, Wien 2009, Bezirkskrankenhaus Kufstein 2009, Heilpädagogischer Kongress, Salzburg 2010 u. a. m.

- Teilnahme an der Labyrinth-Konferenz in St. Louis, USA 1998
- Ausstellung *Die Kunst zu wandeln – Das Labyrinth – Mythos und Wirklichkeit*, Shedhalle, St. Pölten 1999, Kuratorin
- 1. Labyrinth-Tagung im dt. Sprachraum, Dornbirn 2001, Initiatorin
- Die Kunst zu wandeln, Haymon 2001, Hg. und Autorin
- Labyrinth-Website u. a. Labyrinthe in Österreich 2001–2017, www.das-labyrinth.at, archiviert auf https://ilselaby.wordpress.com/ ab 2008
- Labyrinth-Treffen halbjährlich in Wien 2002–2012, Initiatorin
- Artikel in Büchern und Zeitschriften (Labyrinthe und Irrgärten von Jürgen Hohmuth 2003, Visionen 2005, e&l 2006 u. a. m.)
- Libretto: Im Labyrinth, 2002
- Teilnahme Labyrinth-Konferenz Glastonbury (GB) 2002
- Teilnahme 2. Labyrinth-Konferenz Zürich 2003
- 1. Wissenschaftlicher Labyrinth mit TU-Wien 2003 und 2006, Initiatorin
- Blumenlabyrinth Kurpark Oberlaa, Wien 2004, Initiatorin
- Teilnahme und Vortrag Labyrinth-Konferenz Woodgreen (GB) 2005
- Teilnahme und Vortrag 3. Labyrinth-Konferenz in Wetzlar 2005
- Teilnahme 4. Labyrinth-Konferenz Dresden 2008
- Steinlabyrinth im Kurpark Oberlaa, Wien 2009
- UNESCO-Expert:innentreffen „Immaterielles Kulturerbe" Vortrag und Labyrinth-Steinsetzung in Obergurgl (Tirol) 2008
- Reise nach Chartres, 2010
- Teilnahme und Vortrag 5. Labyrinth-Konferenz Euskirchen 2010

- Labyrinth *„Wie geht das?“* okto TV 2011, Initiatorin
- Teilnahme Dutch Maze and Labyrinth Symposium, 2011
- Teilnahme und Vortrag 6. Labyrinth-Konferenz Hofkirchen 2012
- Die Kunst zu wandeln, Dokumentation der 6 Labyrinth-Tagungen, DVD, IK 2012
- labyrinthisches leben – labyrinthischer tod, Lyrik IK 2015
- Das Labyrinth im Irrgarten, e-book IK 2015
- SO BIN ICH, Kinderbuch IK 2015
- symbol der welt – eine philosophie des labyrinths, 2016
- Labyrinth Puzzle-Magnet-Kalender, IK 2018

Zum Ziel: Die systematische Untersuchung der Labyrinth-Struktur und eines Begehungs-Prozesses bilden die Grundlage, woraus eine Theorie, die dem Labyrinth inhärent ist, erarbeitet wird.

Zum Schreiben: Beschreibende, abstrahierende, wissenschaftliche und poetische Texte mit Einschüben von Zitaten, Informationen, Rechercheergebnissen und deren Verknüpfungen sowie meine persönliche Verwendung von Sprache und eingefügte Assoziationen, lineare Gedankengänge wie auch jene der Umwege, bilden die Grundlage meiner Reflexion und Theorie-Bildung.

EIN-STIMMUNG INS THEMA

Beginne ich mit dem Wort *Vielfalt*, denke ich zuerst an einen Stoff, der eine Länge und eine Breite hat. Zweidimensionalität. In dem Moment, in dem ich diesen Stoff zu *falten* beginne, füge ich eine dritte Dimension hinzu, die Höhe. Falten kann bedeuten, dass ein Stoff zusammengelegt wird. Falten kann auch gestalterische Aspekte benennen wie dies ein Faltenwurf ist oder plissierte Gewänder sind. Auch Servietten können zu kunstvollen Gestalten gefaltet werden. Das Material kann Textil und auch Papier sein, wie bei Origami. Andere Wörter für Vielfalt sind Fülle, große Auswahl, Verschiedenartigkeit, große Menge und Diversität. Das Verb falten bedeutet ursprünglich zusammenlegen, umbiegen. Das Adjektiv *faltig* stammt vom griechischen Wort *rhyti*. Das Wort Rhythmus geht auf das griechische Wort für *ziehen* zurück. Eine Faltung bewirkt, dass zuvor Sichtbares dem Blick entzogen wird. Daraus folgt, dass nie alles gesehen wird von der Vielfalt, sondern immer nur ein Teil. Es ist auch möglich, etwas „in- und auswendig" zu kennen. Aus dieser Vielfalt heraus beginne ich meine Beschreibung des Labyrinths, das mein Untersuchungsmaterial ist.

Labyrinth und Irrgarten

Obwohl in der Umgangssprache Irrgarten und Labyrinth meist gleichgesetzt werden, ist das Labyrinth (Abb. 1) kein Irrgarten (Abb. 2) und die historisch ältere Struktur.

Ein Irrgarten hat Wegkreuzungen und Sackgassen, die Gehenden müssen Entscheidungen treffen und können sich verirren, was bedeutet, erst über viele Umwege mit Sackgassen oder auch nicht ins Zentrum bzw. zum Ausgang zu finden.

Die Aufmerksamkeit im Irrgarten ist mehr nach Außen gerichtet. Im Labyrinth gibt es keine Wahlmöglichkeiten und die Aufmerksamkeit ist mehr nach innen, d. h. auf das Erleben gerichtet.

In Übereinstimmung mit der Definition Hermann Kerns (Kern 1982), ist sie eine Struktur, die in der Natur nicht anzutreffen ist wie z. B. Spirale und Mäander. Das Labyrinth ist ein von Menschen geschaffenes Kulturgut, das nicht allen Kulturen zu eigen ist.

1

2

Dem Labyrinth in seiner Ur-Form, die im Laufe der Jahrhunderte verändert wurde, liegen folgende Kriterien des Formprinzips zugrunde:

- Es gibt eine äußere Begrenzungslinie, die nur eine Öffnung besitzt.
- Die Figur kann (gedanklich/körperlich) zwischen den Linien abgeschritten werden.
- Der Weg ist kreuzungsfrei, d. h. er bietet keine Wahlmöglichkeit und wechselt immer wieder pendelnd die Richtung. Der Weg führt wiederholt sehr nah am Zentrum vorbei und mündet schließlich ausweglos und sackgassenartig in ein Zentrum.
- Ein Weg, der als Umweg vom Eingang zum Zentrum führt, füllt den Innenraum aus.
- Der Mittelpunkt des Labyrinths ist nicht das geometrische Zentrum.
- Das Zentrum ist ein leerer Raum.
- Innen angekommen kann der Weg nur durch eine Wendung, einen Bogen von 180°, fortgesetzt werden.
- Denselben Weg zurückgehend wird dieser nun aus anderer Perspektive erfahren.
- Wird die Struktur begangen, ergibt sich ein Rhythmus: 3-2-1-4-7-6-5.

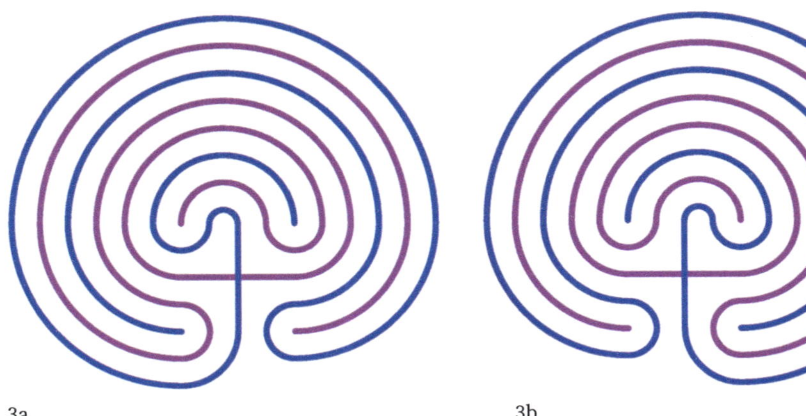

3a

3b

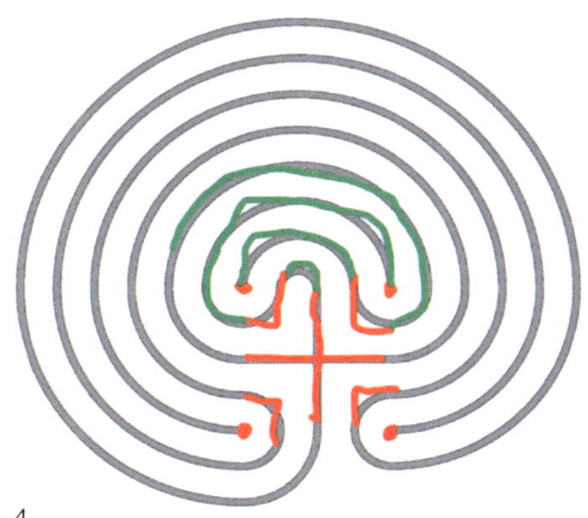

4

5a

5b

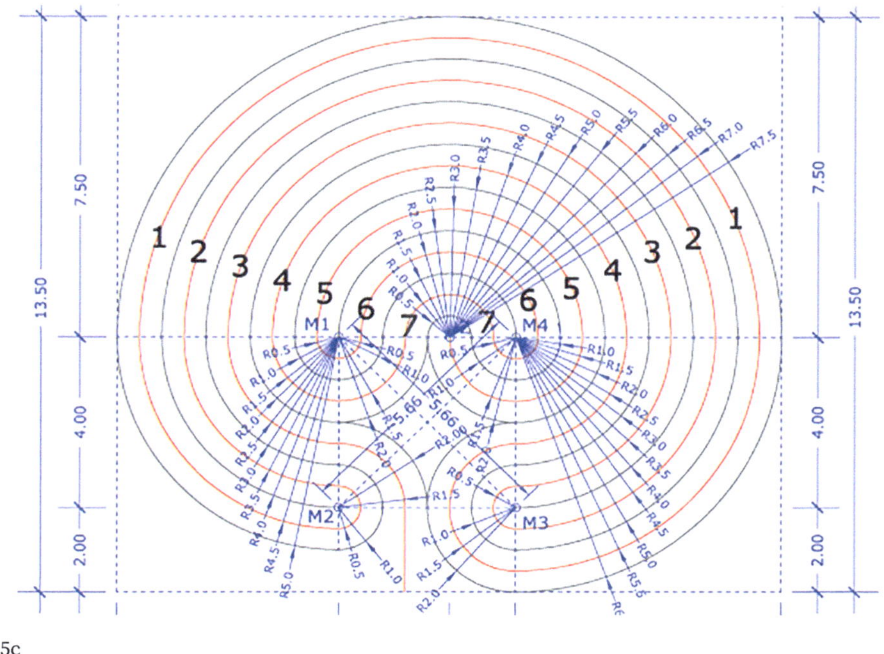

5c

Es gibt mehrere Möglichkeiten, ein Labyrinth zu zeichnen/legen/bauen.

Die Labyrinth-Figur kann mit zwei Fäden (Abb. 3a) gelegt werden, die unterschiedlich lang sind. Die Figur kann auch spiegelbildlich (Abb. 3b) sein.

Die Labyrinth-Figur kann ausgehend von einem Kreuz und rechten Winkeln und Punkten gebildet werden. Kreisbögen werden entsprechend verbunden (Abb. 4).

Im Kapitel Materie und Form erzähle ich von meiner ganz persönlichen Weise, ein Labyrinth zu zeichnen.

Die Labyrinth-Figur kann rund (Abb. 5a) oder eckig (Abb. 5b) sein, die rhythmische Wegführung ist die gleiche.

Händisch gezeichnet wird es wahrscheinlich einige Unregelmäßigkeiten geben. Es kann, wie alle anderen Labyrinth-Typen jedoch auch exakt konstruiert (Abb. 5c) werden. (Reißmann 2008)

Das Labyrinth als Symbol und Erfahrung steht im Zentrum meiner Aufmerksamkeit und doch sollen nun ein paar Gedanken zum Irrgarten Platz haben, weil dieser als Gegenstück zum Labyrinth entwickelt wurde. Passig und Scholz geben einen informativen, interessanten, hilfreichen und humorvollen Überblick in ihrem Buch: „Verirren – Eine Anleitung für Anfänger und Fortgeschrittene“: „Orientierung im Raum und Wegfindung gehören zu den kompliziertesten Aufgaben des menschlichen Gehirns. Daher sind sie sehr anfällig für störende Einflüsse wie Stress, Müdigkeit, Ärger oder Alkohol.“ (Passig und Scholz 2010, S. 222) Sie weisen darauf hin: „Verirren ist ein Zerwürfnis zwischen der Welt da draußen und ihrer Repräsentation im menschlichen Gehirn.“ (ebd., S. 200) Sie zitieren den Astronom Cassini, der 1770 meinte: „Weit besser ist es, vollständig verirrt zu sein – und es zu wissen – als zuversichtlich zu glauben, man sei dort, wo man nicht ist.“ (ebd., S. 126) und geben hilfreiche Hinweise: „Wer Ungewissheit aushaltet, wird außerdem nicht alle paar Minuten neue Theorien entwickeln, wie das Ziel am besten zu erreichen ist, und er wird deshalb nicht so wirr durch die Gegend laufen“ (ebd., S. 264) Als ich diese Aussage lese: „Der Übergang zum Hiersein gelingt leichter, wenn die Umgebung das Geschehen diktiert, die Selbstbestimmung eingeschränkt ist und sehr wenige Möglichkeiten zum Weglaufen bleiben.“ (ebd., S. 82), da fällt mir das Labyrinth ein, denn der Weg ist vorgegeben und schränkt selbstbestimmte Richtungswechsel ein und es gibt wenige Möglichkeiten wegzulaufen.

Warum Labyrinthe begehen? Neugierde, Freude und ein Wiederholungswunsch sind u. a. m. Motive. Labyrinthe können auch in Holz oder Stein geritzt sein, sodass mit einem Finger der Weg erfahren werden kann. Die Struktur kann auch auf einem Blatt abgebildet sein, sodass es möglich ist, mit einem Stift den Weg zeichnend zu begehen.

Das Wort

Das Wort *labyrinthos* ist ein vorgriechisches und kein kretisches Wort. *inthos* weist auf eine Ortsbezeichnung hin. *labrys* ist ein klein-asiatisches Wort und wurde oft mit Doppelaxt übersetzt. Gesichert ist, dass dieses Wort auf Kreta *nicht* für die Doppelaxt (die die ab- und zunehmenden Mondsicheln darstellen dürfte) verwendet wurde. Dennoch wird dies immer wieder behauptet, was die Sache deswegen nicht richtiger macht.

Bis heute gibt es keine gesicherte korrekte Bedeutung des Wortes, wie es auch für den Text auf der Rückseite des Täfelchens von Pylos einige Vorschläge gibt, aber noch keine wissenschaftlich anerkannte Übersetzung.

Widerstände sind nach wie vor auch in der Wissenschaft zu finden, liebgewordene Mythen, wie u. a. den Begriff des „kretischen Labyrinths“ statt Ur-Labyrinth und auch seine Synonymsetzung mit dem Irrgarten, aufzugeben.

Das Gebilde im Ohr, das für Gleichgewicht zuständig ist, wurde Labyrinth benannt. Es verbindet sinnbildlich Gehör mit Struktur. Babys strukturieren das Gehörte, erkennen Regelmäßigkeiten im Sprachfluss und somit Pausen und einzelne Wörter und lernen so ihre Muttersprache. „Dabei macht es einen erheblichen Unterschied, ob sie Sprache nur vom Tonband oder Video hören, oder ob jemand direkt mit ihnen spricht. Studien haben gezeigt, dass Babys in ihrer Sprachentwicklung schneller voranschreiten, wenn ihre Bezugspersonen auf ihre Versuche zu sprechen reagieren, zum Beispiel durch ein Lächeln oder eine Berührung.“ (Höhl 2020)

Das kreative musikalische Wort-Forschungsprojekt „Wortkernschichtung“ von Zoltan Ludwig Kruse (2010) endet mit dem Ergebnis: „Der LABYRINTHOS – Schlüsselbund selbst ist in dieser Weise gedacht und formuliert worden, nämlich als zusammenhängendes Netzwerk von essenziellen Grundthemen des Lebens auf Erden. Ein dichtgewirktes Gedanken-Gewebe, in dem die 15 Urwortkerne die tönenden Knotenpunkte darstellen. Diese durch Lautspiel variierbaren lautsprachlichen Archetypen sind weniger durch Eindeutigkeit und Ausschließlichkeit gekennzeichnet, vielmehr durch Mehrdeutigkeit, Multivalenz, also Einschließlichkeit. Eben, der ganzheitlichen Einheit der wahrgenommenen Natur entsprechend.“ (Kruse 2010)

Funde und Fakten

Wann, wo, von wem und wie die Labyrinth-Struktur in prähistorischer Zeit entwickelt und verwendet wurde, ist bis heute unbekannt. Im Folgenden wird ein punktueller historischer Überblick gegeben. Alle Details finden sich bei Hermann Kern (Kern 1982 und Kern 2000).

Der erste sicher datierbare Labyrinth-Fund blieb durch Zufall erhalten. Als Nestors Palast in Pylos (im Südwesten des Peloponnes, Griechenland) um 1200 v. u. Z. abbrannte, blieb in dessen Lagerraum auch ein Tontäfelchen mit einer Labyrinth-Ritzung erhalten.

Drei Labyrinth-Fragmente eines Tongefäßes wurden 1960 in Tell Rifa'at (Syrien) gefunden. Es sind sieben-gängige Labyrinthe (der Ur-Typ des Labyrinths) kombiniert mit aufgemalten Mensch- und Tierdarstellungen. Es ist jünger als das Täfelchen von Pylos, doch noch konnte es nicht sicher datiert werden.

Wenngleich es keine Aufzeichnungen aus früheren Zeiten gibt, wird davon ausgegangen, dass es das Labyrinth bereits davor gab. Labyrinth-Felsritzungen bzw. Zeichnungen in Höhlen in Nordwest-Spanien (Mogor) könnten älter als 4000 Jahre sein, jene in Italien 3000 Jahre.

Ab ca. 400 v. u. Z. wurde die Labyrinth-Struktur auf griechischen Münzen auf Kreta hergestellt und geprägt. Als Grafitto findet sich das Labyrinth 79 n. u. Z. in Pompeji (Italien) an einem Türstock im Haus des Marcus Lucretius mit der Inschrift: *Hier wohnt Minotaurus* – erstmals ist die Struktur kombiniert mit dem Wort *Labyrinth.*

In der Zeit der römischen Herrschaft wurde die Labyrinth-Struktur in nicht begehbaren Bodenmosaiken verwendet. Der Weg führt nun der Reihe nach durch vier Quadranten.

6

7

8

9

Das indische Chakra-Vyuha-Labyrinth, das auch als Hekate-Labyrinth bezeichnet wird, hat kein Kreuz als Ausgang der Konstruktion, sondern ein Y, das ein Symbol für Weiblichkeit ist. Es wird im indischen Epos Mahabharata (zw. 400 v. u. Z und 400 n. u. Z entstanden) als Schlachtordnung beschrieben. Es gilt auch als magisch schützende Türschwellenzeichnung und wird im Zusammenhang mit geburtserleichternden Praktiken genannt. Als Steinrelief existiert es seit dem 13. Jahrhundert an Tempelwänden in Halebid.

10

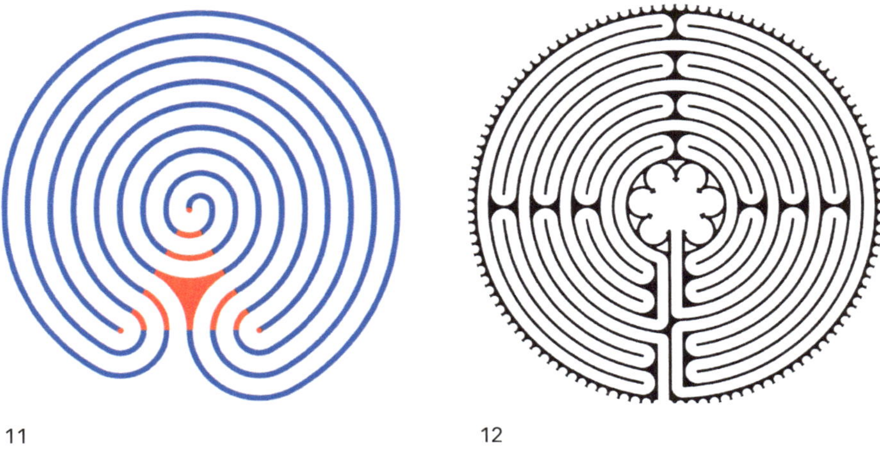
11 12

Otfrid variiert 863 n. u. Z. die ursprüngliche Form zeichnerisch auf elf Gänge, erweitert um ein geometrisches Zentrum. Dies wird als Übergang zum Chartres-Typ angesehen, der nach dem besterhaltenen begehbaren Kirchenlabyrinth in Chartres benannt ist.

Bei den O'odham, auch Pima genannt (Arizona, USA), findet sich die Labyrinth-Struktur in neuer Variante als Korbflechtmuster.

Zu diesem Korbflechtmuster berichtet Agnes Barmettler ausführlich im Zusammenhang mit den Hopi und leitet ein: „Der Schlangenmythos der Hopi erzählt die Geschichte eines jungen Mannes auf dem Initiationsweg

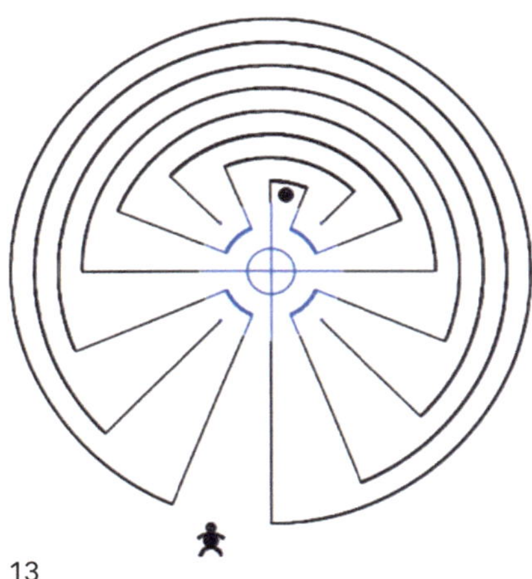
13

zu den Geheimnissen des Lebens und seiner Reproduktionskraft, sichtbar in der sich ständig erneuernden Fruchtbarkeit der Erde. Begleitet wird der junge Sucher von der Spinnen-Frau, nach Hopi Überlieferung die Schöpferin des Lebens. Sie führt ihn, ähnlich wie Ariadne (Arachnide = Spinnentiere) auf seinem labyrinthischen Weg." (Barmettler et al. 2011, S. 197)

Die wesentlichste Veränderung, die das Labyrinth in seiner Struktur erfuhr, ist jene des Irrgartens im 15. Jahrhundert. Dahinter steht der damals revolutionäre Gedanke, dass menschliches Verirren möglich ist. Es ist die Zeit, da sich Menschen von religiöser Gebundenheit emanzipieren. Wahlmöglichkeiten aufgrund von Mündigkeit und Eigenverantwortung sind zentral im Selbstverständnis. Der Irrgarten wird damit zum Symbol einer Welt, in der sich der Mensch verlieren kann bzw. verliert. Die älteste bekannte Darstellung eines Irrgartens stammt aus dem Notizbuch des venezianischen Arztes Giovanni Fontana.

Jeder Irrgarten ist charakterisiert durch den Entscheidungszwang links oder rechts zu gehen bzw. auch in Sackgassen zu gelangen. Ein Irrgarten kann ein Zentrum oder mehrere Zentren oder auch keines haben und einen oder mehrere Eingänge/Ausgänge. Grundsätzlich ist Verirren in einem Irrgarten nicht möglich, wenn sich die Person immer an der linken bzw. immer an der rechten Wand orientiert. So führt der Weg wieder zum Ausgang zurück. Allerding werden auf diese Weise nicht alle Wege durchlaufen und das vorhandene Zentrum wird nicht erreicht. Irrgärten fanden als Gartenanlagen im Barock großen Gefallen.

14

Bisher wurden weltweit keine Gebäude in Labyrinth-Struktur gefunden, obgleich diese Vorstellung seit Jahrhunderten bis in die Gegenwart in vielen Köpfen spukt. Der Palast von Knossos wurde/wird irrtümlich als Labyrinth angesehen – bestenfalls ist er als Irrgarten zu bezeichnen. Es gibt auch auf Kreta keine vorgriechischen Labyrinth-Funde, obwohl immer noch viele dort die Heimat des Labyrinths sehen wollen.

Historische Labyrinthe sind in Asien, Afrika und Amerika, nicht jedoch in Australien zu finden. (Saward 2022) Nach Nord-Afrika wurden sie von Europäer:innen gebracht, in den ursprünglichen Kulturen waren Spiralformen, nie ein Labyrinth zu finden. Wie die O'Odham (Nord-Amerika) und Menschen in Asien zur Labyrinth-Struktur kamen, ist unbekannt. Als wahrscheinlichste Annahme gilt, dass das Labyrinth im Vorderen Orient seine Herkunft hat und sich von dort ausbreitete.

Ariadnes Faden

Der Weg durch das Labyrinth wird als Ariadnefaden bezeichnet. Dies hat seinen Ursprung in Mythenerzählungen über Theseus und Ariadne. Plutarch fasste um 100 n. u. Z. alle bisherigen Mythenvarianten, die von Ovid, Vergil, Diodorus, Apollodorus, Plutarch, Homer u. a. stammen, mit all ihren Widersprüchen zusammen. Alle Mythen tragen deutlich patriarchal geprägte Züge, d. h. die Mythensammlung kann als ein Dokument, das Veränderungen auch von innen- und außenpolitischen Interessen aufzeigt, verstanden werden. Zusätzlich kommt es zur Vermischung von Labyrinth und Irrgarten. In einem Irrgarten macht ein ausgerollter Faden Sinn, um mühelos wieder zum Ausgang zu finden. In einem Labyrinth braucht es einen solchen nicht. Der Mythos erzählt, dass Ariadne Theseus ein Knäuel zum Abwickeln mit auf den Weg ins Labyrinth mitgab, um ihm durch das Aufwickeln ein Zurückkommen zu ermöglichen. Interessant wäre es, der Frage nachzugehen, was aus Theseus und der griechischen Kultur ohne Ariadnes Faden geworden wäre. Doch das ist eine andere Geschichte, wie auch jene, die Ariadne selbst zu Wort kommen ließe.

„Eine Geschichte ist eben *nicht* nur eine Geschichte. Sobald die Kräfte aufgerufen und in Bewegung gesetzt sind, kann ihnen nicht einfach auf Verlangen Einhalt geboten werden. Ist die Geschichte einmal erzählt, muss

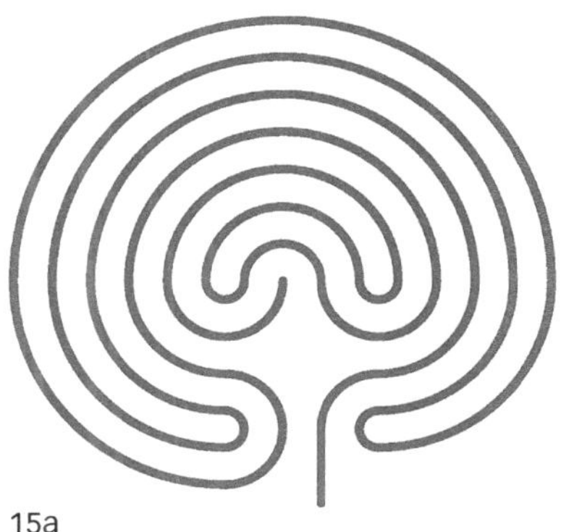

15a

sie weiter zirkulieren; nach menschlichen Maßstäben mag sie ein vorläufiges Ende finden, ihre Auswirkungen setzen sich jedoch fort, und ihr scheinbarer Schluss ist niemals ein wirkliches Ende.“ (Trinh 201, S. 224)

Mit dem griechischen Mythos sind der Faden und das Labyrinth selbst bis heute unvergessen und in Theaterstücken, Opern und anderen Kunstwerken in vielen Interpretationen zu finden. Meine Interpretation am Kongress 2010 in Zürich war diese:

Ariadne!
Wo ist
dein Faden?
Halt-
und orientierungslos
stehe ich
hier
ein paar Schritte
nach vorn
zurück?
Wo ist die richtige,
die falsche
Richtung?
Alles Wissen
ist verschwunden
im Abgrund
der Dunkelheit
meinem Rufen

folgt kein
Echo.
Nichts
hallt
zurück.

Ariadne!
Wo ist
dein Faden?
Blind
steh ich da
hilflos
verloren
muss ich
verdursten
verhungern
in deiner
Weltenhöhle?
Ich kann
ich will
es nicht
glauben
bin kein
Münchhausen
kann mich nicht
selbst am Zopf
herausziehen

Ariadne!
Wo ist
dein Faden?
Klagen
drohen
bitten
aufgeben
resigniert
Ariadne
ist tot
lautlos

verstorben
verwelkt
in der Raumzeit
verwest
im Zeitenraum.

Mit
einem Stück
Faden
in der Hand
stimmt keine
die Totenklage an
der Faden
wird
ist
Symbol
das einer
alten Welt
angehört
Ariadne
ist
tot
wie alle Götter
tot

Was lebt
sind
unsere Wünsche
sind
unsere Ängste
sind
wir
und wir
erschaffen uns
unsere eigene Welt
hinter der
viele Welten
existieren
unsichtbar

verborgen.
Lebt dort
hinter
sieben Schleiern

Ariadne?
Wir wissen
es nicht
darum
machen wir
uns auf
und gehen
durchs
Labyrinth

Über Ariadne und über ihren Faden ließe sich vieles erzählen. Details finden sich in meinem Text „Eine Philosophie des Labyrinths“ (Seifried 2018). Im Folgenden ein paar Fakten zum Faden.

In der westlichen Kultur ist die Spindel bzw. der Faden mit dem Schicksal verbunden. Das Spinnen ist eine Tätigkeit, bei der genau und anschaulich das Verstreichen der Zeit in Korrelation mit der Menge des produzierten Materials steht. Deswegen wurde der Spinnfaden zum Symbol des Zeitfadens. Die griechischen Schicksalsgöttinnen Klotho, Lachesis und Atropos sitzen im Mittelpunkt der Welt, spinnen die Schicksalsfäden der Menschen und schneiden das Leben ab, wie sie einen Faden durchtrennen. Sie haben Macht über Leben und Tod. Das Spinnen des Fadens weist auch Ähnlichkeiten mit den sichtbaren Bewegungen des um den Polarstern kreisenden Sternenhimmels auf. Die Spinnerin wird daher auch mit dem Himmel, den Jahreszeiten, der kosmischen Zeit in Verbindung gebracht. Ein gewebter Teppich bzw. Stoff ist das Produkt von Körper und Geist. Die innere Form ist geistig, die äußere Form der Decke ist auf dem Webstuhl gespannt. So verwebt, verknüpft, verbindet Ariadne mit ihrem Faden die Welt und all ihre Lebensbereiche miteinander. Auch Musik gehört zu Ariadne. Die Rahmentrommel, eines der ältesten bekannten Musikinstrumente, wird Frauen im sakralen Bereich zugeordnet. Die erste gemalte Darstellung einer Trommel befindet sich in einem Altarraum aus dem 6. Jahrhundert in Catal Hüyük (Türkei). Erstaunlich oder auch nicht erstaunlich, doch die erste namentlich erwähnte trommelnde Person ist *Lipuschiau*. Sie lebte 2380 v. u. Z. in Uruk. Bei den Sumerer:innen bedeu-

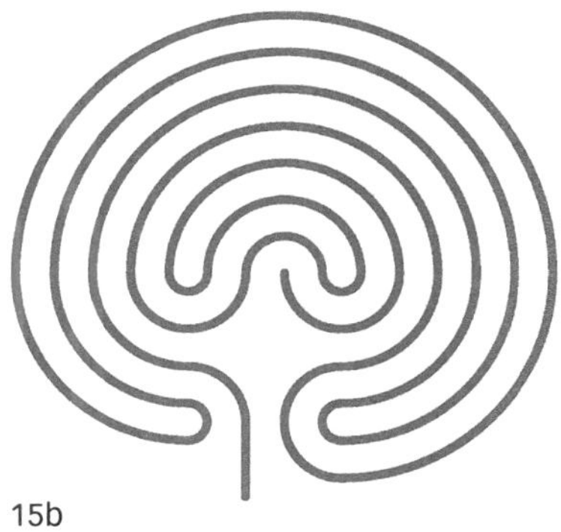

15b

tet ein Wort für Rahmentrommel auch Getreidemaß. Der Kreis, den auch die Rahmentrommel bildet, symbolisiert auch Schutz. Auf dem Boden wurde damals ein Mehlkreis angebracht, um in dessen Schutz Heilrituale durchzuführen. Noch in der Antike findet sich die Vorstellung, dass das Getreidesieb und die Rahmentrommel einen gemeinsamen Ursprung haben. Bis heute werden beide in Sizilien von denselben Handwerker:innen hergestellt. Daher wundert es nicht wirklich, dass Ariadne, kretische Mondgöttin, ehe sie durch die Griechen zur Prinzessin degradiert wurde, mit der Trommel abgebildet ist. Weil die Trommel auch als Quelle und Symbol weiblicher Sexualität, Spiritualität und Macht gilt, wurde infolge gesellschaftspolitischer Umwälzungen mit dem Aufkommen des Christentums die Verbannung von Frauen und Trommeln aus dem religiösen öffentlichen Leben verstärkt. Der Einsatz der Trommel als Kriegswerkzeug stellt den Höhepunkt der Pervertiertheit der Musik dar. So gesehen steht die Geschichte der Eigenmächtigkeit der Frauen in engem Zusammenhang mit Ariadne und der Trommel sowie mit Krieg und Liebe.

Einerseits kann sich eine Person den Wegverlauf einprägen und mit freier Hand zeichnen/anlegen und andererseits auch konstruieren. Gundula Thormaehlen-Friedman hat eine spezielle Möglichkeit entwickelt und sie am 5. Labyrinth-Kongress in Euskirchen präsentiert. Am Beginn steht das nummerierte Grundmuster.

Es ist darauf zu achten, immer die Enden mit den gleichen Ziffern zu verbinden. Auch das lässt sich in einem Zug machen. Eine detaillierte Anleitung (https://bloggermymaze.wordpress.com/2011/02/25/wie-zeichne-ich-den-ariadnefaden-in-einem-klassischen-labyrinth/) erleichtert die Umsetzung.

16

Aktivitäten, Vernetzungen und Forschungen

Labyrinth-Aktivitäten, Vernetzungen und Forschungen wurden/werden oft für längere Zeit von denselben Personen initiiert und fortgeführt, so ist es sinnvoll, diese drei Aspekte in einem kurzen Überblick zusammenzufassen.

Auch wenn Labyrinth-Aktivitäten vor allem in den USA in den 1970er Jahren begannen, mehrheitlich von Künstler:innen, Geomant:innen und Pastor:innen getragen, so begann in Europa die Labyrinth-Forschung.

Hermann Kern war der erste, der wissenschaftlich und umfangreich zum Labyrinth über zehn Jahre recherchierte, Daten und Fotos zusammentrug. Er präsentierte 1981 die erste Labyrinth-Ausstellung in Mailand. Sein Buch „Labyrinthe. Erscheinungsformen und Deutungen; 5000 Jahre Gegenwart eines Urbilds" erschien 1982 und gilt nach wie vor als Grundlagenwerk. Robert Ferre und Jeff Saward überarbeiteten das 492-seitige Buch Kerns, der 1985 verstorben war. Es wurde 2000 in einer englischen Ausgabe publiziert.

Über neue Funde, korrigierte Daten, Konstruktionsweisen u. a. wird seit 1980 in der jährlich erscheinenden Printausgabe von „Caerdroia" (seit kurzem auch digital) berichtet, weil viele Einzelpersonen in aller Welt privat zum Labyrinth forschen bzw. daran Interesse haben.

Nach der ersten Labyrinth-Ausstellung, die Hermann Kern 1981 in Italien (Mailand) organisierte, fanden weitere statt: 1995 in Schweden (Stockholm), 1998 in Dänemark (Tistrup), 1998 Frankreich (Chartres), 1999 in Norwegen (Risør) und Österreich (St. Pölten), 2002 Dänemark (Silkborg), 2010 Spanien (Barcelona), 2011 Spanien (Valencia).

Die 1. Internationale Labyrinth-Konferenz fand 1991 in Safran Walden (GB) statt. Jean Lutz (USA) begann ab 1995 mit der Vernetzung von Labyrinth-Interessierten. 1995 wurde die erste Labyrinth-Tagung in den USA organisiert. 1998 wurde *The Labyrinth Society* (TLS, https://labyrinthsociety.org) gegründet, die seither jährliche Konferenzen (TLS Annual Gathering) organisiert, deren Protokolle online einzusehen sind und die einen YouTube-Channel betreibt.

2002 fand das 1. TLS European Regional Gathering in Glastonbury (GB) statt, organisiert von Jeff Saward mit Teilnehmer:innen aus 16 Nationen.

Das 2. TLS European Regional Gathering fand 2005 in Woodgreen, Salisbury (GB) statt. 2008 wurde das 3. TLS European Regional Gathering in Somerton (GB) wegen zu weniger Anmeldungen abgesagt und danach keine weiteren mehr organisiert.

Ein Boom, begehbare Labyrinthe in öffentlichen und privaten Gärten anzulegen, setzte ab 1990 ein. Gegenwärtig gibt es in der Schweiz mehr als 80 begehbare Labyrinthe (https://www.labyrinth-international.org), in Deutschland mehr als 120 (http://www.begehbare-labyrinthe.de/) und in Österreich mehr als 100 (https://ilselaby.files.wordpress.com/2020/08/das-labyrinth.at-196-seiten-alles-zum-labyrinth.pdf). In den USA sind es mehr als 4.440 Labyrinthe (https://labyrinthsociety.org).

Einen ausgezeichneten Überblick sowie detailreiche Anleitungen, wie jeder Labyrinth-Typ konstruiert werden kann, bietet Erwin Reißmann (https://bloggermymaze.wordpress.com/ubersicht/).

In einigen Ländern gibt es aktive Gruppen (Frauen-, Männer-, religiöse, feministische, Interessierte, Forschende u. a.) mit eigener Website wie z. B. in den Niederlanden (https://labyrintwerk.nl/).

Künstlerische Auseinandersetzungen mit dem Labyrinth gab und gibt es international, jedoch keine eigene organisatorische Vernetzung. Da diese nicht in den Bereich meiner Forschungsarbeitsarbeit fallen, führe ich dieses Thema an dieser Stelle nicht aus und verweise auf bestehende Literatur (Seifried 2002).

1984 organisierte und leitete Hermann Kern in der Evangelischen Akademie Tutzing (D) die erste Labyrinth-Tagung. 2001 fand die erste Labyrinth-Fachtagung für den deutschen Sprachraum von mir organisiert in Dornbirn (Ö) statt. Ihr folgten von anderen organisiert fünf weitere in Zürich (CH) 2003, Wetzlar (D) 2005, Dresden (D) 2008, Euskirchen (D) 2010, Hofkirchen (Ö) 2012. Die DVD-Dokumentation „Die Kunst zu wandeln" umfasst alle Kongresse (Seifried und Bosch 2012).

2011 fand in den Niederlanden das 1. Dutch Maze and Labyrinth Symposion statt.

Um das Jahr 2015 verebbt das große Interesse an Aktivitäten, Vernetzung und Forschung, gleichwohl immer noch Labyrinthe neu angelegt werden und Vereine, Gruppen oder Einzelpersonen kontinuierlich oder auch nur temporär mit dem Labyrinth aus unterschiedlichsten Gründen nach wie vor aktiv sind. 2021 publizierte Rafaela Schmakowsky ihr Forschungsergebnis: Das siebengängige Kretische Labyrinth hat zwei Eingänge, weil es sich spiralförmig aus einer Mond- und Sonnenbahn zusammenfügt. Auf ihrem umfangreichen Labyrinth-Blog entwickeln und analysieren Erwin Reißmann und Andreas Frei seit vielen Jahren kontinuierlich Labyrinthe, die aus einem Mäander entwickelt werden können und viele andere Varianten.

Wissenschaftliche Forschungen nach Kern fanden im kleinen Rahmen statt. 2002 schrieb Eveline Weiss ihre Diplomarbeit „Das Labyrinth – Hoffnungssymbol" an der Theologischen Fakultät Wien. Zwei wissenschaftliche Labyrinth-Workshops fanden von mir initiiert gemeinsam mit der TU Wien 2003 und 2006, gefördert von der Wissenschaftsabteilung der Stadt Wien, statt.

Der Physiker David Auerbach fand 2001 die mathematische Formel, wie die Länge des Weges durch das Labyrinth berechnet werden kann. Sie lautet $L = A.b.n^2$ (L ist die Länge. b ist die Wegbreite plus Grenzbreite. n ist die Anzahl der Bögen. R ist der Radius. R = n.b. Bei einem runden Labyrinth ist A gleich 3, bei einem eckigen gleich 4.)

Wissenschaftliche Arbeiten gibt es bezüglich der Wirksamkeit von Labyrinth-Begehungen zum Thema Stressabbau auf medizinischem Gebiet. Kimberly Lowelle Saward führte 2003 in ihrer Doktorarbeit „Das Gehen im Labyrinth als transformative Praxis" eine Studie durch. Erfahrungsberichte wurden mündlich miteinander geteilt und auch publiziert (Artress, 1995, 2006; Curry, 2000; Schaper und Camp, 2000).

Das Labyrinth wird gegenwärtig immer mehr in Trauerarbeit und Palliativmedizin eingesetzt. Die Psychotherapeutin Verena Kast nennt vier Phasen der Trauer über den Verlust eines Menschen und damit des Abschieds, die jede Person als inneren Prozess durchmacht. Der ersten Reaktion des Nicht-Wahrhaben-Wollens folgen aufbrechende Gefühle, die bisher unterdrückt wurden, wie Wut, Angst, Ohnmachts- und Einsamkeitsgefühle, die mit körperlichen Symptomen oder Apathie auftreten können. Die dritte Phase ist jene des Suchens und Sich-Trennens, der die letzte folgt, die einen neuen Selbst- und Weltbezug herstellt, der ein Ja zum Leben bedeutet (Kast 2018). Labyrinth-Erfahrungen können, wie Berichte und Praxis zeigen, diesen Prozess offenkundig unterstützen.

Bernadette Fröch schrieb 2012 ihre Abschlussarbeit des Universitätslehrganges Palliative Care mit dem Titel „Die Bedeutung des Labyrinths in der Trauerarbeit".

In Europa konnte ich folgende Labyrinthe in Kliniken recherchieren: Kurpark Bad Windsheim (D), Klinik am Steigerwald (D), Reha-Zentrum Oberharz (D), Hochgrat Klinik (D), Helios Klinik (D), Klinik Mühlengrund (D), Universitätsklinikum Magdeburg (D), Universitätsmedizin Main (D), Klinik Heiligenfeld (D), Therapeutic Labyrinth Garden in Canterbury (GB), Klinik St. Gallen (CH), Klinik für Psychiatrie und Psychotherapie Littenheid (CH), Klinikum Kufstein (A), Krankenhaus Göttlicher Heiland Wien (A), Landeskrankenhaus Salzburg (A). Allerdings gibt es zu dem Labyrinth-Angebot keine begleitenden Forschungen, wie auf den Websites zu lesen ist, z. B. https://www.heiligenfeld.de/aktuelles/im-zentrum-des-labyrinths-seinen-innersten-kern-finden/.

In Australien wird am Royal Darwin Hospice ein Labyrinth angeboten. In den USA gibt es (Auflistung TLS 2022) an 32 Spitälern ein Labyrinth. Labyrinthe finden sich oft im Zusammenhang mit seelsorgerischer Tätigkeit. Beispielsweise wird es in der Palliativmedizin am NIH Clinical Center, America's Research Hospital, wozu Robert Ferré forschte, eingesetzt. Einen Überblick über Labyrinth-Forschung in den USA geben John W. Rhodes (2011) und Diane Rudebock (2017), online unter https://zdi1.zd-cms.com/cms/res/files/382/Bibliography_of_Studies_Related_to_Labyrinth_Research_.pdf_517K.pdf.

Die Auflistung der TLS umfasst 2022 insgesamt 138 Forschungsprojekte. Die meisten wurden im Zusammenhang mit spirituellen Aspekten, Krebs- und Parkinsonerkrankungen durchgeführt. Beispielhaft führe ich folgende an: Bardusch, R., Jr. (2006). „Embodied learning and Christian identity formation“ und Abdallah-Baran, R. (2003). „Nurturing spirit through complementary cancer care“. Clinical Journal of Oncology Nursing. 7(4), 468–47.

Spirituelle Begleitung ist in schwierigen Lebensphasen oft hilfreich, wozu auch das Labyrinth eingesetzt wird, un/abhängig von persönlichen und religiösen Ausrichtungen. Viele Labyrinthe finden sich in oder vor Kirchen, in oder vor Kliniken wie auch in Gefängnissen.

Auch Therapeut:innen wie Denise Renye, die auf die Forschungsarbeit von Neal Harris, „Effective, Short-term Therapy: Utilizing Finger Labyrinths to Promote Brain Synchrony“ in *Annals of the American Psychotherapy Association,* September/October 2002, verweist, setzen es ein. Harris konnte bestätigen, dass Finger-Labyrinthe helfen, Konzentration und Gruppenzusammenhalt zu erhöhen, da sie Alpha- und Theta-Gehirnwellen erzeugen. Wenn das Gehirn eine Welle von 9 bis 14 Zyklen pro Sekunde (Alpha) erzeugt, entsteht ein sanftes, entspanntes Gefühl. Wenn das Gehirn eine Welle von 5 bis 8 Zyklen pro Sekunde (Theta) erzeugt, entsteht eine tiefere Form der Entspannung und kreatives, nicht-lineares Denken. Wenn das Gehirn in diese Alpha- und Theta-Wellen abfällt, erhöht sich das Gleichgewicht zwischen linker und rechter Gehirnhälfte, die so genannte Gehirn-Synchronität. Auch durch regelmäßige Meditation wird die Synchronität der Gehirnareale hervorgerufen. Dieser Zustand kann zu tiefer Ruhe, kreativer Einsicht, Euphorie und erhöhter Aufmerksamkeit führen. Dies kann wiederum zu einem ausgeglicheneren psychologischen, emotionalen, spirituellen und körperlichen Wohlbefinden führen (Renye 2020).

Die Gestalttherapeutin Sarah-Alice Miles bestätigt dies in ihrem Beitrag, den sie in *Gestalt Journal Australia and New Zealand,* Volume 2, No 1 November 2005 publizierte. „Das Labyrinth hilft, Emotionen und Intuitionen in sinnvolle Metaphern zu verwandeln, die vom Klienten leicht verinnerlicht werden können. Das Labyrinth bietet die Möglichkeit, verschiedene Aspekte der Erfahrung der Klienten auf eine Weise zu verbinden, wie sie zuvor nicht verbunden waren, und lässt Raum für weitere Erkundungen.“ Damit leistet sie einen Beitrag dazu, wie die metaphorischen, spirituellen und rituellen Aspekte des Labyrinths und der praktischen Prozesse des Labyrinth-Gehens Klient:innen helfen können, sich ihrer selbst voll bewusst zu werden.

Auch bei Kindern mit ADHS wird das Labyrinth eingesetzt, wie zum Beispiel von den Labyrinth Psychological Services in Holden, Massachusetts. Jeanne M. Peel von der Stetson University meint: „Als therapeutisches Hilfsmittel bietet das Labyrinth bereitwilligen Klienten die Möglichkeit, Probleme, Fragen oder Themen aus verschiedenen Blickwinkeln zu betrachten und gleichzeitig Zeit und Raum für persönliche Reflexion zu schaffen, bevor eine Entscheidung getroffen wird. Die innere Reise durch das Labyrinth wird zu einer Zeit, in der eine Frage untersucht wird, während die Rückreise Zeit für die Untersuchung einer möglichen Lösung bietet, die der Klient in der Therapie weiter untersuchen kann, während er auf die Umsetzung einer zufriedenstellenden Lösung hinarbeitet. Da die Labyrinth-Wanderung sowohl kinästhetisch als auch introspektiv ist, fungiert sie als eine vollständige integrative Aktivität für Körper und Geist." (Peel 2004)

Auch in Bildungseinrichtungen wurden viele begehbare Labyrinthe unterschiedlichster Formen angelegt. Jan Sellers recherchierte und fand 250 Universitäten weltweit, die auf ihrem Campus ein Labyrinth – jedoch ohne begleitende Forschung – angelegt haben (*Caerdroia* 51, 2022).

Beim Treffen der TLS 2006 in Texas wurde ein Forschungsleitfaden präsentiert, dem drei Grundsätze (Rhodes 2006) zugrunde liegen. Die erste Grundannahme ist, dass sich die Erfahrungen jedes Menschen im Labyrinth unterscheiden. Ein und dieselbe Person kann das Labyrinth zu unterschiedlichen Zeiten unterschiedlich erleben. Die Erwartungen einer Person an eine Labyrinth-Erfahrung beeinflussen die Labyrinth-Erfahrung. Die Ergebnisse der Labyrinth-Forschung sind daher oft anlassbezogen und nicht vorhersehbar. Diese Nicht-Vorhersagbarkeit ist jedoch nicht das Ergebnis von Schwächen im Forschungsdesign. Die zweite Grundannahme ist, dass bei Labyrinth-Forschung die Forscher:innen wissen und anerkennen müssen, dass jeder Versuch, etwas zu messen eine Wirkung auf die Testperson hat, d. h. die Aufmerksamkeit und Reaktion der Testperson ist beeinflusst, womit keine „objektive" Forschung möglich ist. Die dritte Grundannahme bezieht sich auf die Interpretation von Ergebnissen. Wenn Menschen nach dem Begehen eines Labyrinths entspannter sind und einen niedrigeren Blutdruck haben, kann dies ein Effekt ihres Wunsches sein. Es kann auch sein, dass bei anderen Menschen aufgrund innerer Aufregung der Blutdruck steigt.

Tagebucheinträge und andere Berichte über Labyrinth-Begehungen werden ebenso von TLS gesammelt. Artikel werden in der Zeitschrift *Pathway*, dem Online-Magazin der TLS, das einmal jährlich erscheint, veröffentlicht. 2007 lag der Schwerpunkt auf Forschungen.

Offen bzw. gering sind ausgewertete Analysen, wie auch Ergebnisse der verschiedenen Arten der Interaktion mit Labyrinthen.

Zu nennen ist in diesem Zusammenhang die Studie von Lynn Texter und Janine Mariscotti (Texter & Mariscotti 2003), die auch Geräte zur Messung von Blutdruck einsetzte.

Es fehlen noch Durchführung, Analyse und Berichterstattung von Kurzzeit- und Längsschnitt-Fallstudien zu den Wirkungen/Veränderungen der verschiedenen Arten der Interaktion mit Labyrinthen. Mehr Messung (z. B. EEG) und Quantifizierung physiologischer und/oder psychologischer Veränderungen unter kontrollierten Bedingungen, sowie psychologischer Veränderungen, die sich aus verschiedenen Arten der Interaktion mit Labyrinthen ergeben, sind wünschenswert. Ein Beispiel für eine solche Studie in dieser Kategorie ist jene von Kay Sandor, veröffentlicht im American Journal of Holistic Nursing (Sandor und Froman 2006).

Abschließend zitiere ich John W. Rhodes: „Mit anderen Worten, in der Theorie gibt es keinen Unterschied zwischen Theorie und Praxis, aber in der Praxis gibt es einen. Wir messen oft Dinge, die nicht wichtig sind, weil sie einfach gemessen werden können und wir vermeiden oft den Versuch, Dinge zu messen, die sehr wichtig sind, weil sie schwer zu messen sind und/oder weil sie nicht genau gemessen werden können." (von mir übersetzt ins Deutsche) Vielleicht ist das auch der Grund, warum es in Europa keine Forschungsergebnisse über körperliche Auswirkungen von Labyrinth-Begehungen gibt?

Psychische Auswirkungen liegen insofern vor, als Klient:innen in ihrer Symbolisierung das Innen und Außen verknüpfen. Das anschließende therapeutische Gespräch darüber ist eine weitere Symbolisierung, die oft das unbewusste Symbolverständnis bewusst macht. Da das Labyrinth als Symbol eine offene Projektionsfläche ist, ist einerseits seine Symbolik zutiefst individuell und kann wirklich alles sein. Andererseits wird das Labyrinth aufgrund bisheriger Recherche vor allem als Lebensweg verstanden und erlebt.

Mir kommt die Frage in den Sinn: Wie lässt sich Leben messen? Warum sollte es vermessen werden? Und wenn ein Aspekt gemessen werden kann, welchen Sinn macht das Ergebnis?

Vielleicht gibt es ja darum so wenige aussagekräftige wissenschaftliche Labyrinth-Forschungen, weil sich das Labyrinth wie von selbst linearer wiederholbarer Forschung entzieht, weil jeder Lebensweg nicht wiederholbar ist?

„Die Abstraktion macht höhensüchtig", meint Peskoller (1998, S. 11). Gehen lässt keine Abstraktion zu, fällt mir dazu ein.

Symbol und Erfahrung

Becker und Hoeres stellen aus historischer Sicht die Frage: Was ist unter einem Symbol zu verstehen? Sie wird von ihnen wie folgt beantwortet: „In einfachster und grundlegendster Definition ist ein Symbol schließlich alles, was nicht nur für sich selber, sondern gleichzeitig auch für etwas anderes steht." (Becker und Hoeres 2022) Symbole können in drei Gruppen geteilt werden, nämlich gegenständliche Symbole, symbolische Handlungen und „die im Medium der Sprache realisierten Symbole". Weiters weisen sie darauf hin, dass die Rekonstruktion der Bedeutung von Symbolen wesentlich zum Verständnis von sozialen Interaktionen beiträgt und zu bedenken ist, dass es bei Symbolen im Laufe der Zeit zu Bedeutungsverschiebungen kommen kann und damit oft eine Mehrdeutigkeit einhergeht. „Die Relevanz gegenständlicher Symbole lässt sich am Streit um sie ablesen", bringen es Becker und Hoeres auf den Punkt. Wichtig ist für sie weiters die Unterscheidung zwischen einer Zeremonie, die bestehende Ordnungen und Verhältnisse symbolisiert und einem Ritual, das auf eine Statusveränderung oder eine Statusbestätigung der Beteiligten in Bezug zu anderen abzielt. Im Alltag sind viele derart internalisiert, dass diese oft erst dadurch offenkundig werden, wenn sie nicht eingehalten werden. „Im Ergebnis lässt sich feststellen, dass es vermutlich kein einziges Gebiet menschlichen Handelns gibt, in dem Symbole nicht eine wichtige Rolle spielten. Ob es um die Markierung von sozialen Hierarchien, um den Ausdruck von weltanschaulichen Überzeugungen, um den Transport von Wissen oder um die einfache Regulierung des alltäglichen menschlichen Miteinanders geht, immer sind Symbole an herausragender Stelle beteiligt. (...) Setzt man diese verschiedenen Symboltypen noch zu ihren zahlreichen Verwendungsmöglichkeiten ins Verhältnis: im Bereich des staatlich-institutionellen Lebens, im Umfeld politischer und religiöser Bewegungen, bei der Vermittlung von Wissen, dann demonstriert schon dies die Vielfältigkeit symbolischen Kommunizierens in der politisch-sozialen Realität.“ (ebd.) Abschließend weisen Becker und Hoeres darauf hin, dass die genaue Beschreibung und Analyse eines Symbols wesentlich für ein Verständnis vergangener und gegenwärtiger Wirklichkeit ist.

Symbole werden angeschaut und auch mit sich getragen. In einem solchen Fall bewirken sie keine speziellen Erfahrungen. Menschen geben einem Symbol Bedeutungen und meist dienen sie der Identifizierung und als Erkennungszeichen. Sie wirken in dem Sinne, dass sie das Selbstvertrauen einer Person stärken, Ermutigung sind und das Durchhaltevermögen stärken u. a. m., doch diese Eigenschaften sind unabhängig von Form und Struktur.

Aus psychologischem und neurologischem Blickwinkel sind Antworten auf die Frage „Was ist unter einem Symbol zu verstehen?“ ebenso interessant. Die Psychotherapeutin Veronika Pokorny beschäftigte sich aus therapeutischer Sicht mit Symbolen. „Nach Rank und Sachs ist das Symbol ein stellvertretender anschaulicher Ersatzausdruck für etwas Verborgenes, mit dem es sinnfällige Merkmale gemeinsam hat oder durch innere Zusammenhänge assoziativ verbunden ist. Sein Wesen liegt in der Zwei- und Mehrdeutigkeit, wie es ja auch durch eine Art Verdichtung, ein Zusammenwerfen (symballein) einzelner, charakteristischer Elemente entstanden ist. Wie kommt es dazu, daß Menschen sich in Symbolen ausdrücken können? Nach Piaget ist die Entwicklung der sensumotorischen Intelligenz die Voraussetzung für die Symbolisierungsfähigkeit und damit für Sprache. Dem entwicklungspsychologischen Modell analog handelt der Klient, bewegt sich, gestaltet, bedient sich also der Fähigkeiten, die er in der sensumotorischen Phase entwickelt hat, um etwas, was in ihm ist, in den Außenraum zu bringen. Lorenzer sagt: ‚Jedes Symbol muß gleichzeitig in den inneren Wahrnehmungserfahrungen des Körpers und in den äußeren Wahrnehmungserfahrungen der Außenwelt verwurzelt sein.‘ In seiner Symbolisierung hat der Klient also Innen und Außen verknüpft. Im anschließenden Gespräch darüber, einer weiteren Symbolisierung, wird oft das unbewußte Symbolverständnis bewußt. Dadurch ergibt sich die Möglichkeit der Nachreifung im Symbolisierungs-, Abstrahierungs- und damit Trennungs- und Individuationsprozeß (Beckeg).“ (Pokorny 2000, S. 375)

Es gibt viele Symbole, wie z. B. das Kreuz für die Christ:innen, den Halbmond für Muslim:innen, die Songlines für Aborigines. Das indianische

Medizinrad (*Medicine Wheels*) kommt dem Labyrinth am nächsten, weil es eine begehbare Steinsetzung ist. Wie nahe, kann ich nicht sagen, weil ich mich damit nicht vertiefend auseinandergesetzt habe. Ihr Charakteristikum sind ein oder mehrere Kreise mit Steinen gelegt, im Zentrum sind mehrere Steine angehäuft und speichenförmige Steinreihen gesetzt. Vor allem in den Great Plains sind zehntausende zu finden. Das „Big Horn Medicine Wheel" wurde zwischen 1400 und 1700 angelegt und ist ein National Historic Landmark. Funktion und Bedeutung sind unbekannt. Bei den Lakota wird das Medizinrad gegenwärtig bei Zeremonien verwendet.

Von einem philosophischen Blickwinkel aus weist Trinh darauf hin, dass in asiatischen Kulturen der Spiegel als Symbol für die Leere der Symbole gilt und zitiert Chuang Tsu, der bemerkte, „der Geist des Vollkommenen ist wie ein Spiegel: er reflektiert die Dinge, doch er enthält sie nicht" (Trinh 2010, S. 60). Vielleicht, so denke ich, sind die radikalsten Erfahrungen das Verschwinden, zu sterben also und das Erscheinen, also geboren werden – sowohl als Betroffene als auch als Miterlebende. Selbst so abstrakte Begriffe wie Freiheit oder Tod sind sinnlich erfahrbar. Ebenso können Sinneserfahrungen eine Täuschung sein, „denn in Wahrheit gibt es keine enge Erfahrung, sondern nur eine verengte Darstellungsform" (ebd., S. 68).

Erfahrungen können unterschiedlich verstanden werden: als Besitz und/oder als Prozess bzw. Verfahren, zwischen Beginn und Ende bzw. Start und Ziel, Versuch und Ergebnis. In jedem Fall sind sie Welterkundungen, Teil vom Leben, oder das Leben selbst.

Ebenso ist es beim Wandern. Wie Erfahrungen verstanden, analysiert, interpretiert und bewertet werden, ist auch mit gesellschaftlichen Gegebenheiten verknüpft. Wie über diese Vielfalt, was Erfahrungen sind und sein können, sprechen, wie diese in all ihren Formen von Präsentation und Repräsentation vermitteln?

„Nichts, was wir sehen oder hören oder tasten, läßt sich in Worten ausdrücken, die dem gleichkämen, was sinnlich gegeben ist." (Arendt und Beiner 2013, S. 18) Es werden immer Versuche gemacht, es stimmig und passend auszudrücken. „Doch die Sprache – das einzige Medium, durch das sich geistige Tätigkeiten nicht nur der Außenwelt darstellen können, sondern auch dem geistigen Ich selber – ist keineswegs so offensichtlich für das Denken geeignet, wie es die Sphäre der Bilder für das Sehen ist. Keine Sprache besitzt einen fertigen Wortschatz für die Bedürfnisse des

Geistes; stets werden Wörter geborgt, die ursprünglich entweder eine Sinneserfahrung oder eine andere Alltagserfahrung bedeuteten. Doch dabei wird niemals willkürlich oder konventionell (wie bei den mathematischen Symbolen) oder sinnbildlich vorgegangen; die gesamte philosophische und der größte Teil der dichterischen Sprache ist metaphorisch, aber nicht in dem einfachen Sinne des Oxford Dictionary, das ‚Metapher' definiert als ‚die Redefigur, in der ein Name oder eine Beschreibung auf einen Gegenstand übertragen wird, der von dem eigentlichen verschieden, aber ihm analog ist'." (ebd., S. 107) Und weiter meint Arendt: „Wie nahe wir auch beim Denken dem Entfernten sind, und wie weit weg *vom* Nächstliegenden, das denkende Ich verläßt offenbar die Erscheinungswelt nie völlig. Die Zwei-Welten-Theorie ist, wie ich schon sagte, eine metaphysische Täuschung, wenn auch keineswegs eine willkürliche oder zufällige; es ist die einleuchtendste Täuschung, mit der die Erfahrung des Denkens geschlagen ist. Indem sich die Sprache metaphorisch gebrauchen läßt, ermöglicht sie uns das Denken, d. h. den Umgang mit nichtsinnlichen Dingen, weil sie eine Übertragung (metapherein) unserer Sinneserfahrungen ermöglicht. Es gibt nicht zwei Welten, denn die Metapher vereinigt sie." (ebd., S. 114)

Es gilt zu reflektieren, welche Sprache wofür verwendet wird, um Erfahrungen zu beschreiben und es zu keinen Missverständnissen kommen zu lassen. Als Beispiel sei die Quantenphysik genannt. Freistetter meint: „Die aktuellen Modelle der Teilchenphysik verzichten ganz auf diese Konzepte und beschreiben alles durch interagierende Felder. Daraus aber abzuleiten, dass ‚alles schwingt', ist eine unzulässige Vereinfachung, die ignoriert, dass die Quantenmechanik nur auf mikroskopischen Skalen anwendbar ist, aber nicht auf der Makroebene unserer Alltagswelt. Es handelt sich dabei um einen reinen Analogieschluss, dem jede logische Grundlage fehlt. Den gleichen Fehler machen Leute, die behaupten, aus der Quantenmechanik könnte man folgern, dass ‚alles mit allem zusammenhängt'." (Freistetter 2015) Zum einen denke ich, dass manches als Metapher gemeint ist, die prinzipiell nicht der Logik folgt und schlussendlich auch quantenphysikalische Beschreibungen Metaphern sind und dass es auch systemische Zugänge und Analysen gibt. Andererseits zeigen sich Zusammenhänge, die real sind, wie z. B., dass der Zustand des Amazonas Auswirkungen auf das Tibetische Hochland hat. (Potsdam-Institut für Klimafolgenforschung 2023) Es gibt immer mehr als nur eine Sichtweise.

Erfahrungen wandeln sich im Laufe der Zeit wie sich auch Diskurse darüber verändern. Einerseits machen alle Menschen Erfahrungen und somit kann von einer universellen Komponente gesprochen werden wie auch andererseits von unvergleichlichen individuellen Erfahrungen. In der Wissenschaftswelt können Empirie und Theorie einander ergänzend bestehen, wie auch quantitative und qualitative Forschung. Es gilt achtsam zu sein, von wem worüber etwas behauptet wird und immer auch Class und Race u. a. m. mitzureflektieren. Auch Gender-Aspekte gehören dazu, weil im traditionell westlichen Denken Erfahrungen eher mit Frauen und Analysen sowie Theorien eher mit Männern konnotiert werden.

Ich nehme auf die historische Entwicklung des Begriffs Erfahrungen keinen Bezug, sondern fokussiere auf gegenwärtige theoretische Modelle, und wie sie Erfahrungen verstehen und beschreiben. Dazu gehören auch Wahrnehmungsbedingungen von Erfahrungen und Erfahrung des Denkens: „Die Reinheit und Klarheit der Denkerfahrung verführt alsbald dazu, sich nicht mehr um die sinnliche Erfahrung zu kümmern. Die Tendenz, das Denken nicht zu bemerken, führt in den einseitigen Empirismus. Diejenige, die vor lauter Denken die Sinnlichkeit verschmäht, führt in einen wirklichkeitsfernen Idealismus." (Gutland 2019, S. 524) Einsichten sind oft aufgrund von Gefangensein von einer Überzeugung nicht möglich.

Erfahrungen sind Lebenserfahrungen, die viel mehr als nur Denken sind. „Das Denken zeigte sich als ein zentraler Anker der Welterschließung, aber die Denkinhalte (Hegels Begriff) sind nicht ihr Alles. Das belegt die Notwendigkeit, die Wirklichkeit mit Husserls kategorialer Anschauung zu erschließen. Sogar Leibniz' Aussage – im Intellekt sei nichts, was nicht vorher in den Sinnen sei, außer dem Intellekt selbst – greift noch zu kurz. Denn Gefühle, Willensentschlüsse, leibliche Zustände wie Müdigkeit oder Schmerz erfährt man weder mit den Sinnen noch allein dem Intellekt – Sinnlichkeit und Denken erschöpfen also keinesfalls das Leben der Menschen." (ebd., S. 525) Selbst Körpergefühle entsprechen, wie Studien (University College London 2004) zeigen, nicht immer der Realität. Körper haben und sind eine eigene Welt.

Alltagserfahrungen unterscheiden sich von nicht alltäglichen Erfahrungen. Diese sind oft Grenzerfahrungen, weil sie eine Bedeutung erhalten und mit einem intensiven Gefühl und möglicherweise auch ungewohntem Umfeld verbunden sind. Zeit kann sich dehnen und verkürzen wie auch der Raum. „Zeit kann man nicht sparen, nicht managen, nicht verlieren, und erst recht nicht totschlagen. Man kann mit der Zeit überhaupt nichts machen. Außer sie leben." (Geißler et al. 2022)

Erfahrungen, die Menschen machen, umfassen Motorik, Kognition, Emotion und wie manche meinen, auch die Seele. Pokorny erinnert sich an Charlotte Selvers Zitat: „Die Sensibilisierung der Sinne eines Menschen für das Gewahrsein seiner selbst bringt ihn auf den Weg, sein Leben tiefer zu erleben und seine wechselseitige Abhängigkeit, die ihn *mit* anderen Menschen und der Welt verbindet, zu verstehen." (Pokorny 2000, S. 373)

Grundlage für spätere Erfahrungen liegen in der kindlichen Entwicklung. Wesentlich für Stolze ist: „Frühe, sensomotorische Intelligenz entsteht in einem Kreislauf von ‚Wahrnehmen' und ‚Bewegen' in den ersten Lebensmonaten und ist Basis von ‚Denken' und ‚Sprechen', das erst in der weiteren Entwicklung einen zweiten Kreislauf bildet. Die Koppelung dieser beiden Kreisläufe ermöglichen ein ‚Begreifen' im doppelten Wortsinn. Eine geglückte Ausprägung der frühen sensomotorischen Intelligenz bildet ‚die Grundlage für Selbstbewahrung, Selbsterfahrung und Selbstentfaltung des Ich'." (Stolze 1984, S. 74) Hochgerner ergänzt: „Frühe Selbsterfahrung im ersten Lebensjahr gründet auf dem genannten ersten Kreislauf, wie schon im Weizsäckerschen Gestaltkreis (Weizsäcker 1986) dargestellt. Piaget konstatiert nun eine strukturelle äquivalente Prozeßhaftigkeit zur späteren Abstraktions- und Symbolisierungsfähigkeit des Kindes." (Hochgerner 1994, S. 302)

Mit Wahrnehmung setzte sich auch Alice Miller auseinander. Wahrzunehmen ist ein Aspekt von Leben und abhängig von gesellschaftlichen Normen: Darf das Wahrgenommene verbalisiert und geteilt werden oder nur teilweise oder gar nicht? Die Antworten darauf haben Konsequenzen. Die Binarität von gut/böse ist durch die Bibelreligionen weltweit gedanklich verankert und bewertet, ist gegenüber Frauen abwertend, was insgesamt ein friedliches Miteinander erschwert bzw. Anlass für Kriege, auch gegen Frauen ist. Wenn statt *gut* und *böse*, die Wörter *bewusst* und *unbewusst* genannt werden, verändert sich etwas und das kann einen Erkenntnisprozess in Gang setzen. Erfahrungen prägen das Denken und somit das Gehirn. Das konkrete Gehirn gibt die Denkweise vor und wirkt auf Handlungen, womit eine Wechselbeziehung gegeben ist. Auch wenn es statistische Werte gibt, lässt sich nicht vorhersagen, wie eine konkrete Person im umfangreichen Spektrum der Möglichkeiten tatsächlich reagiert. „Denn jedes Kind lernt durch Nachahmung. Sein Körper lernt nicht das, was wir ihm mit Worten beibringen wollten, sondern das, was dieser Körper erfahren hat. Daher lernt ein geschlagenes, verletztes Kind zu schlagen und zu verletzen, während das beschützte und respektierte Kind lernt, Schwächere zu respektieren und zu beschützen. Weil es nur diese Erfahrung kennt." (Miller 2007, S. 55) Miller verwendet das Wort „nur", was meiner Einschätzung nach unpassend ist, weil in den seltensten Fällen etwas immer „nur" ist im Leben. Sie insinuiert, dass Opfer immer Opfer bleiben. Handlungen können nicht ungeschehen gemacht werden. Doch es verändert vieles, wenn Erfahrungen reflektiert und Worte dafür gefunden sowie heilsame verbindende Erfahrungen gemacht werden.

Symbol und Erfahrung sind, wie ausgeführt wurde, miteinander untrennbar verwoben. Mit welchen generellen Erfahrungen ein Labyrinth verbunden ist und welche Bedeutungen es als Symbol aufgrund dieser Erfahrungen haben kann, wird im Folgenden erforscht und beschrieben.

TOPO- & CHOREOGRAPHIE

Studie 1: Struktur

Struktur bezeichnet Aufbau, innere Gliederung, Muster sowie Eigenschaften, Größen und Kräfte. Das Labyrinth kann von eckiger oder runder Struktur sein. Der Weg kann vom Eingang entweder nach links oder rechts weiterführen. Das Zentrum ist nicht der geometrische Mittelpunkt.

Im Überblick ist zu erkennen: Ein eindeutiger Rand mit einer Öffnung bildet die Grenzen zwischen Innen und Außen. Die Öffnung ist der Beginn des Weges, der durch das Labyrinth führt. Linien bilden die innere Gestalt des Labyrinths. Seine Gesamtheit bildet die Form, seine Erscheinung. Das Labyrinth und der sich darin befindende Mensch bilden eine Einheit. Gehen mehrere Menschen durch das Labyrinth, befinden sich alle auf derselben Ebene.

Ich erkenne 12 charakteristische Strukturaspekte, die alle miteinander verbunden sind und dennoch getrennt beschrieben werden.

Ein-Gang

Eine Öffnung führt ins Innere. Der Eingang bietet nur einen Gang, der zu begehen ist. Der Weg ist nur ein paar Schritte nach vorne absehbar, weil er die Richtung ändert. Der Eingang ist Teil einer Schwelle. Eine Schwelle trennt, verbindet, vermittelt Außen und Innen, Jenseits und Diesseits.

17

18

Über-Gang

Die Schwelle ist ein Übergang. Sie benötigt mindestens einen Schritt. Wer auf der Schwelle steht, befindet sich in einem Zwischenort, der ein Davor und Danach kennzeichnet. Das ermöglicht Erkennen und Sich-bewusst-Sein, dass sich Bisheriges verändern und neue Bedeutungen erhalten wird. Das Davor ist unbekannt.

Durch-Gang

Der Weg vom Eingang bis zum Ende des Weges, dem Zentrum, kann als Durchgang bezeichnet werden, wie auch der Weg vom Zentrum des Labyrinths zum Ausgang. Dieser Durchgang unterscheidet sich von einem Aufgang, der in die Dimension der Höhe führt. Der Labyrinth-Durchgang ist einer, der im Alltag nicht bekannt ist. Er pendelt sowohl vier Mal zum und fünf Mal vom Zentrum weg und wendet sich im Rhythmus: 3-2-1-4-7-6-5 mehrmals, ohne auch nur eine Wegkreuzung zu haben. Dieser Durchgang ist auch ein Umweg in Bezug auf das Zentrum.

Weg-Wendungen

Im eckigen Labyrinth gibt es aufgrund der rechten Winkel Wendepunkte mit 90°. Insgesamt sind es sieben Wendungen bis zum (scheinbaren) Ende des Weges, das auch als Zentrum bezeichnet wird und ein Sackgassenende ist. Hier führt nur eine 180°-Wende zurück zum Ausgang. Dieselben sieben Wendungen führen auch zurück, wenngleich sie nun in die Gegenrichtung blickend erlebt werden. Der sich mehrmals wendende Weg umfasst annähernd 360°.

Kehrt-Wende

Kehre bedeutet laut Duden Richtungsdrehung bzw. einen Richtungswechsel einschlagen. Kehre hat auch die Bedeutung von sich gegen etwas richten, die andere Seite zeigen. Kehrtwende bezeichnet einen extremen und unerwarteten Richtungswechsel. Dieses Wort ist passend für eine Bewegung von 180°. Nur so ist ein Weitergehen möglich.

Grenzen

Grenzenlos ist eine freie offene Fläche. Grenzen definieren im Labyrinth den Weg bzw. die gegangenen Schritte. Die Grenzlinien machen den parallel verlaufenden Weg deutlich. Das Wort *verlaufen* in diesem Zusammenhang erheitert mich.

Der Weg führt, mehrmals pendelnd und sich wendend, so lange weiter, bis er an eine vordere Grenze stößt, die ein Weitergehen verunmöglicht. Wenn eine Grenze überschritten wird, wird der vorgegebene Weg verlassen. Diese Möglichkeit ist immer gegeben.

Weg-Ende

Das Ende des Weges zwingt zum Anhalten, ermöglicht ein Innehalten. Das Innehalten am Ende des Weges dauert so lange, bis der Impuls, eine Wende um 180° zu vollziehen, kommt und diese vollzogen wird. Hat diese Wende stattgefunden, eröffnet sich jener lange Weg, der bis hierher gegangen wurde, aus neuem Blickwinkel. Deswegen hat der Weg nur ein scheinbares Ende, weil er zurückgegangen werden kann und somit weitergeht. Er führt zum Ausgang, der der Eingang war bzw. ist, womit der Weg durch das Labyrinth dann wirklich endet.

Um-fasstes Zentrum

Als Zentrum wird jener Platz bezeichnet, wo der Weg endet. Es ist kein exakt geometrisches Zentrum. Nach oben hin ist es von acht Linien umgeben, seitlich von sieben, wenn das Ende der beiden Linien mitgezählt wird. Nach unten sind es nur zwei bzw. der Schnittpunkt zweier Linien. Das Zentrum ist a-symmetrisch von Grenzlinien bzw. Um-Wegen umfasst.

Rück-Kehr

Dem Ende des Weges, das Ziel bzw. Zentrum ist, muss der Rücken zugewandt werden, eine Wende vollzogen und dem Weg zurück gefolgt werden. Der Weg ist bekannt, nicht jedoch aus dieser Sicht. Der Weg führt zurück zum Ausgangspunkt. Es gibt eine Vertrautheit, denn vom Weg parallel ist die Blickrichtung bekannt, und doch ist er unvertraut. Die Differenz, die nur eine geringe und doch groß ist, liegt in der Örtlichkeit.

Aus-Gang

Der pendelnde und sich wendende Weg führt zurück zum Eingang, der nun Ausgang ist. Dieser ist eine Öffnung in einen Raum, der außerhalb des Labyrinths liegt. Der Ausgang ist eine Schwelle, die trennt, verbindet und vermittelt: Außen und Innen, Jenseits und Diesseits, ein Hier von Dort. Wer am Ausgang angekommen ist, hat Erfahrungen, die er:sie am Eingang noch nicht hatte. Das unterscheidet Ein- und Ausgang.

Über-Gang

Der Übergang ist bereits bekannt, allerdings aus einem anderen Blickwinkel und mit unterschiedlichen Erfahrungen. Wer auf der Schwelle steht, befindet sich in einem Zwischenort, der ein Davor und Danach kennzeichnet. Das ermöglicht Erkennen und ein Sich-bewusst-Sein, den gegangenen Weg mit allen darauf erlebten Erfahrungen materiell hinter sich zu lassen und in der Erinnerung mit sich zu haben. Ein Übergang ermöglicht ein Innehalten, ein Sich-bereit-Machen für das Zukünftige, das noch unbekannt ist. Dieser Moment des Übergangs kann auch übergangen werden.

Rück-Blick

Ein Rückblick ist ein Überblick, wenn nochmals eine Wende um 180° stattfindet. Diese Wende ist strukturell nicht vorgegeben, doch möglich. Ein Blick zurück kann überall während des langen Weges geworfen werden, nicht erst am Ende des Weges. Zeitlicher und räumlicher Abstand verändern Erfahrungen, Empfinden, Deutungen und Bedeutungen. Rückblicke unterliegen Veränderungsprozessen. Ein Rückblick ist ein Blick zurück, der neue Perspektiven eröffnet. Dieser muss nicht körperlich vollzogen werden. Mental besteht ein Rückblick aus Erinnerungen, die sich mit der Zeit verändern.

Studie 2: Erfahrungen

Viele assoziieren – wenn sie nicht sofort das Wort *Labyrinth* sagen, wenn sie ein Labyrinth sehen – Gehirn oder Gebärmutter mit der Labyrinth-Struktur.

Wird der Labyrinth-Weg mit den Augen verfolgt, kann er aufgrund seiner Komplexität leicht aus den Augen verloren werden.

Das Labyrinth kann allein, als Paar oder mit einer Gruppe, die sich (nicht) kennt, begangen oder durchtanzt werden. Das kann unstrukturiert oder mit einem speziellen Ritual oder als Zeremonie stattfinden.

Eine strukturelle Ordnung kann als existenzieller oder partieller Schutz und auch als Gefängnis, als Grenze und auch als Freiraum mit allen dazwischen liegenden Nuancen erfahren werden. Im Kontrollzwang kann Kontrolle verlorengehen. Wenn keine Kontrolle über die Struktur möglich ist, so erleichtert dies oft die Wahrnehmung und Kontrolle über sich selbst.

Trinh meint, dass das Reale der analytischen Erfahrung, die eine Spracherfahrung ist, verschlossen bleibt. (Trinh 2010, S. 141) Sinne vermitteln eine Wahrheit, zum Beispiel, dass ein Licht rot ist. Dies ist eine Zuschreibung. Dass dann die Straße nicht überquert werden darf, die der Sinneswahrheit und deren Bedeutung zugeschrieben wird, erhält auch einen Wert.

Gemäß Trinhs Ansatz versuche ich nun nicht Erfahrungen zu beschreiben, sondern den Erfahrungen entlang zu schreiben. Unter der Zielsetzung, inhaltliches Wissen herzustellen, wechsle ich vom Substantiv zum *Verb*.

Ich erkenne 12 charakteristische Labyrinth-Struktur-Erfahrungen, denn jede Eigenaktivität ist eine Erfahrung. Obwohl alle miteinander verbunden sind, werden sie getrennt beschrieben.

gehen

Es sind keine extremen Leistungen wie beim Bergsteigen oder Erklimmen einer Pyramide erforderlich, um im Labyrinth zum Ziel zu kommen. Aus der alltäglichen Erfahrung des Gehens wird eine nichtalltägliche, weil das Labyrinth eine rhythmisch pendelnde und richtungsändernde Wegführung hat, die irritierend wirken und zu einer inneren In-Balance führen kann. Diesen Weg zu gehen wirkt ähnlich wie die Auseinandersetzung mit Gravitation, durch die Menschen Balance erfahren und dabei lernen, ihr Gleichgewicht zu halten. Eine Unaufmerksamkeit bewirkt Stolpern, Schwanken oder Fallen. In diesem balancierenden, pendelnden Gehen findet Lernen und Erkennen statt. Über die Füße findet begreifendes Verstehen statt. Gehend kommt eine Bewusstseinsentwicklung in Gang.

Gehen ist ein ganzheitliches Sich-Bewegen. Bewegen bedeutet ursprünglich schwingen, wiegen, fahren und zugleich erfahren, reisen, erforschen, erreichen. Die ursprüngliche Verbindung von Körper und Verstand ist im Wort „sinnen" nachweislich vorhanden (DWDS 2023), sowie auch der Aspekt der Bewegung.

So banal Gehen im Alltag erscheinen mag, wird beim Anblick von Kleinkindern, die Gehen lernen, bewusst, welch Koordination nötig ist. Körperwissen bildet sich sowohl aus eigenen Empfindungen und Erfahrungen als auch mit den Zuschreibungen anderer und der Verarbeitung von diesen. Damit wird Gehen zu einer ambiguitiven Aktivität. „Geht man zu Fuß, versteht man danach mehr über den Kopf als über die Füße, könnte man zusammenfassend sagen, und das wäre nicht falsch. Denn im Gehen sind die Füße so sehr beschäftigt, dass sie tun müssen, was sie wissen, um nicht zu stolpern oder zu stürzen." (Peskoller 2012, S. 79)

Ein Wort: gehen. Gehen. An etwas vorbei gehen. Es hinter sich lassen. Zeit geht mit jedem Schritt mit und vergeht mit jedem auch. Eine Verbindung eingehen mit Raum und Zeit, mit Werden. Sein und Nicht-mehr-Sein, weil es vergangen ist. Mich vergehen. Im doppelten Sinn. Dabei etwas umgehen. Gehen. Weggehen. Weitergehen. Zurückgehen. Gehen. Meditativ gegenwärtig. Mit dem Tod umgehen.

Gehen umfasst tausendfache unterschiedliche Arten. Gehen mit Schmerzen, mit Freude, mit Wut und Zorn, sehnsüchtig, nach innen gerichtet u. v. a. m. Die innere Haltung, offen oder geprägt von Erwartungen und Wünschen, kann geknickt oder aufgerichtet sein. Was sagt der Satz „Ich gehe durchs Labyrinth" denn aus? Eine Beschreibung, die sich auf das Was bezieht und nicht auf das Wie. Wieviel Leere beinhaltet doch die Fülle von Worten.

Leben ist Bewegung und Bewegung ist Leben und das bedeutet, dass sinnliche Wahrnehmungen und Erfahrungen Sinn stiften, dass jede Person über ihre Sinne zu Sinn kommen kann. Die Extrembergsteigerin Peskoller schreibt: „Im Tun erübrigt sich die Sinnfrage. Ein konstruierter Sinn würde gerade im Extremen nicht halten." (Peskoller 2001, S. 198)

Wo der Körper in seinem Selbstverständnis verletzt wurde, kann Bewegung im Raum als angsterfüllt und bedrohlich erlebt werden. Wo Gefühle in ihrem Selbstverständnis verletzt wurden, kann eine Labyrinth-Begehung als angsterfüllt und bedrohlich erlebt werden.

Im Labyrinth-Raum zu gehen, lässt oft ein Vorher und Nachher, ein Voraus und Zurück vergessen. Gänzlich ungewiss ist, wie lange der Weg ist, das Gehen dauert, ob Kraft und Geduld ausreichen werden. Offen ist auch, wie das Ende des Weges ist. Auf pendelnden Wegen gehen bringt andere Gedanken und Gefühle ins Schwingen als auf einem geraden Weg. Zeit und Geschichtlichkeit verändern sich. Auch Sprache. Gehen ist ein natürlicher, naturgegebener Bewegungsablauf und eine ebensolche Fortbewegungsweise. Etwas übergehen zu können, ist sowohl Potenzial als auch Schwäche. Gehen ist In-Kontakt-Kommen und Im-Kontakt-Sein mit dem Grund, der trägt. Der Grund ist Wirklichkeit, Wahrheit und Welt. Materiell wie immateriell. Raum. Zeit. Licht. Sich und den Grund spüren. In der Welt ist auch Luft. Wind. Gegenwind. Rückenwind. In der Welt ist noch mehr. Der Fuß bewegt sich durch den Raum. Ein Verlassen. Ein Im-Nichts-Sein. Ein Ankommen und Aufkommen. Immer wieder. In eigenen Rhythmen und Tempi. Anderes in Nähe und Ferne wahrnehmen. Gehen. Auf etwas zugehen. Von etwas weggehen. Gehen. Kann in Schritten gemessen werden. In Fuß. Auf Quantität achten, oder auch nicht. Auf Qualität achten, oder auch nicht. Variantenreichtum des Gehens. Gehen. Nach den Erfahrungen des Greifens. Welten erkunden. Nomad:in sein.

Gehen in Ungewissheit. Gehen ins Unbekannte. Unbekanntem begegnen. Viele Menschen halten Ungewissheiten nicht aus und verarbeiten diese Unsicherheit, indem sie sich einer Religion oder Verschwörungstheorien anschließen, die vorgeben, alles zu wissen und so Sicherheit vermitteln. Diese Menschen sind dann überzeugt, selbst alles zu wissen und entwickeln Ideologien, die in ein ‚Wir und die Anderen' münden und so die Grundlage für Kriege ermöglichen.

In einem geschützten Raum gehen, Geh-Erfahrungen machen, gehen und spüren und wohlwollend begleitet werden, verändert und ist heilsam. Selbstvertrauen ist Grundlage und Basis, um friedvoll und verbunden in Unbekanntes gehen zu können.

Gehen geht vorüber. Hervor geht Sesshaftigkeit. Gehen ist auch ein politischer Akt. Auf eine Demo gehen zum Beispiel. Im Labyrinth gehen. Im und gegen den Uhrzeigersinn. Immer beides im Labyrinth. Gehen. Innerhalb von Grenzen. Mit Grenzen. Auch über Grenzen. Gehen. Mit Haltung. Aufrecht. Aufrichtig. Gehen. Auf angenehmen und unangenehmen Wegen.

Gehen ohne vorgegebene Wege. Ohne Asphalt unter den Füßen. Gehen. Nie grundlos. Und immer in einer Wechselbeziehung. Gehen. Daraus einen Tanz entwickeln. Schritt für Schritt abwickeln. Wie ein Wollknäuel. Und dann wieder aufwickeln. Vielleicht. Vielleicht auch nicht. Vielleicht Pausieren. Innehalten. Rasten. Im Stehen. Sitzend. Und wieder aufstehen und gehen. Den Grund erspüren. Weitergehen. Richtungswechsel. Spuren hinterlassen. Gehen. Gehen. Gehen. Spuren werden vom Wind verweht. Vom Vergessen. Gehen vergeht. Immer bleibt etwas zurück. Spürbar. Erinnerungen. Die ausgehen. Irgendwann einmal ist alles vergangen, nicht mehr da. Das ist eine unbewiesene Behauptung! Gehen durch Raum und Zeit. Licht und Gefühle verändern Gedanken. Gehen ist Sprache. Gehen ist Kunst, weil alles Kunst sein kann. Neue Perspektiven. Auch auf Grund gründende Erfahrungen sind nicht immer logisch und wissenschaftlich zu begründen.

Perspektiven verändern Gehende. „Mit diesem erweiterten Horizont denken – das heißt, seine Einbildungskraft im Wandern üben." (Hannah Arendt 1989, S. 210) Wandern. Wandeln. Wandlungsprozesse. Im Gehen. Im Da-Sein.

Wege- und Geh-Erfahrung. Hineingehen wird nach einer letzten Wendung zum Hinausgehen und mit neuen Erfahrungen bereichert. Das Gehen kann als langwierig und schwierig erlebt werden und auch heiter und leichtfüßig. In jedem Fall ist das Gehen dieses Labyrinth-Weges eine Grenzerfahrung, weil die Wegbegrenzungen immer präsent sind. Grenzen können akzeptiert oder ignoriert werden. Niemand lobt oder tadelt oder bestraft, außer die inneren Geister. Grenzen erinnern an frühere Grenzüberschreitungen und geben neue Impulse, initiieren neue Erfahrungen. Grenzüberschreitungen sind im Labyrinth nicht lebensgefährlich wie beim Klettern und doch können sie erstaunlicherweise als solche erlebt werden.

Staunen kommt unerwartet und überraschend. Staunen kann nicht gemacht werden. Es geschieht. Ist. Staunen folgt keinem kausalen Denken. Staunen über eine Begegnung, einen Einfall, ein plötzliches Lachen. Immer und überall kann es erlebbar sein. In der U-Bahn, auf einem Berggipfel, im Labyrinth.

Wenn das Zentrum in Sehweite ist und mit wenigen Schritten erreichbar scheint, staune ich, weil der Weg wegführt. Wenn sich ein Moment von Stille, ein Gefühl von Aus-Zeit-und-Raum-Gefallen einstellt, staune ich. Auch über mein Zögern vor dem Schritt ins Zentrum.

Das Ende des langen Umweges lässt jede:n über etwas anderes und anders staunen. Staunen: Hier ist der Weg jetzt zu Ende. Hier hört er auf.

Gedanken erinnern: Auch ich höre einmal auf. Mein Körper ist sterblich. Ich kann mich umdrehen und zurückgehen. Ich kann verweilen. Womit verbinde ich mich jetzt? Gedankenfreie Erfahrungen vielleicht davor oder danach oder nie.

Einige merken keinen Unterschied zwischen Hinein- und Hinausgehen, andere schon. Erstaunlich ist beides.

Staunen: „Das ist der Moment des Staunens, von dem die Vernunft erst wieder zu sich kommt, wenn sie die Kraft findet, sich umzukehren und den Weg in die komplett entgegengesetzte Richtung wieder aufzunehmen, was sie auf die blühenden Pfade der positiven Philosophie führt. Dann macht sie sich mit dem bloß Existierenden vertraut, soweit, dass sie ihm einen Namen gibt und das Seiende selbst darin erkennt." (Candia und Pareyson 2021, S. 31) Mich erstaunt bei diesem Zitat der Bezug zur Wende, zum Richtungswechsel, weil es labyrinthisch anmutet.

Für Luigi Pareyson ist Staunen „ein ‚Trauma der Vernunft', das sie lähmt und zum Schweigen zwingt vor etwas, das höher ist und dem sie gehorchen muss." (Candia und Pareyson 2021, S. 128) Für Elke Erb bedeutet Erstaunen, aus der Fassung gebracht zu werden. In diesem abrupten Vorgang sieht sie „keinesfalls den klaren Verstand als Gegner eines unmittelbaren Staunens – sie begreift Geisteskraft als etwas diesem Geschehen Inhärentes" (Cotten 2017, S. 23). Erb schreibt: „Das Staunen ist nichts anderes als ein ungehindertes Wahrnehmen und Ermessen. Das nichts Absprechendes, Einschränkendes, nichts erledigend Einordnendes zu gewärtigen hat. Mit der Lust des Staunens gepaart ist die, daß es ihm gelingt zu entkommen, ehe die in ihm aktuelle Intelligenz Schaden genommen hat.“ (Cotten 2017, S. 23) Überein stimmen wohl alle damit: „Staunen ist keine messbare Qualität.“ (Zehnder 2017, S. 9) Gess stellt fest: „Die Staunenden frieren ein, oder ihnen dehnt sich der Moment zum (Zeit-)raum, oder sie erleben in der gestauten Zeit die Überlappung zweier Zeitebenen, oder sie erfahren eine mystische Zeitlosigkeit, in der Ewigkeit und Augenblick in eins fallen.“ (Gess 2021, S. 49) Staunen hat eine lange Ideengeschichte. „Immer aber hat Staunen mit dem Anfang von Erkenntnisprozessen zu tun, die in doppelter Richtung funktionieren: rezeptiv *und* projektiv.“ (Gess et al. 2017, S. 7) Staunen kann als Phänomen von Grenze und Grenzziehung verstanden werden. „Es indiziert eine (noch) nicht kategorisierbare Fremdheit und konstituiert so eine Grenze des Verstehens und Wissens. Damit wird es auch zum Ausdruck einer grundlegenden Verunsicherung und semantischen Leere vor dem Fremden, das sich dem Erfahrungswissen entzieht. In dieser Funktion eines Moments der verunsichernden Re-Flexion auf die Begrenztheit des eigenen Bereichs (Wissen/Welt) und gleichzeitigen Öffnung des Blicks auf ein Neues, Anderes, Fremdes, das sich in diesem Blick erst(mals) figuriert, ist dem Staunen eine intrikate Ambivalenz inne. Denn in der Erkenntnis der Grenze des Eigenen entsteht die Möglichkeit der Grenzüberschreitung.“ (Gess et al. 2017, S. 7)

Den Prozess, von einem Zustand in einen anderen überzugehen, dem eine Dynamik zugrunde liegt, führe ich nicht weiter, weil ich das in diesem Zusammenhang irrelevant finde. Ebenso nenne ich die Begriffspaare Kultur und Natur sowie Anlass und Gegenstand und die Übergänge von Staunen als erkenntnisaffiner Gemütszustand zwischen Intelligibilität und Affektivität, ohne weiter darauf einzugehen.

Weil Sprache Erfahrungen immer nur tangential mit Worten berühren und niemals mit diesen ident sein kann, gibt es unzählige Labyrinth-Erfahrungs-Erzählungen. So bleiben Staunen und Sich-miteinander-Austauschen endlose und unendliche generationenübergreifende Prozesse. Jede Labyrinth-Begehung ist mit anderem und neuem Staunen verbunden.

Zur Entwirrung sprachlicher Verwirrung passt diese Aussage: „Das Staunen darüber, daß die Dinge, die wir erleben, im zwanzigsten Jahrhundert ‚noch‘ möglich sind, ist kein philosophisches.“ (Weigel 1996). Ich denke: Der Gedanke, dass, wenn eine Person in die Irre geht, das noch lange nicht heißt, dass sie nicht auf dem richtigen Weg ist, zeigt, wie wichtig Bezugssysteme sind.

Zum Abschluss finde ich diese Worte passend: „Wer […] nicht mehr staunen kann, der ist sozusagen tot und sein Auge erloschen.' Mit dieser Aussage koppelt Albert Einstein die geistige Lebendigkeit an die menschliche Fähigkeit zu staunen." (Kehren et al. 2019)

fokussieren

Wer sich konzentriert, fokussiert die Aufmerksamkeit, bestrahlt etwas mit Energie, womit dieses Etwas deutlicher erkennbar wird. Alles andere wird dadurch ausgegrenzt und verschwindet im Dunklen, wird unsichtbar, unbedacht. Bisher Unsichtbares und Ungedachtes wird, obschon es immer vorhanden war, nun wahrnehmbar und bewusst. Die Grenze zwischen hell und dunkel kann mehr oder weniger scharf sein. Dieses Etwas ist ident und doch erkenne ich es abhängig von Intensität und Intention der Fokussierung unterschiedlich. Beim Gehen im Labyrinth kann ich mich auf den wendungsreichen Weg fokussieren, auf das, was zu sehen, hören, spüren, riechen ist, auch auf mich selbst und auf anderes mehr.

Überall auf dem Weg ist das Zentrum, wenn sich die Person als Zentrum bzw. den Standort als Mittelpunkt, um den sich alles dreht, fokussiert. Über das Klettern schreibt Peskoller: „Einen ganzen Tag lang haben wir einen einzigen Wunsch übersetzt in unzählige Bewegungen. Es war ein ständiges Handeln, nicht immer entschieden, manchmal unsicher und suchend, selten kam Angst auf, öfters Verwunderung, auch Gleichmut, Freude und vor allem Konzentration." (Peskoller 2001, S. 22) Diese Konzentration ist aufgrund der Absturzgefahr notwendig. Im Labyrinth gibt es keine körperliche Absturzgefahr und somit kann es mit oder auch ohne Konzentration durchgangen werden.

Es sind unterschiedliche Erfahrungen, nicht fokussiert, unkonzentriert, zerstreut, unaufmerksam, plan- und erwartungslos und somit innerlich offen durch ein Labyrinth zu gehen. Zu erfahren und zu erkennen gibt es in jedem Fall etwas.

wenden

Wenden bedeutet die andere Seite zu zeigen, sichtbar zu machen und so auch diese selbst zu sehen, zu erkennen oder auch durch Handeln eine Not zu wenden. Im Labyrinth weiß der Verstand, dass der Weg aus dem

Zentrum derselbe ist wie der hinein und er weiß gleichzeitig, dass das beim Zurückgehen noch zu Erlebende ungewiss ist.

Wollen und Wollen können Leben als Sisyphosarbeit erscheinen lassen, wenn das Endliche der eigenen Existenz zu wenig akzeptiert wird, meint Verena Kast, Psychoanalytikerin, und sie schreibt: „In der Dynamik von großen Erwartungen, die dann enttäuscht werden, erleben wir die Qualen des Sisyphos." (Kast 1991, S. 25) Diese Erfahrung kann zu einem Wendepunkt werden, bei dem Perfektion und Ziele losgelassen werden. Dieses Loslassen führt zu einer inneren Wandlung, mit dem Erkennen und Annehmen, „daß im menschlichen Leben trotz aller Bemühungen nie wirklich etwas zu einem Ende zu bringen ist, nie vollendet werden kann, weil gerade das Ausdruck des Lebens ist, daß alles immer wieder weitergeht, solange wir leben." (ebd., S. 31) Dazu hat die Extrembergsteigerin Peskoller eine andere Meinung aufgrund ihrer Erfahrungen. Wandeln und Wenden und etwas zu einem Ende zu bringen, Sisyphos zu erlösen, gelingt temporär: „Oben, wo es meist sehr viel stiller ist, da gibt es dieses innige Geflecht, das mich von mir selbst entlässt. Dort stehe ich mir nicht mehr im Weg." (Peskoller 2001, S. 197) Ich variiere: „Unten im Tal, im Labyrinth, am Weg-Ende, im Zentrum des Labyrinths, stehe ich mir nicht mehr im Wege."

erkennen

Um zu erkennen und zu erfassen, bieten sich vier Möglichkeiten, die einander ergänzen. Vernünftiges Denken (Ratio, Erforschung, Er/Begründungen) ermöglicht es, das Labyrinth zu vermessen, zu konstruieren. Die Erfahrungen (Empirie, Experiment), wie es konkret zu legen oder zu begehen, zu betanzen ist, werden in ihrer Vielzahl ein Erfahrungsschatz. Aus diesem entspringt die Intuition, die nicht zu ergründen ist, weil sie kein Lexikon-Wissen ist. Sie ist Wissen verknüpft mit Erfahrungen und Erspüren der momentanen Stimmigkeit für das Richtige. Wenn ihr vertraut wird, kann den Impulsen gefolgt werden, wie zum Beispiel im Labyrinth das Tempo zu verlangsamen, innezuhalten u. a. m. Das Labyrinth lässt alles zu. Inspiration kommt von außen. Es liegt an jeder:em, sich im Labyrinth empfänglich zu öffnen und Ideen, Einfälle und Lösungen anzunehmen. Was im Labyrinth möglich ist, kann auf die ganze Welt ausgeweitet werden. Das Labyrinth ein Mini Mundus.

Mit dem Gehen kommt das Erkennen: Wendungen wiederholen sich.

Wiederholungen sind ein labyrinthisches Thema. „Wir akzeptieren, daß alles sich immer wiederholen wird. Es ist dasselbe, aber doch jedesmal wieder neu, derselbe Stein, dieselbe Anstrengung, und doch gehen wir den Weg mit ihm immer wieder neu, können auch neue Wegerfahrungen machen, wenn wir dafür offen sind und wissen, daß der zurückzulegende Weg das Ziel ist. Es ist ein Einwilligen in das Pulsieren des Lebens, in Kommen und Gehen, in die ewige Wiederkehr, in die prozeßhafte Auseinandersetzung von Leben und Tod. Bilder dafür sind die Bewegung der Meereswellen, Sonnenaufgang und -untergang. Ob wir diese ewige Wiederholung als ‚immer wieder' erleben oder als ‚immer wieder neu', hängt wesentlich davon ab, ob wir uns mit dieser Wiederholung, der Wiederkehr eigentlich, einverstanden erklären können, einverstanden auch in dem Sinne, daß gerade die Wiederholung ja auch etwas wieder holt, was sonst verlorengehen könnte, daß also in der Wiederholung und in der Wiederkehr auch etwas zu uns zurückkehrt, was wir durch die Vergänglichkeit so leicht verlieren können. Letztlich geht es darum, ob wir ein Grundgesetz akzeptieren können, das wir auch immer körperlich an uns erleben, oder ob wir der Ansicht sind, daß wir dieses Grundgesetz außer Kraft setzen müssen." (Kast 1991, S. 83–84)

Für Peskoller ist es wichtig, „sich zur Gänze (zu) verwenden". (Peskoller 1988, S. 200) Das bedeutet mit anderen Worten, sich ganzheitlich zu erfahren und nicht nur partiell im Denken oder körperlich. Das war für sie beim Klettern möglich. Für mich ist es im Labyrinth möglich. Peskoller suchte 1986 Erkenntnisformen zu entwickeln, die nicht ausgrenzen, sondern „wieder ganz machen", was ihr mit „BergDenken" gelang. Damit blitzt ein Stück Wissenschaftsgeschichte auf. Ich versuche labyrinthische Erkenntnis- und Denkweisen zu entwickeln. Peskoller als Extrembergsteigerin, fragt sich, was *extrem* bedeutet. Die Berge, die Routen sind extreme Herausforderungen und das Tun bewegt sich immer noch außerhalb der Norm für Frauen. (ebd., S. 213) Ich frage mich, ob es am bzw. im Labyrinth etwas Extremes gibt, etwas, das entsprechend der Definition im Duden „bis an die äußerste Grenze geht". Als extrem lässt sich die Weglänge beschreiben, die eine maximale für die gegebene Fläche ist. Die Extremerfahrung im Labyrinth ist, diesen langen Weg zu gehen, der so oft so nah am Zentrum vorbeiführt, der in Richtung Zentrum führt und der sich dann wegwendet und von diesem fortführt, um dann doch dort anzukommen.

Es sind Gedanken, die Bedeutung geben und die wirkmächtig sind. Ohne Vorstellungen und Erwartungen den Weg durchs Labyrinth gehen, führt zu erstaunlichen Erfahrungen. Es sind Gedanken, die stressen, nicht Gefühle. Gefühle können sich wie Wetterzustände anfühlen und nicht willentlich abgestellt werden. Vor Schnee, Regen, Sonne, Sturm und so vielen anderen emotionalen Wetterlagen kann Schutz aufgesucht werden. Flucht ist möglich wie auch sich dem auszusetzen, was ist. Aus Trauer zusammenbrechen. Vor Wut schwitzen. Aus Angst erstarren etc. Und irgendwann, mit oder ohne erkennbaren Grund, verändert sich die Wetterlage. Im Universum der Gefühle gibt es viele Gedankenkometen, die vorbeifliegen oder auf- und einschlagen. Möglicherweise kann ihre Flugbahn von anderen berechnet werden. Betroffene sind ihnen oft ausgeliefert. Ein Wort. Ein Satz. Eine Geschichte. Gefühle in Worte fassen. Wirklichkeit ist komplex und eine lange Geschichte.

Der Weg ins Wettergeschehen, das Verweilen und Bewegen darin und der Weg hinaus sind verbunden mit Fragen: Wem schenke ich mein Gehör? Gehorsam sein, wem gegenüber? Ich kam zu diesem Erkennen: Im Labyrinth wird nicht der Wille wie ein Muskel trainiert. Ein Samenkorn Vertrauen wird mit jedem Schritt gehegt und versorgt. Aus ihm erblüht Intuition. Das Extreme wandelt sich ins Einfache und geht doch über das Alltägliche hinaus.

Verena Kast bringt den interessanten Gedanken, ob die Sisyphos-Arbeit ihre Mühsal verliert, wenn es gelingt, nicht nur die Wiederholung, „sondern auch die ganz leise Veränderung daran zu sehen. Oder nennen wir etwas Sisyphosarbeit, wenn wir eine Veränderung nicht sehen können oder sehen wollen? Deutlich wird bereits jetzt, daß es schwerfällt, in jenen Sisyphosarbeiten, die wirklich bloße Wiederholungen sind, einen Sinn zu sehen. Sinn verbinden wir mit Veränderung zu etwas Umfassenderem hin.“ (Kast 1991, S. 9)

Die Labyrinth-Begehung einer Gruppe ermöglicht, dass sich alle mehrmals begegnen. Kurze Blickwechsel und Kontakte, schweigendes oder singendes Miteinander. Alle befinden sich auf derselben Ebene. Es gibt keine Hierarchie, kein Machtgefälle. Das Labyrinth ist ein Ort gleichberechtigter und gleichwertiger Begegnung. Dies zu erkennen, scheint mir eine wesentliche labyrinthische Erfahrung zu sein.

Eine Labyrinth-Begehung ermöglicht eine panoramatische Apperzeption, was Erkennen vergrößert. Themen können Gefühle und persönliche Probleme sein, die labyrinthisch erkundet werden. Ich konkretisiere Apperzeption am Thema *Immigration*. Stelle ich dieses in den Mittelpunkt, so kann es von ethischen, juristischen und politischen Blickwinkeln betrachtet werden. Diese können von historischen, persönlichen, wirtschaftlichen und ökologischen ergänzt werden. Damit wären es bereits sieben Aspekte, obwohl es noch mehr gibt. Ein Umweg bereichert ein Thema mit Diversität und Ambiguität und führt zum Erkennen, das sich wie Ankommen anfühlen kann.

ankommen

Eine Person steht vor dem vorläufigen Ende des Weges, befindet sich noch nicht im Zentrum, das umgeben ist von den sieben Wegen, die um das Zentrum herumführen und die begangen wurden. Sobald der letzte Schritt ins Zentrum getan ist, das vorläufige Ende erreicht ist, kommt es zu einem Stillstand. In diesem Innehalten ist erfahrbar, dass es die Wege des Labyrinths sind, die das Zentrum umfassen. Das Labyrinth ist nun *das mich Umfassende*.

Ein Fokus auf Wollen und Macht führt irgendwann zu schmerzhaften Enttäuschungen. „In der Enttäuschung nämlich müssen wir Abschied nehmen von einer Vorstellung, die wir gehabt haben; wir haben etwas erwartet, das nicht eingetroffen ist. Wir haben nicht auf etwas gehofft, sondern etwas erwartet. Die Erwartung ist viel enger als die Hoffnung, viel zentrierter auf ein Ereignis, auf das hin wir uns verstehen. Tritt dann das Erwartete nicht ein, verlieren wir unser aktuelles Zentrum." (Kast 1991, S. 42–43)

Das Ende des Weges zeigt sich durch eine Grenzlinie. Ein Innehalten wird erzwungen, wenn die Grenze als Stopp verstanden und akzeptiert wird. Diese Grenze wirkt auf Körper und Geist ein. Angekommen sein. Erzwungenes Innehalten. Zufriedenheit. Glücksgefühl. Irritation. Verzweiflung. Leere. Fülle. Alles ist an dieser Stelle möglich. Was im inneren Zentrum ist bzw. sein könnte bzw. nicht oder doch erahnt werden kann, ist bedeutungsvoll.

Das Labyrinth lädt dazu ein, sich auf den Weg zu machen, in Bewegung zu kommen, sich einzulassen. Jeder Schritt ist ein Ankommen. Dies bewusst wahrzunehmen ist mit der Rhythmuspädagogik TaKeTiNa von Flatischler trainierbar. Pausen sind Leere. Leere, die leer bleibt oder auch zum Beispiel mit Klatschen gefüllt werden kann. Taketina ist auch als Reise erlebbar und kann als musikalischer Labyrinthweg verstanden werden. Ankommen bei jedem Schritt, wie im Afrotanz von Koffi Kôkô. Ankommen im Zentrum des Labyrinths. Ankommen im Leben. Bei jedem Schritt und Atemzug.

Den Weg zu wagen und damit das unvorhersehbare Leben zu leben, benötigt Mut und Offenheit. Aus welcher inneren Haltung der Mut zu wandeln erwächst, ist dabei entscheidend. Wächst er aus einem Willen oder erwächst er aus Demut? Das Labyrinth bietet einen geschützten Raum für alles. Das Labyrinth lässt ein. Es ermöglicht/schenkt Umweg-Erfahrungen und Ankommen. Erfahrungen im Labyrinth, das wieder in den Alltag entlässt.

handeln

Plötzlich ist er da: Der Einfall. Er fühlt sich ganz im Innen an. Rasch zu reagieren, ihn auffangen, betrachten, ihm zuhören und das Gehörte umsetzen, bringt Glück und Freude oder auch Erschrecken.

Der Zufall ist von anderer Art. Er überrascht im Außen. Ihn offen anzunehmen und darauf positiv zu reagieren, kann ebenso Glück und Freude bringen, auch wenn er oft paradox daherkommt. Er kann auch Angst hervorrufen. Wer der Angst folgt, ihr begegnet, gewinnt Erkenntnisse. Wer vor ihr davonläuft oder sie wegschiebt, macht sich noch verletzlicher.

Mit *handeln* verbunden ist *entscheiden*. Zu entscheiden bedeutet, nicht geschehen zu lassen, sondern un/bewusst eine Wahl zu treffen. Im Labyrinth gibt es keine Wegentscheidungen, die den Ort betreffen. Alle wesentlichen Entscheidungen im Labyrinth betreffen ein *Ob* und *Wie*. Folge ich dem Einfall einer Erinnerung, einem Gefühl? Folge ich dem Impuls, die Arme in die Höhe zu geben, mich zu drehen, zu tanzen, innezuhalten? Folge ich zögernd, ohne zu zögern, mit schlechtem Gewissen etc.? Dem *Warum* folgt eine Begründungsgeschichte. Dem *Wie* eine Beschreibungsgeschichte. Jede:r kann nach einer Labyrinth-Begehung eine ganz individuelle Beschreibungsgeschichte des eigenen Handelns erzählen. Wovon handelt diese? Sie kann sich mit anderen Erzählfäden an manchen Stellen verknoten, womit das Erzählnetz ergänzt und erweitert wird, was in meinen Augen eine wesentliche Handlung im Verständnis von Haraway und Trinh ist.

Vielleicht ist eine Labyrinth-Begehung, wie auch das Leben, als Knotenpunkt fortwährenden Handelns zu verstehen, wo sowohl menschliche als auch nichtmenschliche Akteur:innen zusammentreffen.

Jedes Trennen ist eine Unterbrechung einer Verbindung. Im Labyrinth wird der Weg nicht unterbrochen, bleibt die Verbindung zum Weg, egal wie oft er die Richtung wechselt und hin und her pendelt. Die Verbindung zu sich und anderen zu verlieren, ist – auf einer Metaebene gesehen – eine Illusion. Eine Labyrinth-Begehung mit anderen kann bedeuten, dass alle durch den Weg verbunden sind, egal wo sie sich befinden und ob sie sich dessen bewusst sind. Jede Begegnung, jede Verbindung hinterlässt neuronale Spuren, womit diese sowohl materiell als auch mental untrennbar sind. Denn auch, wenn Trennung eine Illusion ist, gibt es ein reales Trennungsgefühl und den Aufruf Haraways: *Macht euch verwandt!* Und das ist ein Aufruf, sich auch innerlich zu verbinden.

Das Spektrum von Handeln ist groß und weit. Symbolisches, eingreifendes, moralisches, un/wirksames, einfallsreiches, un/abhängiges, un/nötiges, relationales, aufeinander abgestimmtes, radikales, nicht ökonomisches, kollektives, solidarisches u. a. Handeln und Verhandeln und Behandeln.

Wenn es nichts zu tragen und zu tun gibt, außer zu gehen, weiter zu gehen, bleiben bei einer alleinigen Labyrinth-Begehung die Hände frei. Beim Gehen mit anderen können Hände als körperliche Verbindung mit anderen Händen dienen.

über-schreiten

Die Wegbegrenzungslinien sind klar und eindeutig, ob auf ein Blatt gezeichnet oder mit Steinen in eine Wiese gelegt u. a. m. Sie können respektiert und eingehalten werden, sie können auch überschritten werden. Unterschiedliche Impulse führen dazu und viele Erfahrungen sind möglich.

Denkgrenzen wurden zum Beispiel in der Physik mit Einsteins Relativitätstheorie überschritten und manche versuchen weitere Grenze zu überschreiten, indem sie eine Weltformel suchen. Zeilinger meint dazu:

„Wenn Menschen von einer Weltformel sprechen, dann sprechen sie davon, wie beschränkt ihre eigene Phantasie ist." (Zeilinger 2022) Manche Physiker meinen, dass sich die Quantenphysik zur klassischen so verhält wie Wasser zu Öl und nicht vereinbar ist. Als Köchin weiß ich jedoch, dass sich das trotz aller Widersprüche machen lässt, was Mayonnaise-Herstellung beweist.

Zeilinger erklärt im Gespräch: „Wenn ich ein einzelnes Teilchen messe, dann ist das die Antwort, die mir die Natur gibt auf meine Frage – jede Messung ist eine Frage –, wissen wir heute, rein zufällig. Da gibt es keinen Grund. Auch keinen verborgenen Grund. Und das ist eigentlich ein Bruch mit der gesamten naturwissenschaftlichen Tradition. (…) Die Welt läuft nicht ab wie ein Uhrwerk. (…) Der Zufall eröffnet sehr viele Möglichkeiten. (…) Es ist offenbar so, dass das Bild einer Welt, die da draußen existiert, eine materialistische realistische Welt, nicht stimmt. Und es ist offenbar so, das ist der Schluss in unserer Gruppe, wir arbeiten auch theoretisch daran, dass Information oder Wissen, wie immer man das nennt, ein Grundstoff des Universums ist. (…) Ein rein materialistisches Weltbild kann auf die Dauer nicht funktionieren. Da gibt es mehr. Wir sind nicht nur Materie. Wir sind nicht nur Substanz. Da haben wir eine wirkliche Zeitbombe, die das Weltbild der Menschen wirklich ändern wird. (…) Man kann aufgrund der Ergebnisse auch noch anderer Meinung sein. (…) Ein wesentlicher Punkt ist, dass wir lernen, dass nichts für sich allein existiert. Alles existiert nur in Beziehung zu etwas anderem. Und die Aussagen der Naturwissenschaft sind nur ‚Aussagen über Beziehungen' von möglichen Beobachtungen. Wie sich verschiedene Teile der Welt zueinander verhalten können. (…) Es ist heute nicht alles in der Welt davon bestimmt, was gestern war. Ich kann die Beschreibungsmöglichkeiten, die Naturgesetze, da kann ich etwas entdecken, da kann ich etwas finden, aber das heißt nicht z. B., dass eine konkrete Idee determiniert sein muss mit dem, was vorher da war. (…) Ich glaube schon, dass es Konsequenzen hat, wie ich mich verhalte, ob ich mich in Anfang und Ende hineinzwingen lass oder ob ich das nicht ganz mach. (…) Es gibt natürlich Zeit, es gibt natürlich Raum, aber es sind keine primären Qualitäten dieser Welt. Ich glaube, das sind sekundäre Qualitäten. Und was sie wirklich bedeuten, weiß ich nicht, das verstehen wir bis heute nicht. Ich weiß nicht, ob wir je zu einem Verständnis kommen. (…) Die Ermöglichung der Naturwissenschaften war, dass die Menschen aufgegeben haben, Fragen nach der Natur der Dinge zu stellen und sich zurückgezogen haben darauf, die Dinge zu beschreiben, wie sie ablaufen, wie sie funktionieren. Die Fragen nach der Natur der Dinge, kommen wir wieder darauf zurück in der Physik. (...) Wir werden vielleicht wissen, warum es Raum und Zeit gibt und da gibt es mindestens eine ebenso große Frage dahinter, wenn nicht noch größere. (...) Wissen ist wichtiger als Wirklichkeit." (Zeilinger 2022) Zeilinger bildet hier eine Dualität von Wissen und Wirklichkeit, die in Konkurrenz zu einander steht. Er berücksichtigt nicht die Wechselwirkung der beiden. Von welchem Wissen spricht er? Von welcher Wirklichkeit? Und dann ist da für mich die Frage: Wofür ist das eine wichtiger als das andere?

Ich verstehe Leben, im Wissen, dass es nie verstanden werden kann, so: Wechselbeziehungen und Zufall (unberechenbares und unvorhergesehenes Geschehen) bestimmen das Sein und damit auch Werden und Wissen. Im Alltag ist oft zu erleben, dass Menschen, die beobachtet werden, sich anders verhalten. Eine Grenze kann auch aus Zweifel erbaut sein. Zweifel, nicht kritisches Denken, hinter sich zu lassen, kommt einer Grenzüberschreitung gleich, die keine Verortung ist, sondern für mich ein Wechsel von einem eisigkalten in ein sonnenwarmes Sein.

Es können irrationale Erfahrungen gemacht werden, die von anderen als verrückt oder normal eingeschätzt werden, je nach gesellschaftlicher Konvention. Aufgrund dieser wird mehr oder weniger oder gar nicht darüber gesprochen, was von der Konfliktfreudigkeit abhängig ist.

Grenzlinienüberschreitungen im Labyrinth wurzeln vielleicht in früheren selbst getätigten oder erlittenen Grenzerfahrungen, die damit in die Gegenwart gerufen und erinnert werden. Grenzen können auch aus Freude an neuen Erfahrungen überschritten werden. Im Labyrinth sind sie selbstbestimmt. Grenzen, die sich auf Raum und Zeit beziehen, werden nicht aktiv überschritten. Es gibt Momente, da Labyrinth-Begeher:innen das Gefühl haben, Zeit und Raum hätten sich aufgelöst. Das Labyrinth ist ein Zeitfenster in die zeitlose Wirklichkeit. Es fühlt sich an, als wäre ich im Zentrum und gleichzeitig überall. Es ist, als hebt sich der Schleier und Informationen strömen ins Bewusstsein, die sich auf andere Jahrhunderte oder die Zukunft beziehen.

Das, was wir prinzipiell über die Welt erkennen und sagen können, hat wesentlichen Einfluss darauf, was Wirklichkeit ist und sich manifestiert, weil Information und Wirklichkeit untrennbar miteinander verbunden sind. Wirklichkeit zu denken, ohne gleichzeitig nachzudenken, was wir von Wirklichkeit wissen, bringt ein anderes Ergebnis, als wenn dies nicht getan wird. Die Vorstellung einer real existierenden faktischen Wirklichkeit, die unabhängig von uns Menschen ist, zeigt sich als Illusion, weil sie eben eine Vorstellung ist, nicht mehr und nicht weniger. Denn die Welt umfasst mehr als nur die klassische Physik. Weltgeschichte erzählt von emotionalen und irrationalen Wirkkräften und deren Auswirkungen. Das Labyrinth ermöglicht, aus einer Alltagswelt in eine andere Erfahrungswelt einzutreten, die Einsichten und Ausblicke anderer Dimensionen anbietet und bietet damit ein Überschreiten der Alltagswirklichkeit.

Manchmal ist der Satz zu hören: „Es bleibt ihr nichts erspart!" Sparen bedeutet ursprünglich etwas nicht jetzt zu essen/kaufen, sondern für später aufzuheben. Wenn Erfahrungen „erspart" bleiben sollen, sollen diese dann für morgen oder das nächste Leben aufgehoben werden?

Was liegt hinter dem Gedanken, lieber kürzer zu leben ohne bestimmte Erfahrungen, als länger mit diesen? Was kann dieser Vergleich bedeuten? Der Weg durch ein Labyrinth ist der maximale Umweg, auf dem alles liegt. Eine Abkürzung zu gehen bedeutet Verzicht auf Weg- und Lebenserfahrungen. Es wird weder das eine noch das andere bewertet, doch könnte darüber nachgedacht und diesem nachgespürt werden. Auch im Labyrinth ist es möglich, eine Abkürzung zu nehmen. Ich bezeichne diese als „Labyrinthischen Quantensprung".

Welche Erfahrungen mit diesem Über-Schreiten verbunden sind, möge bitte jede:r Leser:in selbst herausfinden.

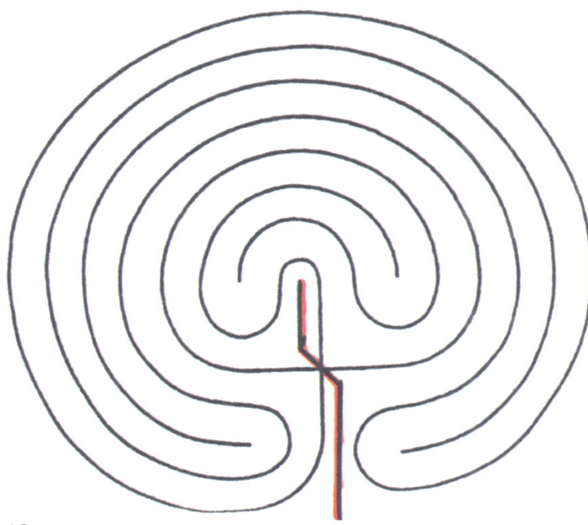

19

wiederholen

Indem ich etwas wiederhole, im konkreten Fall, einen Fuß vor den anderen beim Gehen setze, wiederhole ich und doch gibt es Unterschiede bei jedem Schritt, weil ich lebendig bin. Wiederhole ich eine Labyrinth-Begehung, tue ich etwas, was ich bereits zuvor getan habe, das jedoch nie eine idente Wiederholung sein kann, weil die Erfahrungen der vorherigen Begehung nun hinzugekommen sind. Auch die Erfahrung der Entscheidung, es noch einmal zu tun, wird zu einer neuen Erfahrung. Jede Wiederholung beinhaltet somit Altes und Neues.

Eine Wiederholung ermöglicht, bisher brachliegende Potenziale wahrzunehmen, bisher Unentdecktes zu entdecken. Das Bedürfnis, etwas zu wiederholen, bringt ein Thema zum Ausdruck. Probleme wollen gelöst werden. Kreative Potenziale wollen gelebt werden.

Die Kinderärztin Emmi Pikler (1902–1984) beschäftigte sich mit der Entwicklung von Kleinkindern und entwickelte eine von Respekt und Achtsamkeit geprägte Kleinkindpädagogik. Elfriede Hengstenberg (1892–1992) erarbeitete ein Bewegungskonzept, um Kindern und Jugendlichen ein Angebot zum Nach-Entfalten anbieten zu können und nannte es *Entfaltungen* (Hengstenberg 1991). Bisher aufgrund von nicht gegebenen Möglichkeiten oder entmutigenden Erfahrungen brachliegende Fähigkeiten allgemein menschlicher Art werden durch eigeninitiatives wiederholtes Ausprobieren nachentfaltet und lebendig. Etwas wieder holen zu wollen, zeigt Bereitschaft für etwas. Walter Plagge (2012) baute auf dem Konzept von Hengstenberg auf und entwickelte dieses weiter. Er arbeitete mit Kindern und Erwachsenen. Die Intention ist, Menschen zu einem Erfahrungs- und Bewegungs-Parcours einzuladen, in dem sie sich im eigenen Tempo auf ihre Weise erproben können und alle körperlichen Entwicklungsphasen von der Rückenlage bis zum über eine Leiter Klettern *wiederholen* können.

Das Labyrinth bietet keine körperlichen Balance- und Geschicklichkeits-Herausforderungen wie der Parcours, es sind andere seelisch-emotionale. Mit wiederholten Labyrinth-Begehungen kann Selbstvertrauen entwickelt und gestärkt werden und damit auch ein Weiter-gehen-Können.

weiter gehen

Stehen bleiben, innehalten, eventuell zurückschauen, sich einen Überblick verschaffen oder den Boden mit den Füßen spüren und dann weitergehen. Traditionen und Zeremonien persönlicher oder gesellschaftlicher Natur wiederholen sich. Sie erstarren, so sie keine Änderung erfahren und erscheinen irgendwann wie ein Gehen in Kreis. Wenn Menschen sich verändern, verändern sich auch Traditionen. Wenn ein „bis dass der Tod euch scheidet“ bzw. Vereinbarungen „für immer und ewig“ gelten, dann verhindert *und* ermöglicht dies Prozesse. Fixe Zusagen geben Sicherheit und Kontrolle, temporäre lassen die Zukunft offen, ermöglichen mehr unkontrollierbare Lebendigkeit mit Ungewissheiten.

Werteveränderungen gehen auch mit gesellschaftlichem bzw. politischem Widerstand einher, da sie Angst hervorrufen. Manche dauern hunderte von Jahren, wie zum Beispiel das Frauenwahlrecht, ehe sie angenommen werden.

Weitergehen. Persönlichkeits- und Lebensspuren kommen für viele Menschen der Gestalt eines Ariadnefadens näher als ein Kreis, eine Spirale oder eine Linie. Weitergehen. Dem Wegrhythmus folgend, der die Richtung vorgibt, entsteht der eigene Weg auf dem Labyrinth-Weg erst im Gehen. Wie Musik in innere Räume führt, die dort das Herz berührt, so führt der Weg mit jedem Schritt ins Herz des Labyrinths. Im Gehen vergeht ein Schritt, entsteht ein neuer. Weitergehende Erfahrungen. Im Labyrinth. Weitergehen und weiter gehen. Bis etwas hoffentlich gut ausgeht. Und bis dahin singen. Wer singt, ist angstfrei. Singen bewirkt Heilung. Ist Heilung Angstfrei-Werden? Besungen werden wirkt heilend. Erfahrungswissen und Weisheit von Schaman:innen, Musiker:innen, Wissenschaftler:innen und all jenen, die besungen wurden, selbst sangen. Weitergehen. Weiter gehend. Etwas überschreiten.

wandeln

Peskoller erzählt von einer ihrer ersten Dolomitenerfahrungen: „Ich war als Mensch zu sehr herausgehoben und abgelöst von dem, was mich umgab. Ich hatte noch viel zu viele Bilder im Kopf, die sich zwischen mich und den Berg stellten, die mich davon abhielten, den Anforderungen des Berges gemäß zu reagieren.“ (Peskoller 2001, S. 213) Sie wandelte sich und wurde mit der Zeit und vielen weiteren Erfahrungen eine erfahrene Extrembergsteigerin. Dafür war auch diese Einsicht hilfreich: „Die Angst kam von den Bildern und aus der Vorstellung, die ich mir vorher machte. Unter dieser großen Wand musste ich meine Zwiespältigkeit einsehen. Ich habe kapiert, dass ich der Zinne-Nordwand seelisch und auch sonst nicht gewachsen war.“ (ebd., S. 213–214)

Erkennen. Wandlungsmomente. Wandlungsprozesse. Subjektiv und individuell. Wenn sich Ängste wandeln ... Nur in die eigene Kraft und den eigenen Willen zu vertrauen, schließt mit anderen in einer guten Beziehung zu sein aus. „Damit ist aber auch der ganze Bereich des Metaphysischen und der Hoffnung ausgespart.“ (Kast 1991, S. 38–39) Die Wirksamkeit des Todes ist eine Seite, eine andere ist den Tod „als Aspekt des Zu-Ende-Gehens, als das andere Gesicht des Schöpferischen“ (ebd., S. 65) anzunehmen.

Es gibt Momente des Nicht-Spürens, einer Leere. Mutig immer tiefer in und durch diese Leere zu gehen, kann zum Sich-wieder-Spüren führen. *Die Kunst zu wandeln*. Wandeln hat auch eine spirituelle Komponente, die ich so verstehe: *Die Kunst zu leben besteht darin, sich durch den Irrgarten des Alltags zu bewegen, als sei er ein Labyrinth*. Ein Irrgarten kann ein Labyrinth werden und sein, wenn er mit einer inneren angstfreien, nichts-wollenden vertrauensvollen Haltung erfahren wird. Wollen führt oft zu einer unüberwindbaren Mauer für kreative Einfälle und zu Unstimmigkeiten und Krieg. Vielleicht kann Sein frei von Wollen als Friede verstanden werden.

Fremdbestimmt sind wir durch die Labyrinth-Struktur, das Leben. Der Weg gibt Freiraum für selbstbestimmtes Handeln, das Denken inkludiert, sich selbst zu verstehen und bewusst zu werden, welches Selbstverständnis ich habe. Bin ich aus Existenzialismus-Sicht ungewollt ins absurde Leben geworfen oder wurden mir Leben und Liebe geschenkt? Jedes Bewusstsein wirkt in jedem Atemzug. Das klingt alles stimmig, wenn ich im kausalen Denkraum denke. Und außerhalb oder innerhalb des labyrinthischen Erfahrungs- und Denkraums? Stimmig – bestimmt – gestimmt – verstimmt – fremdbestimmt – selbstbestimmt.

Das Labyrinth gibt keine Glücksversprechen, es schenkt Wandlungs-Erfahrungen; jedem Menschen andere. Damit ist es ein Ort, wo Einsichten und Wissen entstehen. Der Schritt aus dem Labyrinth ist ein Schwellenüberschreiten. Nach einer nichtalltäglichen Erfahrung fühlt sich das Leben vielleicht wieder ganz normal und vertraut an, so, als läge das soeben Erlebte weit zurück oder die glatte Lebensfläche hat Risse und Sprünge erhalten, die ein unerwartetes Dahinter ahnen lassen.

schreiben

Schreiben ist für mich sowohl körperliche als auch mentale Bewegung. Labyrinthisches Denken und Schreiben entstehen im Tun und werden so zum Erleben. Freudvoll und Energie gebend ist Schreiben für mich, ein Genuss, wenn es im Flow geschieht. Dann gibt es nichts als die Finger, die die Tasten finden und Wort an Wort an Wort mit schwarzer Schrift sichtbar auf weißen Hintergrund reihen und den Verstand, der ruhig parallel Korrektur liest und wortlos automatisch Änderungen veranlasst. Ohne zu zensurieren und ohne etwas zu wollen, zeigt sich, was formuliert sein möchte. Gelassen und konzentriert lebe ich. Später erst, vielleicht Tage später, werde ich mit überprüfendem Blick und innerer Distanz das Geschriebene so verändern, wie es mir dann richtig vorkommt.

Für meine Masterarbeit (Seifried, 2021) habe ich mein Schreiben reflektiert: „Mein eigenes Geschlecht spielt insofern eine Rolle, da ich ausschließlich aus meiner Erfahrungswelt heraus schreibe. Ich fühle mich nie in andere Personen ein. Ich schreibe ausschließlich über mich – nur da kenne ich mich am besten aus. Ich schreibe, um etwas zu beschreiben, um damit etwas zu erkennen, was mir zuvor, als ich noch nicht nach Worten suchte, nicht präzise bewusst war." Trinh schreibt: „(...) das Reale bleibt der analytischen Erfahrung, die eine Spracherfahrung ist, verschlossen. Indem ich eng am Anderen des Anderen entlang schreibe, kann ich mich nur entscheiden, ein selbstreflexives kritisches Verhältnis zum Material beizubehalten; ein Verhältnis, das sowohl das geschriebene wie das schreibende Subjekt definiert und mit der Frage: ‚Was will ich, wenn ich dich oder mich *erkennen* will?' das Ich auflöst." (Trinh 2010, S. 141) Jetzt ergänze ich: Ich versuche, nicht über etwas zu schreiben, ich schreibe mich. Erlebnisse im Labyrinth haben mich sanft und anders zu denken gelehrt. Dieses Denken ist mit den Erfahrungen verbunden. Sie in Sprache zu transferieren, zu übersetzen wie eine Fremdsprache, ist mit einer Entwicklung des Bewusstseins verbunden. Die Wahrheit der Wirklichkeit ist ohne Worte, sie ist ein Singen. Singen ist das, so fühlt es sich an, was jenseits von Körper, mehr als Materie ist, und sich doch leiblich lebt und zeigt.

Eine Labyrinth-Begehung wird zu einem wahrnehmenden und spürenden Prozess, mit dem sich auch das Denken verändern kann. Das Labyrinth ermöglicht präsent im Anderen zu sein, das Andere – tastend begehend oder laufend – kennen zu lernen wie auch sich selbst, mit Potenzialen und Zwängen. Es gibt ein Wissen, das wortlos im Körper wohnt und sich mit bewussten Erfahrungen zu einem neuen Dritten verbindet, weil eins plus eins nicht zwei, sondern drei ist. Dieses Dritte ist jenes, das als Intuition bezeichnet wird. Wenn versucht wird, sie mit dem Skalpell in zwei Teile zu zerlegen, bedeutet das Scheitern im Leben und Erfolg in der Wissenschaft. Unterschiedliche Prioritätensetzungen.

Das Labyrinth ist auch eine Erfahrung von Wissensweitergabe ohne Worte.

Studie 3: Symbol

Form und Inhalt

Generell können Form und Inhalt zwei Objekte sein. Nicht jeder Inhalt passt sich immer der Form an und umgekehrt. Form und Inhalt können auch nur ein Objekt betreffen oder auch gänzlich immateriell sein, wie Sprache.

Bei der Form des Labyrinths ist der Weg der Inhalt. Form und Inhalt sind ebenbürtig, ergänzen einander, gehören zusammen. Ich kenne nichts, was dem widerspricht. Form und Inhalt können theoretisch voneinander getrennt betrachtet und diskutiert werden, praktisch sind sie in Verbindung, wie in Studie 1 und Studie 2 gezeigt wurde.

Bewegt sich eine Person durch das Labyrinth, ist Folgendes festzustellen: Sie ist in Verbindung und hat Verbindungen zur Form. Durch ihr Gehen durch das Labyrinth wird sie Teil des Labyrinth-Inhalts. Der Inhalt des Labyrinths wird zur Außenwelt der Person. Die mentale und emotionale Innenwelt der Person zeigt sich in der Außenwelt, die die Innenwelt des Labyrinths ist, mittels körperlicher Bewegung beim Gehen durchs Labyrinth. Die gehende Person reagiert auf das vorgegebene Wegstück, den Weg insgesamt und agiert von sich aus. Alles ist möglich, doch jeden Moment werden *Wie* und *Was* ausgedrückt und damit manifestiert. Das

Labyrinth verändert sich objektiv gesehen nicht. Es führt passiv und gibt durch Form und Inhalt Impulse, die möglicherweise in naher Zukunft auf neurologischer Ebene wissenschaftlich gezeigt und definiert werden können.
Form und Inhalt bzw. Struktur und Weg stehen zueinander in Beziehung wie bei einem Dia-Negativ und -Positiv. Für Gundula Thormählen-Friedman (2007) bedeutet die Struktur die Welt und der Weg das Leben. Sie kann darin auch die Gebärmutter mit der Eizelle im Zentrum sehen und den Weg als Weg des Spermiums. Andere sehen bzw. deuten anderes.

Auch wenn vordergründig keine Ähnlichkeit zwischen Labyrinth und Berg zu bestehen scheint, gibt es ähnliche Erfahrungsqualitäten. Peskoller beschreibt ihre Gipfelerfahrung als 12- und 13-Jährige so: „Die Stille frühmorgens, wenn die Sonne hervorkommt, das sind schon Momente, wo nichts mehr fehlt, wo alles erfüllt scheint." (Peskoller 2001, S. 214) Eine Labyrinth-Zentrumserfahrung beschreibe ich so: „In der Stille des Angekommen-Seins und Innehaltens, im Wahrnehmen dieses Moments fehlt nichts mehr, ist alles erfüllt."

Dies zeigt, dass gleiche Erfahrungen auch unabhängig von verschiedenen Formen und Inhalten erlebt werden können, weil offenbar Berg und Labyrinth miteinander verwandt sind und eine gemeinsame Essenz haben.

Form und Inhalt. Es gibt mehrere Möglichkeiten, die Labyrinth-Struktur herzustellen. Jede Art und Weise erzählt ihre eigene Geschichte.

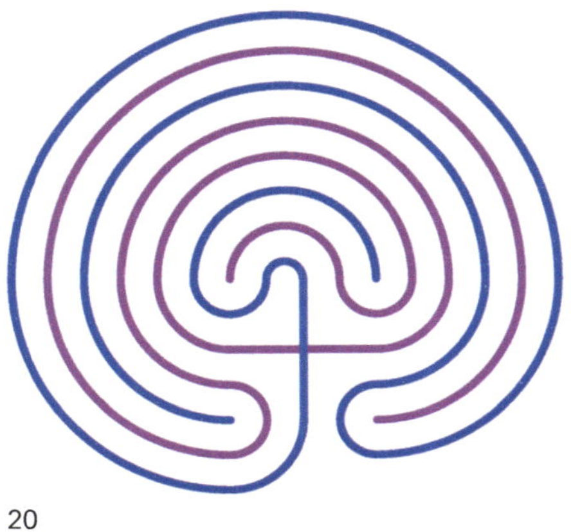

20

21

Eine Verbindungs-Geschichte

Ein Faden wird in vorbestimmter Weise gelegt. Um diesen herum wird ein zweiter Faden in vorbestimmter Weise gelegt. Gemeinsam nehmen sie Raum ein und werden, miteinander verbunden, ohne sich zu berühren, zum Labyrinth.

Eine Trennungs-Geschichte mit Happy End

Eine leere Fläche. Eine Linie teilt die Leere in ein Oben und Unten. Eine weitere Linie teilt das Oben und Unten in Links und Rechts. Die beiden Linien berühren einander in einem Punkt und bilden so einen rechten Winkel. Dieser wird gespiegelt. So entstehen vier Quadranten. In jeden rechten Winkel wird mit Abstand ein rechter Winkel gelegt. Im selben Abstand zu den rechten Winkeln wird ein Punkt hinzugefügt. Leere wurde linear strukturiert. Eine Leere, die eine Einheit bildete, wurde getrennt.

Werden die Enden nun asymmetrisch miteinander verbunden (was rund oder eckig möglich ist), entsteht ein Labyrinth.

Jene, die sich das schwer vorstellen können, sehen den Vorgang in Abb. 4. bzw. animiert auf https://www.labyrinthos.net/layout.html.

So entsteht in der Leere aus dem Nichts etwas Konkretes, die Welt des Labyrinths.

Diese Entstehung, wie ich sie erzähle, ist eine Schöpfungsgeschichte.

22a

22b

Eine Konstruktions-Geschichte
Sie lautet: „Mach ein Kreuz, in jeden Quadranten einen rechten Winkel und dann je einen Punkt und verbinde die Enden."

Damit wird deutlich: „Es ist von Gewicht, welche Geschichten Welten machen und welche Welten Geschichten machen." (Haraway 2018, S. 23)

Form und Inhalt des Labyrinths sind Symbol für Leer- und Freiräume, Struktur, Trennung, Verbindung, Beziehungen, Bewegung, Weitergehen, Wenden, Ankommen, Perspektivenwechsel und Veränderungsprozesse. Als Essenz bzw. Symbol-Kategorien kann kreatives Potenzial einer Verweltlichung und Erzählung genannt werden, die mit unterschiedlichen Gefühlen zum selben materiellen Ergebnis führen.

Materie und Form

Materie und Form des Labyrinths sind grundsätzlich und vordergründig starr. Kreativ spielerisch kann das Labyrinth auch aus elastischem Material angefertigt werden, was neue Optionen von Formvarianten mit sich bringt, im Alltag jedoch so gut wie nie zur Anwendung kommt. Details dazu sind im Kapitel 4.4. (Elastizität) beschrieben.

Der Inhalt zeigt sich als Bewegungsanleitung und kann auch als Spielangebot verstanden werden. Der Inhalt kann nicht erfahren werden, wenn sich die im Labyrinth befindliche Person nicht bewegt. Bewegt sich eine

Person durch das Labyrinth, wird das Labyrinth zu einem Erfahrungs-, Denk-, Erkenntnis- und Handlungsraum. Sieht eine Person das Labyrinth nur an, kann es weiterhin Erfahrungs-, Denk-, Erkenntnis- und Handlungsraum sein, allerdings von einer anderen Perspektive aus und mit reduzierter körperlicher Erfahrung.

Kann die Erkundung von Materie und Form nur innerhalb des Konzepts von Ursache–Wirkung stattfinden oder gibt es ein Denken außerhalb? Ich gehe von Butlers Prämisse aus, „dass Materie und Form untrennbar miteinander verbunden sind; Materie erscheint nicht unabhängig von der Form, sondern sie tritt immer nur in einer bestimmten Form in Erscheinung." (Bublitz 2018, S. 29) Für Butler ist Materie „keine bloße Oberfläche oder fertige Substanz, sondern *‚ein Prozeß der Materialisierung, der im Laufe der Zeit stabil wird, so dass sich die Wirkung von Begrenzung, Festigkeit und Stabilität herstellt, den wir Materie nennen'*." (Bublitz 2018, S. 30)

„Materie besteht nicht aus Materie", erklärt der Astrophysiker Josef M. Gaßner in seinem Buch „Urknall, Weltall und das Leben" anschaulich: Ein Tisch fühlt sich fest und hart an. Wird der Tisch bis in seine kleinsten Teilchen der Moleküle, Atome und schließlich Elementarteilchen untersucht, zeigt sich, dass die Elementarteilchen masselos sind. Da sie Bewegungsenergie haben (E = m*c2), kann diese in Masse übersetzt werden. Die Wechselwirkung der Elementarteilchen wird Higgsfeld genannt. Aufgrund der Bewegungsenergie plus Wechselwirkung plus quantenmechanischer Regeln entsteht der Eindruck der harten Materie an der Oberfläche. „Jede beliebige Wechselwirkung führt von der Kohärenz zu einer Inkohärenz." (Gaßner 2012)

„Die Welt ist nicht nur materiell – es gibt mehr, als man in den Naturwissenschaften sehen und messen kann: Das war und ist eine wichtige Erfahrung meines Lebens." (Zeilinger 2020)

Das Labyrinth ist Symbol für messbare Materie und alles, was nichtmateriell und nicht messbar ist. Das Labyrinth ist Symbol für ein Fadenspiel im Sinne von Haraway: „Fadenspiele erfordern, dass man stillhält, um zu empfangen und weiterzugeben. Fadenspiele können von vielen gespielt werden, mit allen möglichen Arten von Gliedmaßen, solange der Rhythmus von Geben und Nehmen aufrechterhalten wird." (Haraway 2018, S. 20) Doch auch bei Fadenspielen geht es, wie beim Labyrinth, nicht immer und überall um das Gleiche, obwohl es meiner Ansicht nach um das Gleiche geht. „Fadenspiele sind Praktiken des *Denkens* und des *Machens*, pädagogische Übungen und kosmologische Darbietungen." (Haraway 2018, S. 26) so wie auch eine Labyrinth-Begehung eine Praktik von Denken und Machen ist. Doch damit befinden wir uns wieder in einer dualen Welt, auch dann, wenn Haraway meint: „Responsabilität schließt Ab- und Anwesenheit, töten und nähren, leben und sterben mit ein – und die Erinnerung daran, wer in den Fadenspielen der Naturkulturgeschichte wie lebt und stirbt." (Haraway 2018, S. 43) Ich füge zur Erweiterung noch all die Zwischenzustände hinzu. Haraway selbst erweitert, und dieser Erweiterung schließe ich mich an, wenn sie schreibt: „Meine Geschichten sind im besten Fall anregende Fadenspiele; sie sehnen sich nach einem dichteren Gewebe, das die Muster offen hält, mit sich verzweigenden Anknüpfungspunkten für noch kommende ErzählerInnen. Ich hoffe, dass LeserInnen Teile der Geschichte verändern und woanders hinbringen, dass sie die Lebenswege von Camille verlängern, bestreiten, ausgestalten und neu imaginieren." (Haraway 2018, S. 199)

Raum und Zeit

Das Wort Raum entwickelte sich aus dem Verb *räumen*, was ursprünglich im Wald einen baumfreien Raum zu schaffen bedeutete. Das Labyrinth ist also ein baumfreier Platz. Gehe ich durch den Raum, habe ich keine Bäume mehr, die mir die Sicht verstellen oder um die ich herum gehen muss, weil sie im Weg stehen.

Der Weg verbindet pendelnd, sich wendend und sich nicht gabelnd den Eingang, das Zentrum und den Ausgang im Labyrinth-Raum. Erst mit der Bewegung der gehenden Person kommt die Dimension Zeit hinzu.

Innerhalb des Labyrinth-Raums gibt es den Weg und die Begrenzungen. Beides im Innen, das im gegenwärtigen Moment des Gehens kein Außen kennt. Geh-Erfahrungen umfassen Vorwärtsgehen, Richtungswendungen und bei jedem Schritt Perspektivwechsel und Spiegelerfahrungen, die Gedankennebel und Gedankenklarheit mit sich bringen.

Eine Begehung dieses leeren Raumes ermöglicht, wie Studie 2 zeigt, dass sich Bewusstsein aufgrund der Bewegungserfahrung entwickeln kann. Bewusstsein bedeutet in diesem Fall, vielfältiges Wissen von Geh-Erfahrungen zu erwerben und über dieses Wissen zu schreiben, es mündlich mit anderen zu teilen, für sich zu behalten, es weiter zu entwickeln, zu schweigen.

„(…) indem man im Schweigen auch den Körper spürt, mehr als wenn man redet und redet über ihn. Wenn das Sprechen an sein Ende gerät, dann öffnet sich ein leerer Raum.“ (Peskoller 2001, S. 200) Das ist möglicherweise jener Raum, den auch Trinh meint, wenn sie schreibt: „Zwischen Wissen und Macht eröffnet sich ein Raum für ein Wissen-ohne-Macht.“ (Trinh 2010, S. 85)

Es gibt kulturell bedingt unterschiedliche Denkkonzepte zu Raum und Zeit, die mehr oder weniger unbewusst internalisiert sind. Während einer Labyrinth-Begehung findet ein Prozess, ein Übergang aus der *Alltagswirklichkeit* in *eine nicht alltägliche Wirklichkeit* statt, die das Labyrinth, eine nicht naturgegebene und daher kulturelle, historische, begehbare Struktur, anbietet. Auch in anderen nichtalltäglichen emotionalen Zuständen wie Verliebtsein oder Schock fällt das vertraute „Zeit-Raum-Mosaik“, ein Begriff der mir in den Sinn kommt, auseinander. Steinchen lösen sich aus dem bisherigen Verband und das Mosaik löst sich auf. Sein befindet sich in einer Leere, die kein Nichts und auch kein Nicht-Nichts ist, sondern, wie ich es nenne „zeit- und raumlose Leere“.

Wie sich Zeit und Raum und Bewegung im Labyrinth individuell anspüren und zeigen, ist unterschiedlich. Es liegen keine wissenschaftlichen quantitativen Studienergebnisse vor. Statistische Ergebnisse machen generelle Aussagen. Welche konkrete Person etwas erlebt, bleibt zukunftsoffen. Offen, wie das Labyrinth offen ist. Wandelbar wie Wissen.

Grundsätzlich ist jede Wahrnehmung davon abhängig, wieviel Angst bzw. wieviel Selbstvertrauen mit dabei sind, sich ins Labyrinth zu begeben. Die Bereitschaft, sich auf eine neue unbekannte oder auch bereits bekannte Erfahrung einzulassen, bewegt sich prozesshaft zwischen diesen beiden emotionalen Aspekten.

Selbstvertrauen wächst, wenn Hilfestellungen angeboten werden. Im Mythos ist es Ariadne, die Theseus den Faden gibt. Diesen in Händen zu halten, bedeutet Sicherheit. Zweifel gibt es keine, denn es gilt dem Faden zu folgen, der sicher wieder zum Ausgangspunkt führt. Beim Hineingehen braucht es Mut, weil ungewiss ist, was sich nach den Wegwendungen befindet. Ein Ungeheuer, eine andere Herausforderung, Tod, freudiges Staunen, überraschender plötzlicher Friede? Keine Angst zu haben bedeutet, auch keine Angst vor dem Sterben zu haben. Dieses Gefühl macht frei und ermöglicht, sich dem Labyrinth, dem Weg, dem Leben zu überlassen und hinzugeben. DIE Sicherheit gibt es nicht im Alltag. Unfälle und Attentate geschehen. Es gibt Bodyguards u. a., die Angriffe verhindern oder abwehren können. Was geschehen wird, liegt meist unerkannt in der Zukunft. Dennoch gibt es ein individuelles Gefühl von Sicherheit und Selbstvertrauen, das sich jedem Wollen, Zweifel und Ängsten entzieht.

Der Begriff *Entwicklung* ist verbunden mit einem Faden der Alltagswirklichkeit. Doch auch da gilt: Welche Denk-Konzepte haben wir im Kopf? Wie sich zeigt, haben unterschiedliche Kulturen unterschiedliche Konzepte von Raum und Zeit und Sein. Das bisherige westliche Konzept evolutionärer anthropologischer Entwicklung verhindert einen unvoreingenommenen Blick. Graeber und Wengrow thematisieren dies und überschreiten bisherige Grenzen. „Das ‚lineare' Zeitgefühl ist, wie bereits erwähnt, kulturabhängig und führte, wie Eliade überzeugt war, in ein Zeitalter beispielloser Angst." (Graeber und Wengrow 2022, S. 529f) Gehen, schreiten, wandeln, nicht aus Angst erstarren! „Aber Bewegungslosigkeit gefährdet auch unseren Geist: Hirnforschung und Neurologie zeigen, dass Intelligenz und Einsichtsfähigkeit, dass Lernfähigkeit und Lernbereitschaft, dass Kreativität und Einfallsreichtum bei Kindern, die sich nicht oder kaum bewegen, viel schwächer sind. Wer wenig Raumerfahrung hat, hat auch weniger Vorstellungsvermögen. Bewegung macht klug und neugierig, macht eben auch geistig beweglich." (Hunger und Zimmer 2012, S. 12) Somit kann Bewegung auch als Freiheit erfahren und als individueller Ausdruck von Freiheit gesehen werden. Sie hat ihre Grenzen und auch Potenziale gemeinschaftlicher Erfahrungen. Die Frage: „Wie geht es dir?" inkludiert Bewegung. Sie kann sich auch auf die Befindlichkeit beziehen. Wo und wie befinde ich mich? Tanze ich im Moment durchs Leben, gehe ich im Zick-Zack, mache ich manchmal auch Rückschritte oder nehme eine Abkürzung?

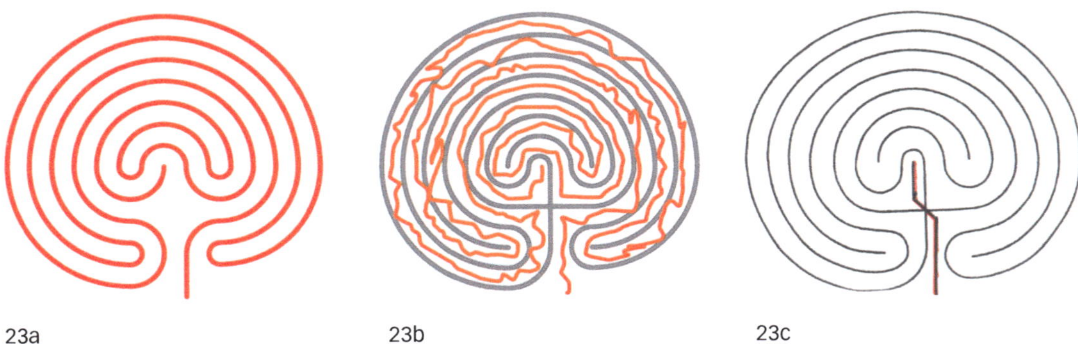

23a 23b 23c

Der Weg wendet sich. Die Gehenden wenden sich körperlich und möglicherweise bringt diese Wendung auch eine Denkbewegung hervor, eine Denk-Wende. Auch in Bezug auf Raum und Zeit.

Wenn meine Füße ein Labyrinth begehen, singt mein Körper ein Mantra. Dabei bleibe ich in Raum und Zeit und fühle mich auch aus Raum und Zeit gefallen. Alles ist auch gleichzeitig, wenn ich darauf schaue. Welterkennungsprozesse scheinen labyrinthische zu sein und keine gerade Strecke.

Becker und Hoeres weisen darauf hin, dass die genaue Beschreibung und Analyse eines Symbols wesentlich ist für ein Verständnis vergangener und gegenwärtiger Wirklichkeit. Interessant und aufschlussreich in diesem Zusammenhang ist folgende Feststellung Kerns: „Dieser Zusammenhang von Labyrinth und Kultgebäude, der Rückschlüsse auf die heilsgeschichtliche Stellung der Figur zuläßt, ist umso erstaunlicher vor dem Hintergrund der Tatsache, daß für die heidnische Antike Labyrinth-Darstellungen nur in profanen Gebäuden, nie in einem Tempel aufgefunden wurden, und daß andererseits im christlichen Mittelalter – der eigentlichen Zeit für Kirchen-Labyrinthe – keine Labyrinth-Darstellungen an oder in profanen Gebäuden nachweisbar sind." (Kern 1982, S. 207)

In der Abenddämmerung der Zeit, die an jedem Ort zu einem anderen Zeitpunkt stattfindet, zerfällt sehr vieles. Dieser Wandlungsprozess ist schmerzhaft, auch weil die Morgendämmerung noch so fern zu sein scheint.

Zusammenfassend lässt sich sagen, dass das Labyrinth ein Symbol für besondere nicht alltägliche Raum- und Zeiterfahrungen ist. Der Ariadnefaden, die Wegführung, ist Symbol für Selbstvertrauen ins Geführt-Sein.

Ich lese: „Wenn Wissen nicht Repräsentation von Welt, sondern ihr machtdurchzogenes Schaffen bedeutet, so fordern ‚Geschlechterinterferenzen' eine radikal symmetrische Interdisziplinarität als Praxis ein, die Verletzbarkeit, Handlungsfähigkeit und Machtdispositive in ihrer praktischen Verknüpfung beschreibbar macht." (Bath et al. 2011) Und so gehe ich in meiner Forschungsarbeit davon aus, dass Wissen nicht Repräsentation von Welt, sondern ihr machtdurchzogenes Schaffen bedeutet und versuche, ‚Geschlechterinterferenzen' als eine radikal symmetrische Interdisziplinarität umzusetzen, die Verletzbarkeit, Handlungsfähigkeit und Machtdispositive in ihrer praktischen Verknüpfung beschreibt.

Bergsteigen ist ein patriarchales Ansinnen, das ursprünglich aufgrund religiöser Aspekte verboten war, und das Frauen erst für sich gewinnen und erkämpfen mussten. Selbsterfahrung und Lernen geschieht in katholischen Welten meist leidvoll, weil diese eine körper- und lustfeindliche Haltung vertreten. Patriarchale Ideologie verherrlicht Männer und Verstand und will Frauen, die mit Natur assoziiert sind, unterdrücken und beherrschen. Noch ist diese Ideologie mit ihren Auswirkungen weltweit immer noch stark vertreten und ebenso gehört Kolonialismus nicht zur Gänze der Vergangenheit an.

Bergsteigen war immer Teil des Alltags jener Menschen, die in Bergen lebten. Labyrinth-Begehungen wurden vor allem von Frauen initiiert und gepflegt, das Labyrinth als Raum für sich entdeckt. Was der Gipfel den Bergen, ist das Zentrum dem Labyrinth: Ein besonderer Wendepunkt.

Der Gipfel erscheint phallisch, das Labyrinth vulva-gleich. Unterschiedliche Welten. Kriege und Kämpfe auf Bergen und um Berge. Bergbeschreibungen mit pornographischen Zügen. Der Berg als Frauenkörper und seine Bezwingung. Nirgends ist eine Beschreibung des Berges als Männerkörper, der bezwungen werden muss, zu finden.

Zwang ist immer Ausdruck von Machtmissbrauch. Das Labyrinth wurde im indischen Epos Mahabharata zu einer militärischen Schutzstrategie, Chakra Vyuha genannt, gegen kriegerische Angriffe, von der jedoch unbekannt ist, ob es je eine praktische Umsetzung gab.

Bergsteigen ist oft mit Leiden verbunden. Sanft im Vergleich dazu ist das Gehen durch ein Labyrinth. Kunst birgt beides in sich, die Auseinandersetzung mit Bergen und deren Besteigung und Kriegen sowie Abwandlungen von Labyrinth-Strukturen und deren Gestaltungen. Die Realität ist gegenwärtig immer noch männerdominiert, wie Weltpolitik, Finanzen, Kultur, Digitales und Umweltzerstörung zeigen.

Der Abstieg vom Berg ist die gefährlichste Etappe, deren schlimmste Art der Absturz ist. Die Rückkehr zum Ausgang des Labyrinths birgt nur die Gefahr, das Zentrum nicht verlassen zu wollen, um sich für immer und ewig geborgen, beschützt und zentriert zu fühlen. Das Unangenehmste, das passieren kann, ist die Orientierung zu verlieren und nicht mehr zu wissen, ob ich nun vor oder zurück gehe. Doch das kann auch beim Hineingehen passieren, hat aber nie tödliche Konsequenzen wie ein Absturz vom Berg.

Ransmayr schreibt in seiner Ballade von der glücklichen Rückkehr: „Auf höchste und heilige Berge sind wir gestiegen, / weil sie da waren, einfach da. / Ach ja, sie standen im Weg / zwischen uns und der Ferne / ach ja, und eine / unsichtbare Linie / schien durch Gletscherabbrüche und / Kaskaden aus Stein / in die Höhe zu führen, weiter hinauf / ein Faden, nur für uns sichtbar / durch ein vertikales Labyrinth / ins Leere. / Unser Weg!“ (Ransymayr, 2022, S. 176) Und weiter: „Alles sind wir bereit zu ertragen, alles, / um endlich dort anzukommen, / von wo wir aufgebrochen sind / vor einer Ewigkeit.“ (Ransymayr 2022, S. 179) Damit kommt sowohl begrifflich als auch inhaltlich das Labyrinth als Symbol zum Ausdruck.

Sprechen. Sprechen und Schreiben über Sprachgewohnheiten. Diese reflektieren und ablegen, neue Worte und Wortverbindungen kreieren, weil Klischees Wiederholungen sind, die keinen Neuwert haben und keine Aufrichtigkeit. Machtverhältnisse, Geschichte und Verbindungen zu dekonstruieren, braucht Zeit und Muße, braucht viele Denk- und Wahrnehmungswege. Sprechen über etwas, das ich nicht selbst erlebt habe, birgt Risiken. Peskoller meint: „Das heißt, ich habe hier einerseits ein großes Defizit, denn ich habe die Erfahrung selbst nicht gemacht, sodass ich in letzter Konsequenz unglaubwürdig bin.“ (Peskoller 2001, S. 191) Unglaubwürdig. Glauben muss ich, wenn ich etwas nicht erlebt habe. Passend ist auch das Wort „überzeugen“, denn wenn ich etwas selbst erlebt habe, bin ich Zeug:in und kann bezeugen.

Kann über etwas gesprochen werden, was nicht der Erfahrung angehört? Phantasien sind Erfahrungen, allerdings keine realen, jedoch für die Person sind beide ebenso wirklich. Sprechen. Sprache. Ich habe das Buch nicht vergessen, in dem ein Mann beschrieben wird, der nicht über den ersten Satz seines Buches hinauskommt, sondern stecken bleibt, weil er seinen Anspruch an Perfektion nicht erfüllt sah. Mir geht es darum, weiterzugehen, weiterzuschreiben. Weiterzuleben.

Der Körper weiß mehr als der Kopf, wie er überlebt, weil er überleben will – wobei ja der Kopf Teil des Körpers ist und es keine wirkliche Trennung zwischen beiden gibt. Sie sind ein Team. Panikattacken sind ein eigenes Thema. Im besten Fall sind Körper und Kopf ein gut eingespieltes und ein sich gegenseitig wertschätzendes Team.

Das Labyrinth ist ein Objekt, das im Laufe der Jahrhunderte vereinnahmt und dessen Gestalt aufgrund veränderter Weltanschauungen und Bewertungen geändert wurde (Chartres Typ u. a.). In seiner Ursprungsform sind vordergründig am Labyrinth keine Genderaspekte zu sehen. Selbst im griechischen Mythos wird davon erzählt, dass Mädchen und Burschen gemeinsam den Labyrinth-Tanz tanzen. Gegenwärtig gibt es reine Männer- und Frauengruppen, die das Labyrinth für sich entdecken, doch das geschieht nicht aus Sexismus, sondern temporär, um Erfahrungen für sich vertiefen und Rollenzuschreibungen aufarbeiten zu können. Und dennoch sind hintergründig patriarchale Denk-Aspekte zu entdecken, weil Raum und Zeit zu Begriffen werden!

Weiters beinhaltet patriarchales Denken einen Geniekult, eine Sehnsucht, jemanden „anzuhimmeln“ bzw. sich zu unterwerfen. Waren es früher Götterväter, Kaiser und religiöse u. a. Führer, in sehr wenigen Fällen weibliche, wurde Genies diese Rolle zugeschrieben, die ihre Macht willkürlich ausleben konnten und auch sollten. Sich mit diesen zu identifizieren, ermöglicht, eigene Machtphantasien auszuleben oder gegen diese zu opponieren. Die Sehnsucht nach einem liebevollen Vater wird psychisch abgespalten, als Feindbild gesehen und im seltensten Fall erfüllt. Wurzeln dieser „Auswüchse“ sind Macht und Machtmissbrauch in allen Formen. *Macht über* bedeutet, andere/anderes zu verletzen.

Das Labyrinth ist demnach beides: Symbol für vorpatriarchales Sein und patriarchales Denken.

Spiegel und Spiegelungen

Spiegel zeigen eine Gestalt der Realität immer seitenverkehrt. Nur wenn ein Tuch über den Spiegel gelegt wird, kann sich nichts spiegeln, auch das Tuch nicht, weil Licht und Abstand fehlen. Leer, wie ein Spiegel, in dem sich nichts spiegelt. Kann ich mir das vorstellen? Leer, wie das Zentrum des Labyrinths leer ist und doch das gesamte Leben in sich trägt. Vielleicht gelange ich, wenn ich im Zentrum bin, an den Rand der Welt. Das kann ich mir vorstellen. Vorstellungen verhindern jedoch Spiegelungen.

Die Welt ist vielfältiger als sie vorgestellt wird. Das zeigen Forschungsberichte. Oft spiegeln die Ergebnisse die Welt der Erforschenden mehr als die des Erforschten. Jede Erkenntnis lässt staunen. Und es braucht viel Kreativität, Fremdes zu verstehen, wie folgendes Beispiel gut zeigt. Everett schreibt: „Dann aber dachte ich, das *hói* für ‚klein' und das *hói* für ‚eins'/‚einer' müssten Homonyme sein. In einer Sprache wie dem Pirahã, die nur über acht Konsonanten, drei Vokale und zwei Töne verfügt, müssten Homonyme häufig vorkommen. Schließlich führten mich die Daten zu dem unausweichlichen Schluss, dass es nur ein einziges *hói* gab, nicht zwei Homonyme, und dass *hói immer* ‚klein' oder ‚wenig' bedeutet, entweder in Bezug auf Quantität (beispielsweise eine kleine Menge Maniokbrei) oder Größe (ein kleiner Mann). Diese Erkenntnis regte Psycholinguisten zu weiteren Studien an, die bestätigten, dass die Pirahã in ihrer Sprache keine Zahlwörter kennen und auch keinen Begriff des Zählens. Dies ist unseres Wissens die einzige Gemeinschaft auf der Welt, die sich entschlossen hat, überhaupt keine Zahlen zu verwenden, nicht einmal die Zahl Eins." Er berichtet weiter: „Häufig werde ich gefragt: ‚Wollen Sie mir etwa weismachen, Pirahã-Mütter wüssten nicht, wie viele Kinder sie haben?' Ja, genau so ist es. Keine Pirahã-Frau kann einem sagen, ob sie ein Kind, drei oder sechs Kinder hat. Aber auch wenn sie nicht die *Anzahl* ihrer Kinder benennen kann, weiß sie ganz bestimmt, wie alle ihre Kinder heißen, wo sie gerade sind und wie es um deren Gesundheit und Sicherheit steht." (Everett 2013, S. 347) Was tun wir mit diesem Wissen? Everett konkretisiert dies: „Die Korrelationen zwischen fehlenden Begriffen und kognitiven Fähigkeiten werfen zudem eine viel umfassendere Frage auf: Was verrät uns die Erforschung des Pirahã darüber, was es heißt, Mensch zu sein?" (ebd., S. 349) Dieser Frage lasse ich nun viel Raum. Damit jede:r Lesende sich auf die Suche nach Antworten machen kann.

Ein weiteres Beispiel für Spiegelung ist für mich dieses: „Die Toleranz der Pirahã zeigt sich nicht nur in ihrer Einstellung gegenüber den Kaoaibógi. Auch die Art und Weise, wie sie Fremden begegnen, lässt Akzeptanz und eine Freude an der Vielfalt erkennen. Liebend gern fragen sie mich, was ich mache, warum ich es mache, ob andere Amerikaner das auch machen und so weiter. Ihre Neugier gibt mir manchmal das Gefühl, von einem Team Anthropologen befragt zu werden. Sie kritisieren nie, sie verurteilen nie, sie schreiben einem nie vor, wie man etwas zu machen habe. Sie genießen es einfach, zu sehen, dass ich und andere Besucher anders sind." (ebd., S. 415)

Ein weiteres konkretes Beispiel: Wissenschaftliche Forschungsergebnisse belegen die folgende Tatsache: „eine überraschend große Zahl der ersten Städte auf unserem Planeten war weit davon entfernt, Klassenunterschiede in Stein zu meißeln. Sie waren in robusten egalitären Strukturen organisiert – ohne Bedarf an autoritären Herrschern, ehrgeizigen Krieger-Politikern oder auch nur herrischen Verwaltern." (Graeber und Wengrow 2022, S. 16) Das bestätigt, dass wir – welches wir? DIE Menschheit gibt es nicht – dass sich Menschen gegenwärtig nicht auf „höherem evolutionären Niveau" befinden als unsere Ahn:innen. „Höchstwahrscheinlich hatten sie genau so heftig wie wir mit den Paradoxen von Sozialordnung und Kreativität zu kämpfen und verstanden sie – wenigstens die Nachdenklichsten unter ihnen – genauso gut, also auch genauso wenig, wie wir. Sie waren sich vielleicht mancher Dinge mehr und anderer weniger bewusst. Sie waren weder unwissende Wilde noch weise Söhne und Töchter der Natur. Sie waren, wie Helena Valero von den Yanomami sagte, einfach nur Menschen, genau wie wir; genauso wahrnehmungsfähig und genauso verwirrt." (ebd., S. 139)

Leben und jeder Text ist ein Spiegel, meint Trinh. „Schreiben bezieht sich notwendigerweise auf Schreiben zurück. Das entsprechende Bild ist das eines Spiegels, der nur die Spiegelbilder anderer Spiegel einfängt. Wenn ich sage ‚ich betrachte mich beim Betrachten meiner selbst', spiele ich/ICH nicht auf die illusorische Beziehung von Subjekt zu Subjekt (oder Objekt) an, sondern auf das Spiel von Spiegeln, welches das reale Subjekt ins Unendliche aufschiebt und die Vorstellung von einem ursprünglichen ‚ICH' untergräbt." (Trinh 2010, S. 58)

Schaue ich in den Spiegel, sehe ich mich seitenverkehrt. Drehe ich mich um, kann ich mein Spiegelbild nicht mehr sehen. Und dennoch, meint Trinh: „Wir bestehen immer noch auf dem Versuch, ein flüchtiges Bild zu fixieren, und suchen unser Leben lang nach etwas, das nicht existiert." (ebd.) Daraus schließt sie: „In diesem dualen Subjekt-Subjekt- oder Subjekt-Objekt-Verhältnis steht der Spiegel symbolisch für eine unverfälschte Sicht der Dinge. Er offenbart mir meine Doppelgängerin, meinen Geist, meine vollkommenen Seiten wie auch meine Makel. Als Instrument der Selbst-Erkenntnis, ein Instrument, in das ich absolutes Vertrauen setze, eignet ihm zudem ein magischer Charakter, der immer schon sein funktionales Wesen überstiegen hat. In der Begegnung von Ich und Ich liegt oftmals eine solche Kraft der Identifikation, dass Realität und Erscheinung zu verschmelzen scheinen, während das Werkzeug selbst unsichtbar wird." (ebd., S. 59) Um diese unverfälschte Sicht der Dinge aufrechterhalten zu können, muss ein Spiegel reingehalten werden. Das ist mit Mühen verbunden, „da wir sie nur allzu gern als Instrumente der Selbstbetrachtung verwenden und dabei das narzisstische Verhältnis von mir zu mir und immer wieder mir aufrecht erhalten.“ (ebd.) Trinh führt weiter aus: „Von Luftspiegelung zu Luftspiegelung verflüchtigt sich das Subjekt/Objekt immer mehr, bis es seine Existenz verliert. Jeder Versuch, es zu ergreifen, läuft auf den Versuch hinaus, einen Spiegel am Spiegeln zu hindern. Es bedeutet, der Leere zu begegnen. Nicht einer vorübergehenden Leere, sondern (die) eine, die immer schon da war, ungeachtet unseres immer währenden Bemühens, sie aus dem Sichtfeld des Bewusstseins zu verbannen.“ (ebd., S. 59–60) So also kann das Labyrinth ein Spiegel in diesem Sinn und in vielerlei anderen sein. Das Labyrinth ist Symbol für Spiegel, Spiegelungen und Multiperspektivität. Das Labyrinth ist Symbol für (die) Welt.

Vor sieben Jahren schrieb ich zum Thema *Das Labyrinth im Irrgarten & Der Irrgarten im Labyrinth* einen Text (Seifried 2015). Jetzt angle ich ein paar Gedanken zu dieser Spiegelungsweise heraus. Ein paar haben angebissen, andere nicht.

Zu Beginn die Frage: Labyrinth – Irrgarten: Was verbindet die beiden? Was trennt sie? Die Erfahrung der Stille ist für viele (im Sitzen, im Stehen, im Liegen) nicht auszuhalten. Darum bewegen sie sich. Verirren. Was ist das? Zulassen, dass sich im Labyrinth Raum und Zeit auflösen, wie in einer Meditation? Zurückkommen in eine Welt mit Raum und Zeit und Fragen, um Erkenntnis zu entwickeln, die möglicherweise mit Selbsterkenntnis einhergeht. Angst und begleitende Zweifel machen darauf aufmerksam, dass im Augenblick zu wenig Selbstvertrauen vorhanden sind. Eigentlich eine sehr nette Geste von den beiden.

Es ist der Irrgarten, in dem Fragewörter wachsen. Haben Fragestellungen mit erlebten Kränkungen zu tun? Sie zielen in unterschiedliche Richtungen: Warum? Wieso? Weshalb? Wie? Wer? Wo? Woher? Wohin? Was? Wann? Wen?

Von Fragen überschwemmt werden und im Meer der unbeantworteten Fragen untergehen, ertrinken, diese Welt verlassen. Wer will so sterben? Um das zu vermeiden, werden Fragen vermieden. Nicht alle Fragen können beantworten werden. Wäre eine Welt mit Antworten auf jede Frage die irdische Hölle der Langeweile? An einer Frage festhalten und ein Leben lang darauf die Antwort suchen, hält am Leben. Auch eine Möglichkeit, nicht in und an der Leere zu verzweifeln, sind Widerspruch, Ablehnung, Auflehnung, Ankämpfen und Vernichtung. Auf jede Frage eine vereinfachende und damit möglicherweise falsche Antwort zu haben, ist vielen lieber als keine zu haben, weil jede Antwort Sicherheit oder zumindest Orientierung gibt.

Zweifel verunsichert. Das Wort *zweifeln* ist laut Duden vom Zweifel (gotisch *Zweifls* und althochdeutsch zwival) abgeleitet. Der Zweifel setzt sich zusammen aus der Kompositionsform *twi*, „zwei", und dem Suffix *falt*, das etymologisch mit dem heutigen Wort *Falte* gleichzusetzen ist. Dies führt zur Wortbedeutung *zwiespältig*.

Achtung Falle! Sehen Sie, wie einfach aus der Falte eine Spalte wird! Das Wort *einfältig* kennen wir. Einfältigkeit wird Menschen zugeschrieben, denen keine komplexe Denkfähigkeit oder Persönlichkeitsstruktur zugetraut wird.

Nehmen Sie ein Blatt Papier oder ein Stück Stoff und falten Sie es. Was passiert? Welche Verwandlung findet statt? Mit der Faltung entstehen ein sichtbarer und ein unsichtbarer Teil. Zwei Innen- und zwei Außenseiten. Das nochmals zum Wort *Vielfalt*, das bereits bei der Ein-Stimmung Thema war.

Jetzt wieder zum Wort *zweifeln*. Ich beginne zu zweifeln und schon habe ich ein Pro und ein Kontra in der Welt der Dualität und Binarität! Aufgrund meiner Über-Legungen liegt damit logisch auf der Hand, dass im so genannten Paradies schon die Dualität herrschte, denn es gab Adam und Eva sowie den Baum des Lebens und den Baum der Erkenntnis. Der biblischen Entscheidung Evas ging eine andere voraus. Ob ich nun vom Baum der Erkenntnis den Apfel pflücke oder nicht, ist ebenso ausschlaggebend wie meine Entscheidung, ob ich nicht doch den Apfel des Lebens nehme. Der Apfel des Lebens bedeutet Unsterblichkeit! Vielen Männern tut es leid, dass sich Eva für die Erkenntnis entschied und Adam ihr brav folgte. Von sich aus – aber er hat eben nicht eigenständig gewählt! – hätte er wohl lieber den anderen Apfel gepflückt. Zu spät! Jetzt zu jammern hilft nichts. Diese Art Mann jammert aber nicht nur, er vernichtet Frauen auf vielfältigste Weise. So kam Femizid in die Welt. Er reflektiert seinen Ärger nicht, er projiziert ihn auf Frauen. Er wollte ja nie wissen! Er will nur unsterblich sein. So sehe ich das. Zweifeln Sie an meiner Wahrheit? Sie suchen doch nicht die Einheitlichkeit! Oder doch? Suchen Sie nach eigenen Glaubenssätzen. Wie wirkt dieser oder jener Gedanke? Das kann jede/r an sich selbst erforschen. Der Hausputz des Geistes – was gehört entsorgt bzw. gereinigt? – kann beginnen!

Vielleicht ist ein Vergleich hilfreich? Die Glaubenssätze der Huna, zusammengefasst, lauten so (Ulmer-Janes 2000):

> Die Welt ist, wofür ich sie halte.
> Es gibt keine Grenzen.
> Energie folgt der Aufmerksamkeit.
> Jetzt ist der Augenblick der Macht.
> Lieben heißt, glücklich sein mit ...
> Alle Macht kommt von innen.
> Wirksamkeit ist das Maß der Wahrheit.

Glaubenssätze hat jede:r, ob bewusst oder unbewusst. Jene, die die Paradiesgeschichte aufschrieben, hatten auch Dramaturgie-Talent für Storytelling. Diese Person/en erscheinen mir gegenwärtigen Politikberater:innen ebenbürtig zu sein: Immer sind es die Anderen, die schuld sind. Einsicht scheint für zu viele politische Täter:innen ein Wort unbekannter Bedeutung und auch keine Erfahrung zu sein. Sie sind auf ihrem Weg einmal falsch abgezweigt. Doch das garantiert nicht, dass sie ein andermal eine Abzweigung nehmen, die sie zu ihrem Gewissen führt.

Ein Irrgarten ist traditionell aus Hecken gepflanzt, die eine lebendige hohe Mauer bilden, die undurchdringlich ist. Ein Labyrinth ist traditionell mit knöchelhohen Steinen oder Pflanzen als Grenzlinien gestaltet, was Übersteigen einfach macht. Ich spreche immer von zweidimensional angelegten Labyrinth- und Irrgarten-Strukturen.

Der Irrgarten hat sich verzweigende Wege. Diese zwingen zu Entscheidungen: Gehe ich links oder rechts weiter? Zwingen sie wirklich? Ein Till Eulenspiegel, eine Pippi Langstrumpf würden sich nie zwingen lassen. Würden sie lachend einfach weitergehen, ohne sich viele Gedanken darüber zu machen?

Ein Weg, der ein Ende hat, wird im Deutschen als *Sackgasse* bezeichnet, im Englischen *dead end* genannt. Am Ende der Sackgasse gibt es einen Wendeplatz, der auch als *Wendehammer* bezeichnet wird. Damit assoziiere ich Axt und Doppelaxt. Ich weiß um die Unterschiede der beiden Begriffe. Es wäre zu schön gewesen, würde ich auf diese Weise Ariadne am Ende der Sackgasse finden.

Im Spätmittelalter wurde die Sackgasse unter anderem als *Kehrwiedergasse* bezeichnet. Kehrwiedergasse. Das klingt schön in meinen Ohren. Somit hat ein Irrgarten viele Kehrwiedergassen. Das hat für mich etwas mit Heimatgefühl zu tun – das gänzliche Gegenteil zum Verloren-Sein-Gefühl! Wenn am Ende jeder *Dead-end-Gasse* der Tod steht, dann sind ja Irrgartengeher:innen spezielle Kenner:innen von Todbegegnungen. Respekt! Wenn *dead end* durch *Sackgasse* ersetzt wird, klingt das anschaulicher und gefällt vielleicht besser. Ein Sack hat nur eine Öffnung. So gesehen ist das Labyrinth eine Sackgasse. Anders betrachtet ist ein Irrgarten voller Labyrinthe!

Welche Konsequenz diese Sichtweise hat? Ludwig Wittgenstein kommt mir in den Sinn. Er meinte: „Die Arbeit an der Philosophie ist – wie die in der Architektur – mehr die Arbeit an einem selbst. An der eigenen Auffassung. Daran, wie Dinge gesehen werden bzw. was von ihnen verlangt wird." (Wittgenstein 1989, S. 26)

Oft finden sich in Irrgärten im Zentrum Aussichtsplattformen oder Brunnen u. a. Ursprünglich ist das Zentrum des Labyrinths leer.

Leere verfügt über Potenzial.

Traumwelt
aus dir
schöpfe ich Wunder
gieße sie aus
ins Meer der Angst
in den Strom des Zweifels
und in die Wüste der Trostlosigkeit
aus dir
schöpfe ich Wunder
belebe durch sie
die Gärten Vernunft und Verstand
mit all meiner Liebe

Leere verfügt nicht nur in der Traumwelt über Potenzial, auch in der Alltagswelt. Aus ihr wachsen auch Fragen: In welcher Situation macht Fehlermachen machtlos? In welcher Situation führen Fehler erst zum Ziel? „Die Geschichte aller Zeiten hat gelehrt", so Louise Otto-Peters in der Frauen-Zeitung Leipzig 1849, „dass diejenigen, welche selbst an ihr Recht zu denken vergaßen, auch vergessen wurden." Das ist eine klare, eindeutige, direkte Aussage. Sie trifft wie ein Pfeil ins schwarze Zentrum. Das hat eine Ästhetik, das ist auch Ästhetik.

Ein anderes Wortspiel und ein ebenso treffender Satz, dessen Autor:in ich nicht recherchieren konnte, ist: „Wäre ich nicht zum Grunde gegangen, wäre ich zugrunde gegangen". Diese Aussage passt in die Gegenwart in Bezug auf den Klimawandel, gegen den viele etwas unternehmen und viele andere weitermachen wie bisher, weil ihnen im Moment Geld und Bequemlichkeit wichtiger sind als alles andere, was sie daran hindert, Gründe zu erkunden.

Ein Irrgarten besteht also aus vielen Kehrwiedergassen, ein Labyrinth aus einer Kehrwiedergasse. Ich gehe in die systemische Welt und wieder heraus. Ich gehe in die schamanistische Welt und wieder heraus. Ich gehe in die Welt der digitalen Kommunikationsgesellschaft und wieder heraus. Ich gehe in die geozentrische, marxistische, kapitalistische, materialistische, esoterische etc. etc. Welt und wieder heraus. Und dann? Wann erreiche ich das Zentrum? Und: Was ist das Zentrum? Was ist jetzt für mich ein Zentrum? „Eine Erkenntnis von heute kann die Tochter eines Irrtums von gestern sein", meinte Marie von Ebner-Eschenbach. Doris Lessing forderte: „Denk falsch, wenn du magst, aber denk um Gottes willen für dich selber." Was teilt eine Sackgasse anderes mit als: „Hier geht es nicht weiter!" Warum wird dieses „Nein, hier geht es (für dich) nicht weiter!" zumeist als ärgerlich, frustrierend, kränkend erlebt?

Was ermöglicht eine Sackgasse? Was verhindert eine Sackgasse? Schließen wir diese Diskussion über Weg und Ziel mit dem Sprichwort ab: „Auch ein blindes Huhn findet irgendwann ein Korn."

Es wäre eine zu abstrakte lebensferne Diskussion, würde der Schmerz nicht erwähnt werden. Die Wirren des Lebens sind nicht nur unangenehm, sehr schmerzhaft, sie sind manchmal auch tödlich. Leben ist fragil! Was motiviert bzw. hält davon ab, sich in einen Irrgarten oder ein Labyrinth zu begeben? Das Un/Wissen, das auf dem Weg / in der Mitte ist und grundsätzliche Freude/Angst am Suchen, Finden und Entdecken. Analogien, sich ins Leben mehr oder weniger einzulassen. Es fällt nicht leicht, Gewissheiten loszulassen und sich dem Leben zu überlassen. Ja, das ist die Kunst zu wandeln, sich wandeln zu lassen. Kunst kommt von Können und das bedeutet, etwas immer wieder zu wiederholen, bis es gelingt. Das betrifft einen Felge-Aufschwung ebenso wie Bilanzen lesen zu können und eben auch: Entscheidungen zu treffen bzw. diese vom Leben treffen zu lassen.

Die Autorin Margaret Atwood zitiert in einem Ö1-Interview 2010 Jorge Luis Borges mit den Worten: „Die Zukunft ist ein Labyrinth mit unendlich vielen Abzweigungen und keine davon ist unvermeidlich." Das lässt mich wiederum an ein Labyrinth denken.

Rafik Schami schreibt über sein Gefühl, sowohl im Labyrinth als auch im Irrgarten zu sein: „In meinem Labyrinth werde ich oft von einer Fata Morgana heimgesucht, die die unbesiegbare und allgegenwärtige Herrscherin in meinem Irrgarten ist. Sie ist in jedem Regentropfen, in jedem nach Kardamom duftenden Kaffee, in jedem Windhauch und blauen Himmel, in jedem Telefongespräch mit Damaskus, und sie meldet sich sofort, wenn ich mit ihr nicht mehr rechne. Die Fata Morgana meines Labyrinths heißt ‚Ausgang'. Und sie rückt manchmal so nahe, dass ich Damaskus fast sehe. So viel Sehnsucht erweckt sie, und genau so viel Bitterkeit lässt sie zurück, wenn der Weg in eine Sackgasse, einen anderen endlosen Gang dieses gewaltigen undurchdringlichen Labyrinths mündet. Nachdem ich alle Hürden bis zu meinem Exil ein für alle Mal überwunden habe, renne ich immer noch im Labyrinth des Exils umher, habe oft das Gefühl, einzelne Hürden hinter mir zu haben, die sich mir unversehens und jederzeit in einem der vielen Gänge aufs Neue in den Weg stellen können." (Schami 2014)

Exilerfahrung hatte auch Rose Ausländer. „Wäre ich nur ich, wie einfach wäre alles. Aber ich bin auch jedes mögliche Du und Er und Sie. Ich habe mich nicht in der Hand. Die Hand reicht mich weiter, wem weiß ich nicht immer ..." (Braun und Ausländer 1984, S. 185)

Kehren wir wieder an den Beginn zurück, an den Ausgangspunkt, den Ursprung. In allen Kulturen der Welt finden sich Mythen, die Arten und Weisen von Lebensbewältigung, über das Austragen von äußeren und inneren Konflikten erzählen und damit die Gesellschaft und ihre Themen spiegeln. Werden diese Mythen mit zeitgenössischen Realitäten verglichen, zeigen sich Unterschiede und Übereinstimmungen.

Die Entwicklung vom Kollektiv zum Individuum und weiter zum Kollektiv – allerdings mit der zusätzlichen Erfahrungsqualität, der Weisheit hunderter Generationen, ist keine lineare. Ich vermute: Das Ich bildet sich über das Ego und dieses wird durch Heilung und Liebe transformiert. „Liebe ist ein Kind der Freiheit", betitelte der Paar-Psychotherapeut Michael Lukas Möller eines seiner Bücher. Das Paradoxon von Wollen und Freilassen kann seine Auflösung, sein Ineinander-Fallen finden. So wie es auch paradox ist, dass die schwächste Person die stärkste sein kann, indem sie mit ihren Ängsten bzw. Schwächen Handlungen in ihrem Sinne bewirkt. Ich habe das Gefühl, dass Vertrauen im Vertrauen wurzelt, und Sesshaftigkeit in der Bewegung möglich ist, was ebenso paradox wäre, wenn es so ist. Freiheit ist für mich der Gegenpol zur Vernichtung.

Ist der Irrgarten ein Symbol für Frieden? Ist es das Labyrinth? Auf dem Weg zum Frieden liegen die Auseinandersetzungen mit Themen wie Gehorsam, innere/äußere Tyrannen, Gesellschaftszwänge, Versuchung, Kampf um die Freiheit, Macht und Kontrolle. Angst ist mit dem Ego aufs Engste verbunden. Das Ego kann Sicherheit nur vortäuschen, nicht aber wirklich geben. Liebe ist Leere. So erlebe ich sie. Sie ist ein Denken und Fühlen des Nichts. Freiheit kann erworben, gelernt werden. Dieser Lehrpfad ist allerdings kein linearer. Und damit kommen wir wieder auf das Labyrinthische zurück. Aus Erfahrung kennen wir die Phasen des Erkennens, Wieder-Verlierens, des Näherkommens des Zieles und der Entfernung desselben, ehe dieses tatsächlich erreicht wird. Wo die Freiheit auf das Leben trifft oder den Tod, werden Leben und Tod zur Freiheit. Fast unauffällig haben wir mit Alexandra David-Néel den Bereich *Wissen* verlassen und sind übergewechselt zur *Weisheit*. Was ist unter Weisheit zu verstehen? Ebner-Eschenbach formuliert es anders als Rose Ausländer, doch meint sie dasselbe: „Die verstehen sehr wenig, die nur das verstehen, was sich erklären lässt."

Ein Sprichwort ist ein kurzer Satz, der sich auf lange Erfahrung gründet. Hier ein paar Beispiele, die sich auf Irrgarten und/oder Labyrinth beziehen: „Wenn du den Weg verlierst, lernst du ihn kennen." (Tuareg) „Nur im Vorwärtsgehen gelangst du ans Ende der Reise." (Ovambo) „Wer innehält, erhält von innen Halt." (Lao Tse) Jede Zeit, jede Kultur hat ihre eigene Weisheit. Es gibt allgemein menschliche Erkenntnisse, die in unterschiedlichen Bildern ausgedrückt werden. „Die langweiligste Verbindung zwischen zwei Punkten ist eine Gerade", ist eine australische Weisheit.

Das Labyrinth gespiegelt im Irrgarten, der Irrgarten gespiegelt im Labyrinth. Vieles wurde im Laufe der Zeit in sein Gegenteil verkehrt. Religionen predig(t)en Frieden und begannen/beginnen dennoch Kriege. Früher beteten katholische Priester bei der Taufe: „Das Salz der Weisheit möge dich begleiten!" (Hocquet 1993) Im Kontrast dazu bedeutet in Finnland Hexe wörtlich „Eine, die das Salz verflucht." (Bergier 1989) Tatsächlich verzichten auch heute noch Schaman:innen bzw. Teilnehmer:innen an Initiationsriten mehrere Tage oder auch Wochen gänzlich auf Salz (Narby 2001). So lässt sich auch am Salz der Anspruch der katholischen Kirche gegenüber Andersgläubigen symbolisch und realpolitisch ablesen. Ein wichtiger Aspekt von Salz ist: Mit der Sesshaftigkeit kam die Notwendigkeit von Salzhandel, weil Salz lebensnotwendig ist.

Verändertes Wissen. Nach neuen Wahrheiten suchen. Weiter frohgemut und frisch gewagt tiefer in den Irrgarten, wenn Sie sich nicht bereits in einem mentalen Labyrinth befinden. Paul Watzlawick schreibt auf das Labyrinth Bezug nehmend: „Das Labyrinth drückt den Irrtum aus, dass man durch Suchen die Wirklichkeit finden kann. Es ist umgekehrt: ‚Das Suchen macht das Finden unmöglich.' Sobald wir das erkennen, haben wir gefunden, was wir suchen: So werden wir auch mit dem Minotaurus fertig, der im Labyrinth auf seine Opfer lauert. Der einzige mögliche Theseus-Sieg über ihn ist die Erleuchtung, von der etwa Zen-Buddhismus spricht, wenn er sagt: ‚Nach Hause kommen und sich ausruhen.' Ähnliches ist zu sagen, wenn wir den Minotaurus als Verkörperung des jederzeit auf uns lauernden Todes betrachten: Nicht der Tod ist das Problem, sondern das Am-Leben-festhalten-Wollen. Wenn ich sterbend von dem Gefühl durchdrungen bin. ‚Ich sterbe – aber es stimmt', dann hat der Tod keinen Schrecken mehr, dann ist er das Durchschreiten einer der vielversprechenden Türen des magischen Theaters." (Watzlawick 1987)

Der Dalai Lama schrieb aus seiner östlichen Kultur heraus und offenbar im Sinne der Pirahã (Everett 2013, S. 415): „Ich denke, dass der Sinn des Lebens darin besteht, glücklich zu sein." (Bstan-vdzin-rgya-mtsho und Hopkins 2003) Das klingt einfach und überzeugend und doch ist Glück eine komplexe und verirrungsreiche Erfahrung. Eine Qualität von Glück ist, im Supermarkt alles kaufen zu können, von Milch und Brot über Äpfel bis zu Brokkoli. Eine andere Glückserfahrung ist, Äpfel reifen zu sehen und dann vom Baum zu pflücken und Brot selbst zu backen. Die Verbindungen sind unterschiedlich und damit auch die Beziehungen. Herausforderungen der Gegenwart. „Selbst-geerdet-Sein" spürt sich in und mit Natur anders an als in einer Millionenstadt und bringt andere Gedanken hervor.

Gedanken sind mächtig, sie haben Wirkkraft. Virginia Woolf formuliert: „Den Frieden in die Wirklichkeit denken." Ja. Doch Denken ist meiner Erfahrung nach zu wenig, um Frieden zu leben bzw. zu schaffen. Friede beginnt mit Freundlichkeit. Es sind Gefühle und Emotionen, die Unruhe, Unfrieden und im schlimmsten Fall Krieg und Mord in die Welt bringen. Es sind Gefühle, wenn sie erforscht werden, die Wegweiser zum Frieden sind. Oft ist es ein Satz, der viel auslöst. Womit bringe ich Unfrieden in die Welt? Und ist wirklich immer die Wahrheit zumutbar? Jedenfalls bin ich mir bewusst, wenn ich einer Person meine Wahrheit zumute, dass dies zu Überforderung, Feindschaft und Totschlag führen kann. Es gibt wohl keine allgemeine Wahrheit. Es sind die vielen Lebenserfahrungen, die unsere Denk- und Gefühlswelt bilden und uns danach handeln lassen. Für mich sind diese Fragen wichtig: Wie lernfähig bin ich und will ich wissen? bzw. ist die Person, mit der ich kommuniziere, lernfähig und will sie wissen? Es hängt auch von mir ab, welche Bedeutung ich einer Situation zuschreibe, weil dies Konsequenzen hat. Ebenso relevant ist die Frage: Welches Verhalten wird strukturell gefördert bzw. verhindert?

Blicke in den Spiegel. Spiegelblicke. Zu-Sätze. Für mich symbolisiert die Irrgarten-Struktur die Alltagswirklichkeit mit Fragen, Irritationen, Entscheidungen, Konsequenzen. Die Labyrinth-Struktur symbolisiert für mich die nicht alltägliche Wirklichkeit, denn sie versetzt mit ihrem Weg-Rhythmus in eine spezielle Schwingung. Das Labyrinth gibt den Rhythmus vor und die Gehenden schwingen in Resonanz. Sie können gleichsam widerstandsfrei und willenlos durch Raum und Zeit fließen. Wenn sich doch Widerstände mit dem Gefühl der Des-Orientierung zeigen, so ist das ein Ausdruck, eine Spiegelung alltäglichen Seins, einer Unsicherheit, einer dünnen (Selbst-)Vertrauens-Fadenstelle. Denn Faden ist nicht gleich Faden und Vertrauen ist nicht gleich Vertrauen. Jede Stelle, jeder Punkt, jeder Moment hat seine eigene Qualität. Damit thematisieren sich Gegenwärtigkeit und Gegenwärtig-Sein.

Irrgarten- und Labyrinth-Erfahrungen sind meines Wissens und meiner Erfahrung nach keine dualen Gegensätze. Sie überlagern sich schichtweise und ergeben zusammen eines bzw. ein Drittes, je nach Sichtweise.

Wurde früher die Frage gestellt: Was war zuerst, Ei oder Henne? wurde diese 2023 wissenschaftlich belegbar beantwortet. Die Fortpflanzung ist zum einen flexibler als gedacht und: „Bei vielen Tierarten wechselten sich Phasen, in denen sie Eier legten, mit Phasen ab, in denen sie ihren Nachwuchs lebend gebaren. Und zum anderen: Die frühesten Reptilien, Vögel und Säugetiere brachten lebende Junge zur Welt.“

Gewissheiten können nicht auf ihre Wahrheit hin überprüft werden und sind doch Bedingungen, um erkennen zu können. Der Irrgarten ist ein Irrgarten. Das Labyrinth ist ein Labyrinth. Vom Blickwinkel der Struktur gesehen, ist das so. Erfahrungsberichte erzählen vom Verirren im Labyrinth und vom Gehen ohne zu irren im Irrgarten. „Das Labyrinth im Irrgarten & der Irrgarten im Labyrinth“ bedeutet: Unterschiede schließen einander nicht aus. Darin liegt meine Erklärung, warum ein Faden, der nicht notwendig ist, im Labyrinth notwendig ist, um zum Ausgangspunkt zurückzukommen. Durch Bemühungen oder durch Zufall. Allerdings sehe ich im Irrgarten das Potenzial einer Hierarchie: Wer erreicht als erste:r das Zentrum? Wer gewinnt? Wer verliert, weil das Zentrum nie gefunden wird und Hilfe nötig ist, wieder herauszukommen? Wer kennt den Weg? Wer kennt den Weg zum Zentrum nicht? Hier kann ein Besser und Schlechter, Schneller und Langsamer, Wissen und Nichtwissen entstehen. Im Labyrinth gibt es keine derartigen Bewertungen. Wertigkeiten und deren Grund und Bedeutung werden bei Entscheidungen als relevant eingestuft. Wenn es keine äußeren gibt, kann es dennoch innere geben.

In den Frieden des Labyrinths bringen Griechen im Mythos von Theseus und Ariadne Mord. Der Weg des Friedens, der der Weg durch das Labyrinth ist, wird zum Weg des Krieges. Der Mord gilt dem Gatten der Fruchtbarkeitsgöttin, in Gestalt von Minotaurus. Er steht für das Archaische, die vorgriechische Kultur. Er/es muss getötet werden. Mit dieser Symbolsetzung und Mythenmanipulation geht es nicht mehr um innerliche Transformation (darunter verstehe ich eine Veränderung des Seins, ohne Entwicklungsstufen und Wertigkeiten) Richtung Frieden, sondern um Kampf im Außen.

Der längste Weg: Der Weg zum Frieden. Nur einen Schritt ist dieser entfernt (labyrinthischer Quantensprung). Meist führt nur ein maximaler Umweg (Ariadnes Weg), der erstaunliche Erfahrungen mit sich bringt, dahin. Was alles in diesem einen Schritt liegt, ist ungewiss. Denn welche Bedeutung der Quantität an Weg gegeben wird, ist Entscheidungssache. Der kleine Prinz fragt nach der Qualität des Lebens, wenn es den Weg zum Brunnen nicht mehr braucht, weil eine Pille zur Verfügung steht, um den Durst zu stillen. Künstliche Intelligenz vermittelt in Sekundenschnelle Wissen, ohne die Erfahrungen, in Bibliotheken zu suchen, Nichtgesuchtes zu entdecken, menschliche Begegnungen zu erleben u. v. a. m. Viel Wissen mit wenig Erfahrungen, damit müssen wir Menschen gegenwärtig lernen, umzugehen. Vielleicht auf labyrinthischem Weg oder innerhalb eines Kugeluniversums, in dem alle mit allen verbunden sind.

Das Labyrinth birgt in sich Des-Orientierung und bringt ebenso ein umfangreiches Orientierungs- und Informationsangebot.

Ein Konzept ist ein Konzept. Das Konzept *Fehler* und seine negativen Konsequenzen könnte neutralisiert werden, indem Erfahrungen als Erfahrungen angenommen werden und daraus Nicht-Erfahrungen folgen. Auch der Begriff *Zentrum des Labyrinths* ist zu hinterfragen, wie jedes andere Konzept auch. Jede Stelle im Labyrinth kann als zentral angesehen werden, auch wenn sie nicht das geometrische Zentrum ist. Am Ende des Weges zu stehen kann sich anfühlen wie am Ende des Lebens zu sein und ermöglicht, wie immer und überall, Kontakt mit dem Nichtalltäglichen aufzunehmen. Das Labyrinth ist somit ein Symbol für Spiegelungen.

Das alles nun und vielleicht noch mehr, bedeutet für mich: Die Kunst zu wandeln. Das Labyrinth und der Irrgarten sind Symbol für Eigenmächtigkeit und Hilflosigkeit. Wie der Weg begangen wird, ist immer selbstbestimmt. Die Wegführung ist immer vorgegeben, was aus einer Hilflosigkeit heraus als Kontrollverlust erlebt werden kann. Diese kann durch eigenmächtige Grenzüberschreitungen aufgelöst werden. Das Labyrinth ist ein Symbol für Frieden, weil es nichts zu erkämpfen gibt.

Studie 4: Dimensionen der Erweiterung

Höhe

Wieder komme ich auf Berge zu sprechen. Menschliche Körper haben eine Grenze, ab der sie Energie verlieren und nicht mehr ausgleichen können. Als Todeszone wird die Höhe jenseits von 7500 Meter bezeichnet. Peskoller hat eine Kulturgeschichte der Höhe geschrieben. Sie meint: „Die Bezeichnung weist auf den Übergang von einem Diesseits in ein Jenseits hin. Neben Glück und Können bedarf es im Wechsel einer Kunst der Berührung. Sie besteht darin, in Grenznähe zutiefst mit dem Wissen vertraut zu sein, dass das Diesseits ein Gemenge ist – Himmel und Hölle zugleich. Das Überschreiten der Todeszone bleibt ein Vergehen. Extreme vergehen sich gegen die Vernunft. Während sie unerbittlich auf den Körper setzen, erfährt dieser rasch und unaufhaltsam seinen Abbau. Trotzdem und gerade deshalb schiebt man sich gipfelwärts. Jedes Zögern erhöht die Gefahr. Die Unterscheidbarkeit in Diesseits und Jenseits weicht einem Zustand der Indifferenz.“ (Peskoller 2001, S. 233)

Der Zeitpunkt des Beginns einer Bergtour wird als „Aufbruch“ bezeichnet. Etwas bricht. Der Zeitpunkt des Beginns einer Labyrinth-Begehung wird als „Hineingehen“ bezeichnet. Im Labyrinth gibt es keine Höhe, außer der eigenen Körpergröße.

Grenzüberschreitungen bedeuten ein Abkommen vom Weg. Grenzenlosigkeit kennt keine Grenzen. Doch dieses Wort entstammt nicht der Wirklichkeit, sondern einer Vorstellung und Ideologie. Sie hat katastrophale Auswirkungen, wie der gegenwärtige Klimawandel zeigt. Die Erde und ihre Ressourcen sind begrenzt. Oft genug war es auch der Verstand von Entscheidungsträger:innen. Erfahrungen sind Lernchancen. So wird ein Rückblick zum Blick nach vorne – wichtiger als Blicke sind Einsichten.

Was sinnvoll, was sinnlos ist, ist offenkundig und doch auch nicht immer gegenwärtig. „Ich habe herausgefunden, dass es Sinn letztlich nur in einem gibt: im sinnlichen Umgang mit den Dingen. Im Tun selbst also erübrigt sich die Sinnfrage. Ein konstruierter Sinn würde gerade im Extrem nicht halten. Der würde bei der ersten großen Schwierigkeit und inmitten der Angst, die auftaucht, in sich zusammenkrachen." (Peskoller 2001, S. 198). Sinnlicher Umgang mit Dingen und, so füge ich hinzu, sinnlicher Umgang mit sich. Um Umgehen zu lernen, bietet sich das Labyrinth offen an. Peter Humer fragt Helga Peskoller im Interview, ob es überhaupt einen Endpunkt gibt. Sie antwortet: „Der Gipfel ist ein Endpunkt. Das Ende der Materie, ein Ende der Erde, das macht es so interessant, über den Gipfel nachzudenken, auch philosophisch. Es gibt auch sonst noch Endpunkte, die sich meist als Übergänge herausstellen." (ebd., S. 199) Der Gipfel ist ein Endpunkt für ein Höhersteigen, wie der Weg im Labyrinth eine Sackgasse auf der Ebene ist. Dieser Moment mag viele Namen haben. Es ist der Körper, der die Antwort weiß und gibt: Er wendet sich, weil er weitergehen will. Jeder Endpunkt kann auch ein Wendepunkt sein. Wann ist er kein Wendepunkt? Wendepunkte gibt es viele, noch lange vor dem Ende. Wie Peskoller von den Bergen schreibt, so schreibe ich, sind Endpunkte auch im Labyrinth Übergänge. Das Ende, das auch ein Anfang ist, macht es so interessant, über das Labyrinth-Zentrum zu philosophieren und Erfahrungen zu machen. Mir kommen diese Fragen in den Sinn: Führt der Weg im Labyrinth auch ans Ende der Materie? Wird mit dem Zentrum auch etwas Immaterielles erreicht?

Eine Erweiterung der Höhendimension geschieht, wenn ich auf den Schultern einer Person sitze. So kann ich von einer Metaebene aus, mit neuen Perspektiven, wahrnehmen und erleben. Manchem gebe ich dieselben Bedeutungen wie als Gehende, manchem eine andere und neue. Den Anfang im Schluss erkennen und umgekehrt, weil alles in jedem Schritt auf dem Weg enthalten ist. Frieden und Freiheit in allen Wegzwängen zu sehen, ist nur auf dieser Metaebene, ohne das alltägliche Raum-

Zeit-Kontinuum, für mich wahrzunehmen. Auf Schultern sitzend bin ich indirekt mit dem Boden verbunden. Nicht abgehoben wie in einem Heißluftballon. Mir ist wichtig, die Bodenhaftung nicht zu verlieren. Mir ist wichtig, nicht so weit zu abstrahieren, dass Bedachtes dabei vernichtet und ausgelöscht wird. Diese Wichtigkeit ergibt sich für mich aus den Konsequenzen bisheriger patriarchaler Wissenschaft. Es geht für mich nicht darum, etwas zu „bewältigen", was etymologisch Gewalt inkludiert, sondern einer Herausforderung „gewachsen" zu sein. Und wenn ich ihr (noch) nicht gewachsen bin, dann ist das so und kann nicht erzwungen werden, weil Leben nicht machbar ist. Doch ich kann weitergehen.

Tiefe

Die Weltrekordhalterin im Eistauchen Johanna Nordblad sagt in einem Interview: „Ich habe begonnen, nach eigenen Methoden zu trainieren, bin 20 Minuten so langsam geschwommen, wie es nur ging. Um den Kopf freizubekommen für Ideen." Damit spricht sie eine Temporeduzierung zum normalen bzw. alltäglichen Tauchen und dessen Auswirkungen an. Ihre Erfahrung ist: „30 Sekunden verändern deine Wahrnehmung komplett. Das Eisloch ist ein Tor zu einem schönen, ruhigen Ort, wo die Zeit stillsteht. Du kommst in einen meditativen Zustand, ohne zu meditieren." Jeder Rekordversuch ist Ausdruck, ein Ziel erreichen zu wollen. „Wenn ich mir schon am Morgen gedacht hätte, ich muss heute 103 Meter tauchen, dann hätte ich es nie geschafft. Du kannst nichts vorher planen, du musst im Moment entscheiden." (Nordblad 2022) Ich sehe in diesem Zitat sowohl ein Beispiel für absichtslose Absicht als auch die Zusammenhänge zwischen Eistauchen und einer Labyrinth-Begehung darin, dass Alltagsgedanken reduziert werden, der Körper nichtalltägliche Erfahrungen macht und das Thema *Ziel* einen anderen Stellenwert bekommt.

Elastizität

Bei der Bewegung durch das Labyrinth leiten und führen die gegenwärtigen Ränder, ohne sich zu bewegen. Ich stelle mir die Labyrinth-Grenzen in Kniehöhe als Gummibänder vor. Ich kann den Weg verlassen, spüre einen sanften Widerstand und kann dieses Band, die Grenzen dehnen, soweit ich mag. Ich kann dem sanften Druck nachgeben und wieder zum ursprünglichen Weg zurückkehren. In der materiellen Welt sind die Grenzen nie so elastisch wie in meiner Phantasiewelt. In meiner Vorstellung ist alles elastisch, sodass sich auch der Eingang verbiegen und überall zum Ausgang werden kann. Welch Potenzial! Welch Freiheit!

Labyrinth-Begehungen bzw. Durchtanzen als Performance, als künstlerischen Akt, gibt es auch. Diesen Aspekt und jenen der Bewegungsanalyse, der Morphologie, werde ich nicht weiterverfolgen. Ich erinnere einen Satz und möchte ihn unbedingt hier einfügen: „Besonders die Füße scheinen labyrinthisch verbunden zu sein mit Herz und Eingeweiden.“ (Peskoller 1988, S. 45)

Mit jedem Schritt tragen die Füße zur Veränderung bei. Der erste Schritt eines Weges ist manchmal der schwierigste. Karl Kraus drückt es so aus: „Nach Ägypten wär's ja nicht weit, aber bis man zum Südbahnhof kommt ...“

Zeit und Raum verändern sich mit jedem Schritt und ich mich ebenso. Veränderung ist möglich. Sie ist sehr schwierig, wenn Synapsen-Verbindungen seit Kindertagen immer wieder automatisch vertraute Bahnen nehmen. Das Labyrinth bewirkt, so seinem Weg gefolgt wird, eine Veränderung, sanft und oft unmerklich, manchmal heftig und nicht zu ignorieren. Diese kann, so kein Widerstand dagegen aufkommt, zu geistigem Wachsein, zu neuem Bewusstsein führen. Das verändert Körperhaltung und Gangart, die sich neu anfühlen und im Weitergehen zu neuen Wörtern, Sätzen, zu neuem Denken und einer neuen Sprache führen, die sich immer mehr von gesellschaftlichen Normen löst. So verändert sich Wirklichkeit. Das Labyrinth kann so zu einer Struktur werden, die den Weg macht. Ich kann meine Schritte durch diese machen. Macht ohne Machtkämpfe. Geteilte Macht. Binär gedacht: passiv und aktiv. Die gehende Person ist inkorporiert. Je nach Phantasie im Gehirn, in einer Gebärmutter. Das ergänzende Dritte: In beiden. Im Labyrinth.

Ich nehme mir die Freiheit, nicht nur die Grenzlinien wie Gummibänder zu dehnen, sondern auch Grenzen aufzulösen, den Labyrinth-Innenraum als Freiraum, Leerraum zu erkunden. Willkürlich, spontan, intuitiv, geplant etc. gehe ich innerhalb der äußersten Grenze. Dieses Willkürliche beinhaltet zwar einen Willen, doch dieser richtet sich nicht gegen oder auf Menschen. Es ist der eigene Wille, um den es geht. Erkenne ich ihn? Halte ich an ihm fest? Lasse ich ihn los oder lasse ich etwas Drittes zu? Innere Freiräume. Äußere Freiräume. Vieles wird möglich. Was macht mich freudvoller und glücklicher? Die Vorstellung des Lebens als ein Labyrinth oder als Irrgarten? Ich sehe das Labyrinth selbst als ein *Fadenspiel* und so auch das Leben. Dazu fällt mir dieser Satz ein: „Soziale Systeme wie auch der Prozess der Musterbildung in Salzwüsten lassen sich als komplexes System beschreiben. Solche Systeme zeichnen sich dadurch aus, dass es nichtlineare Interaktionen gibt und viele Einzelteile zusammenspielen und zusammen Verhalten zu erzeugen, das nicht aus dem Verständnis eines Einzelteiles ableitbar ist. Wir sprechen hier auch von Emergenz." (Kleindl 2023) Emergenz, im Sinne von Möglichkeiten der Herausbildung von neuen Gedankenverknüpfungen, ist ein Aspekt meiner Arbeitsweise – und das Potenzial einer Labyrinth-Begehung.

Rhythmus

Wir Menschen sind und haben Körper. Der Körper ist erstes Medium für Rhythmus und Musik. Die vielen Möglichkeiten, den Körper zu bewegen und zu erleben, sind der Ursprung von Tanz, womit der Körper zu einem Instrument wird. Den Körper nicht in den Rhythmus von Musik, sondern eines Weges zu bringen, ist eine spezielle Erfahrung. Der Labyrinth-Weg gibt mit den Wegwendungen den Geh-Rhythmus vor, somit Beschleunigen und Entschleunigen, größere und kleinere Schritte.

Außereuropäische Rhythmen rufen seit den 1970er Jahren ein immer größeres Echo hervor, weil damit etwas offenbar verloren Gegangenes wieder gefunden wird. Flatischlers System von Pulsation, Zyklus, Unterpulsation und die Offbeats können von allen unmittelbar verstanden werden. Er nennt es TaKeTiNa. Der TaKeTiNa-Gruppen-Prozess ist kulturübergreifend, weil er „urmenschlich" ist, da in ihm die rhythmischen Urbilder (Rhythmus-Archetypen) angewendet werden. Mittels Sprechsilben, Schrittbewegungen, Klatschen und Gesang werden meist polymetrische oder polyrhythmische Verhältnisse in Körperbewegung umgesetzt, womit für westliche Menschen die meist schwierige Kunst des Trommelns nicht jahrelang erlernt werden muss. Durch die stetige Wiederkehr der gleichen zyklischen Bewegung in den Schritten ist es möglich, in den Rhythmus einzutauchen und ihn im Körperbewusstsein zu verankern. Dabei ist jederzeit auch für erfahrene Perkussionist:innen immer ein „Hinein- und Hinausfallen" möglich, was gelassen angenommen wird und nicht als Fehler bewertet wird. TaKeTiNa fördert rhythmische Orientierung, musikalisches Zusammenspiel und das gleichzeitige Wahrnehmen von Rhythmen. Mit willentlichem und mechanischem Üben kann die Gleichzeitigkeit mehrerer rhythmischer Ebenen nie erreicht werden, weil es nicht um „anlernen“ geht, sondern „organisches Wachsen“. Alleine der musikalische Prozess gibt Feedback, niemals die TaKeTiNa-Leitung. Jede Person entscheidet selbst ihren Lernprozess, wieviel sie an Klatschen und Singen mitmacht. Immer ist und bleibt die Person integraler Bestandteil der Gruppe. So findet sie aufgrund bisheriger Erfahrungen eigenmächtig eine situative und individuelle Balance zwischen Anforderung und Fähigkeit, Hineinfallen und Hinausfallen (was nicht reflektiert werden muss) damit selbst zur Freude und dem Flow. Flatischler spricht vom Phänomen „gleichzeitiger Wahrnehmung“, und meint die Komplexität des Zusammenspiels, die Wahrnehmung der eigenen Pulsgebung und jene der anderen, die zur gelungenen Kommunikation aller führt. Gegenwart wird erlebt. Ohne etwas extra dafür tun zu müssen, fällt die Person in ein Sein, in dem innere Stimmen verstummen. Flatischler beschreibt diese Erfahrung: „Neugierig schauen wir in die Welt und können sie ohne innerlich ablaufende Reaktionsketten erleben.“ (Flatischler 2006, S. 92)

Die Verflechtungen von Labyrinth und Tanz sind sehr enge. (Kern 1982) Ich fokussiere hier nur auf die Aspekte *Rhythmus* und *Flow*. Bei einer Labyrinth-Begehung kommt es zu Gewichtsverlagerungen aufgrund der Wegwendungen, die beim Durchlaufen noch intensiver zu spüren sind. Nur das Labyrinth gibt Feedback, niemand sonst. Unmittelbaren Rhythmuserfahrungen zuträglich sind ganzkörperlicher Vollzug, Wiederholung über längere Zeiträume und die Bereitstellung eines Bezugsystems. (Heppe 2008, S. 96) Diese drei Aspekte stimmen auch für Labyrinth-Begehungen. Folgendes Zitat lässt sich auf das Labyrinth übertragen: „Durch die Öffnung der Wahrnehmung für die rhythmischen Bewegungen im Innen wie im Außen, geschieht es wie von selbst, dass der Körper beginnt, diese Bewegungen miteinander zu verbinden, und dieser Vorgang vermittelt tiefe Freude.“ (Heppe 2008, S. 98)

Rhythmus bringt den ganzen Menschen in Schwingung. Er stellt eine unmittelbare Beziehung zwischen allen Musiker:innen bzw. Menschen her und vermittelt das Gefühl der Orientierung und in einen größeren Kontext eingebunden zu sein, was als eine verbindende Kraft bezeichnet werden kann. Der Labyrinth-Weg-Rhythmus stellt eine unmittelbare Beziehung zur gehenden Person her, die sich in einen größeren Kontext eingebunden und verbunden fühlt. Sie kann die Orientierung verlieren, was dem Hinausfallen aus dem Rhythmus entspricht.

Ein gutes Körpergefühl und mentale Fähigkeiten sind Voraussetzungen, um ein Flow-Erlebnis zu erfahren, was bedeutet, Handlungs- und Wahrnehmungspotenziale zu leben. Es sind acht Elemente, die einen Flow erzeugen, wie Mihaly Csikszentmihalyi (Csikszentmihalyi 2000) erforschte. Ich setze diese nun in Bezug zu einer Labyrinth-Begehung.

1. Klarheit der Ziele und unmittelbare Rückmeldungen: Es gibt eine einzige Regel, die auch das Ziel ist: Gehen, immer weitergehen. Es gibt keine Misserfolge, weil es keine Irrwege gibt und damit nur positive unmittelbare Rückmeldungen. Je öfter das Labyrinth begangen wird, desto mehr vollzieht sich das Folgen des pendelnden Weges automatisch und vertrauensvoll, ohne Nachdenken.
2. Eine hohe Konzentration auf ein begrenztes Feld: Eine Labyrinth-Begehung erlaubt es, tief in die Aktivität Gehen einzutauchen, weil es keine Ablenkungen gibt. Auch wenn das Gehen an sich keine volle Aufmerksamkeit verlangt wie z. B. Klettern, vielleicht sogar das Gegenteil zutrifft, weil keine Aufmerksamkeit benötigt wird, ist es die Struktur des Labyrinths, die begrenzt und eine Konzentration auf psychische Stimuli ermöglicht. Manche Menschen gehen bewusst mit einer Fragestellung ins Labyrinth, um eine Antwort zu erhalten, womit die Konzentration auf diese einzige Frage fokussiert ist und das Gedankenfeld eingrenzt.
3. Ein gutes Verhältnis zwischen Anforderungen und Fähigkeiten: Das Labyrinth stellt die Anforderungen, den vielen Weg- und Richtungsänderungen zu folgen, was eine Balance zwischen Über- und Unterforderung (im Vergleich zu einem geradlinigen Weg) ist und ein Flow-Erleben ermöglicht.
4. Ein Gefühl von Kontrolle: Beim Gehen ist die Kontrolle über Tempo und Pausen gegeben, da diese in einem Zustand von Angstfreiheit frei gewählt werden können. Die Kontrolle scheint paradox erlebt zu werden, nämlich als Kontrolle ohne Kontrolle. Das Alltags-Ich ist temporär oder durchgehend abwesend.
5. Eine Mühelosigkeit des Handlungsablaufs: Das Gehen bedarf keiner Anstrengung (und keines Trainings wie z. B. beim Klettern) und erfolgt aus einer inneren natürlichen unbewussten Logik heraus. Erfahrungsgrenzen werden mit einer Labyrinth-Begehung ausgeweitet, weil der Weg ein nichtalltäglicher ist.
6. Veränderung des Zeiterlebens: Während einer Labyrinth-Begehung verändert sich das alltägliche Zeitgefühl, weil der lange Weg auf engstem Raum eine nicht alltägliche Erfahrung ist, bei der Zeitraffungen

und Zeitdehnungen erlebt werden können.
7. Verschmelzen von Handlung und Bewusstsein: Bei der Konzentration auf das Gehen im Labyrinth kommt es im Flow zu einer Verschmelzung von Aktivität und Aufmerksamkeit, die alltägliche Sorgen, Ängste und Fragestellungen auflöst. Ein Einheitsgefühl mit dem Labyrinth (auch mit Menschen, wenn das Labyrinth gemeinschaftlich begangen wird) kann sich einstellen.
8. Autotelische Qualität der Flow-Erfahrung: Dies meint, dass nicht das Ergebnis einer Handlung befriedigend ist, sondern das Tun selbst. Auf das Labyrinth bezogen ist das Gehen, das Weitergehen das Handeln. Dieses Gehen wird zur ganzen Welt.

Bei einem Tanz zur Musik kommt noch der Musikrhythmus hinzu. Wird ein Labyrinth musikhörend beschritten, verändert sich das Gehen, weil etwas von außen hinzukommt, was die Konzentration erweitert und im Sinne von Flow-Erfahrungen nicht reduziert.

Auch wenn die Sensibilität in der westlichen Kultur fast verloren gegangen zu sein scheint, trägt jede:r rhythmisches Empfinden in sich. Für mich zeigt sich, dass das Labyrinth intuitiv Menschen „anspricht“, weil das Empfinden von Rhythmen ein wesentlicher Bestandteil menschlicher Wahrnehmung ist und Rhythmus dem Labyrinth inhärent ist.

Das Labyrinth bietet eine einfache Möglichkeit, weil es auch ein Werkzeug bzw. ein Hilfsmittel ist, in Flow zu kommen. Flow ist definiert als gegenwärtige Freude, die vom Alltag abgekoppelt ist. Meditation, die meist sitzend geschieht, ist ebenso nach jahrelangen Erfahrungen eine Möglichkeit, Flow zu erleben, grundlose zeitlose Freude. Für Geübte ist der Schritt aus dem Alltag zum Flow auch im labyrinthischen Quantensprung (siehe Kapitel über-schreiten) möglich, der außerhalb jeglicher Kausalität liegt.

Positionen

Gespräche mit mir selbst. Gespräche mit dem Labyrinth im Labyrinth. Gespräche mit Menschen. Persönlich gehaltene Gespräche, wissenschaftliche, psychotherapeutische und spielerisch phantasievolle. Quintessenzen auch aus Gelesenem. „Der Kern unseres Wesens ist der Akt der Wahrnehmung, und die Magie unseres Daseins ist der Akt der Bewusstheit. Wahrnehmung und Bewusstsein sind eine einzige funktionale, unlösbare Einheit." (Castaneda 2003, S. 166) Lao Tse schreibt: „Der Weg verbirgt sich, aber er ist gegenwärtig. Ich weiß nicht woher er kommt. Er ist das ursprüngliche Bild vom Ursprung des Himmels." (Lao Tse 1990) „Das Labyrinth entschlüsselt die komplexen Gegensätze der Lebensordnung von Leben und Tod, von Geborenwerden und Sterben, Vergehen und Neuwerden in ihrer Ganzheit", formuliert es Rosmarie Schmid in einem Gespräch. Marie von Ebner-Eschenbach fragt: „Warum wandelst du auf meinen Spuren?" Eigenständiges Weitergehen des eigenen Weges bedeutet Selbstermächtigung. Peskoller hält fest: „Die von nichts zu übertreffende Wirklichkeit scheint in ihren Wirklichkeiten kein Ende zu nehmen." (Peskoller 1988, S. 6)

Bewusstsein weiter entwickeln. Ausprobieren, experimentieren, erproben, erleben, erfahren, reflektieren, lernen, verändern. Trinh schreibt: „Gegenseitige Ängste schüren immer weiter Kriege, weil sie sich solange voneinander nähren, bis keinerlei Gespräch mehr denkbar ist, ohne dass sich die Missverständnisse türmen. Es ist eben viel einfacher, etwas unter dem Vorwand der Differenz abzutun oder auszutilgen (den/die/das Andere/n in unseren Köpfen, in unserer Welt zu zerstören) als angstfrei mit und innerhalb der Differenzen zu leben." (Trinh 2010, S. 152)

Ich bin nicht nur Materie. Mein Körper benötigt Nahrung, wie auch meine Kognition, meine Gefühlswelt. Was ist meine Seelennahrung? Krieg entsteht aus meiner Sicht aus Unterschiedlichkeiten, die vorhanden oder nicht vorhanden sind. Es braucht inneren Frieden, um Unterschiedlichkeiten, ohne von Gefühlen beherrscht zu sein, annehmen zu können, um weiterhin Frieden zu bewahren.

Welche Rolle spielt der Tod im Labyrinth? Ich weiß es noch nicht und gehe einen Umweg und lese, was Peskoller schreibt: „Der Kletterer übt sich, diszipliniert, in das Sterben ein und gewinnt dadurch eine andere Art von Leben. Hauchdünn die Grenze zwischen Selbstverschwendung und -zerstörung, denn zu tief im Leben kann zu nah am Tod sein. Den Extremen, die ich kenne, wird auch regelmäßig der Vorwurf gemacht, dass sie ihr Leben freiwillig aufs Spiel setzen und den Tod sehnen. Was sie auch tatsächlich tun, aber nicht, um vorzeitig umzukommen, auch nicht, um sich, strotzend vor Kraft, immer wieder aufs Neue zu beweisen, nie sterben zu müssen, sondern sie suchen den Tod, um ihn nicht zu vergessen. Die unterstellte Flucht in die Bewusstlosigkeit und vor dem Leben ist ein leibliches Erinnern, sterben zu müssen, um leben und, wo und wann auch immer, einmal sterben zu können.“ (Peskoller 2001, S. 156)

Ich, die Labyrinth-Begehende, lasse zu, dass in mir alles Tote wieder aufersteht, alles lebendig wird. Ich nehme die abgeschnittenen Fäden auf, halte sie und verbinde sie und mich neu. Ich begegne meiner Traurigkeit und meinem Schmerz des Getrenntseins und Verlusts und erfahre gleichzeitig mein Verbunden-Sein. Auch mit Leben und Tod. Aus dem Leib weicht irgendwann das Leben. Sterben müssen alle und schließlich können es alle, wenn es soweit ist. Die einen trainieren Sterben im Leben beim Klettern, andere trainieren es im Labyrinth oder indem sie versuchen, labyrinthisch zu leben.

Das Gehen durch ein Labyrinth ist für mich wie ein Gehen durch einen Faltenwurf. Sprache. Sprechen. Sich mitteilen. Es sind Versuche und nicht immer wird das Gesuchte gefunden. Sprechen und Schreiben und eine Welt entstehen lassen, die Diversität und Ambiguität gleichberechtigt und willkommen heißend sein lässt.

Das Ende der Sprache ist der Beginn eines Liedes. Wir alle sind Gesänge.

Bisherige Verständnisweisen ins Gegenteil verkehren, ist oft eine sinnvolle Strategie, um andere Blickwinkel einnehmen zu können. Ging ich bisher davon aus, dass ich einen Weg begehe und vorwärtsschreite, so gab ein bewegtes Band auf dem Flughafen den Impuls, mir den Labyrinth-Weg als Rollband vorzustellen. Ich gehe nicht, ich werde vom Weg durch das Labyrinth geführt. Auch die Erfahrung, im Zug zu sitzen und für einen Moment nicht zu wissen, ob sich mein Zug oder der andere bewegt. Eine Frage des Bezugssystems bzw. der körperlichen Erfahrung. Alle bisherigen Selbstverständlichkeiten aufgeben und austauschen, bewirken seltsame Einsichten.

Wenn eine Person mitten im Labyrinth stehen bleibt und sagt: „Ich bin jetzt am Ziel“, kann das irritierend auf andere wirken, die außerhalb des Labyrinths stehen. In diesem Moment kollidieren Objektivität und Erfahrungsgefühl und doch sind beide *richtig*. Vielleicht scheitert es an der Sprache? Dieses Gefühl, vor dem graphischen Ziel angekommen zu sein, könnte als Etappenziel bezeichnet werden, bei dem erst später klar wird, es war *nur* ein Etappenziel und es gibt noch ein weiteres Ziel zu erreichen. Es gibt auch Personen, die, wenn sie ein Labyrinth auf einem Blatt Papier vor sich liegen haben, mitten im Labyrinth mit einem Stift den Weg zum Zentrum zu zeichnen beginnen, weil für sie hier der Start ist. Es gibt kein richtig und falsch in meinen Augen. Es geht darum, alle individuellen Bedeutungen zu akzeptieren. Diese Aussagen zu verstehen, ist oft schwierig, weil sie Unbewusstes zum Ausdruck bringen, doch einen Versuch ist es allemal wert! Aufgrund mehrerer solcher Beispiele kann möglicherweise eine Analyse Neues dazu herausfinden.

Einsichten können auch durch Analyse und Reflexion hervorgerufen werden. Es gibt jedoch auch Schockmomente, die durch eine Geste, Szene, ein Wort, ein Geschehen ausgelöst werden und durch die ein bisheriges Weltbild zerbricht, das mit dem Gefühl einhergeht, der Boden unter den Füßen wird entzogen. Nach dieser Zerstörung, Auflösung und dem Ende beginnt ein Ringen um ein neues Weltbild, das ein inneres Überleben ermöglicht. Tod ist unveränderbar, un-entwickelbar einerseits. Andererseits existiert er im Labyrinth nicht. Es gibt den Augenblick, wo ein Mensch nicht mehr atmet und nie wieder atmen wird. Ein Wendepunkt von Sein. Eine Wandlung. Über Details sagt das Wort *Leben* nichts aus. Auch nicht das Wort *Tod*. Tod und Leben sind. Sie sind. Veränderbar sind Menschen, die sich entwickeln. Wohin sie sich entwickeln und wie, ist ungewiss. Darüber kann erzählt werden. Es braucht neue Worte, ein neues Sprechen, über das Unbegreifliche und Unfassbare, das Nichtlineare. Der Musiker Witzelsberger sagte in einem Ö1-Interview im September 2022, dass die Autofahrer zu knapp an ihm vorbeifahren würden, wenn er mit dem Rad unterwegs sei, weil sie ihn nicht kennen. Würden sie ihn kennen, würden sie mehr Abstand halten und ihn auch winkend grüßen. Wenn aus Abstraktem etwas Konkretes wird, kann das lebensrettend sein. Das erinnert mich an Donna Haraways *Machen wir uns verwandt!* Machen wir uns verwandt auch mit dem Labyrinth!

Eine Beschreibung ist keine Erklärung und bedeutet nicht, dass das Beschriebene so „ist“. „Die Quantenmechanik hat gezeigt, dass beide Vorstellungen falsch beziehungsweise richtig sind. Licht ist, vereinfacht gesagt, ‚etwas‘, das sich manchmal besser als Teilchenstrom und manchmal besser als Welle beschreiben lässt, ohne dabei aber eine Welle oder ein Teilchen zu sein. Und das Gleiche gilt auch für die Beschreibung der Materie. Objekte wie Elektronen oder auch ganze Atome verhalten sich mal wie eine Welle und mal nicht.“ (Freistetter 2015) Daher sollten diese Beschreibungen wohl besser als Metapher verstanden werden. Auch wenn Begriffe aus einem Fachgebiet in ein anderes übertragen werden und somit nicht korrekt sind, jedoch hilfreiche Metaphern sind, sollten diese als solche dezidiert ausgewiesen werden, um keine Missverständnisse aufkommen zu lassen oder die Metaphern als Esoterik zu bezeichnen, die sich ja nicht als Wissenschaft versteht, sondern als Welt-Bewältigungs-Modell.

Künstler:innen gelingt es, das Nicht-Darstellbare zu vermitteln, indem es zwischen Linien, Farben, Tönen, Worten u. a. mitschwingt, weil es mit Energie aufgeladen ist. Wenn Menschen mit dieser in Resonanz schwingen, verstehen sie Künstler:innen besser als durch jede Analyse. Begriffe sind stabil, starr und handhabbar gemacht für die Logik und Wissenschaft. Begriffe sind elastisch, wandelbar und ungreifbar für Lebendiges, weil es selbst nicht gänzlich darstellbar ist. Etwas bleibt immer offen, unvermittelt.

Auch für Jacques Attali ist das Labyrinth viel mehr als eine Struktur, es ist seiner Meinung nach „die letzte Botschaft, welche die Nomaden den Sesshaften übermittelt haben, als hätten sie geahnt, dass ihre fernen Abkömmlinge eines Tages, nachdem sie unfreiwillig wieder zu Nomaden werden, in diesen vergessenen Zeichnungen die Wege der Weisheit werden suchen müssen, die für ihre Zukunft notwendig sind." (Attali 1999, S. 19) Für ihn gilt diese Botschaft für jedes Zeitalter.

Ich verstehe das Labyrinth mittlerweile auch als eines der ersten Ergebnisse von Sesshaften, als sie linear zu denken beginnen. In dieser Übergangsphase sind beide Erfahrungen und Erkenntnisse zu finden: das Nomadische und das Sesshafte.

Was ist notwendig, also Not-wendend? Irgendwo las ich die Worte von Alexandra David-Néel, Reiseschriftstellerin und Forschende: „Was nun Gott betrifft ... es kommt nicht einmal darauf an, ob er existiert oder nicht existiert. Was zählt, sind die Gefühle, die der Guru oder der Gott in uns erwecken. Beide fungieren als Stimulans und setzen in uns schlummernde Energien frei. Der Gehorsam ist der Tod. Jeder Moment, in dem der Mensch sich einem fremden Willen unterwirft, ist ein Moment, der von einem Leben abgeschnitten wird." Und dann gibt es auch noch den vorauseilenden Gehorsam. Anders und doch dasselbe meinend: „Vergeude nicht deine Zeit und deine Kraft, indem du die Freiheit fürchtest." (Castaneda 2003, S. 119)

Das Labyrinth ist ein konkretes Objekt, mit dem gearbeitet werden kann. Es hilft, auf eigenen Füßen zu stehen und zu gehen und die Einheit mit allem und allen zu fühlen. Und es hilft, „den eigenen Rhythmus im kosmischen Tanz zu finden". (Lauren Artress 2006) Der Begriff Rhythmus wird allgemein als gleichmäßiger, taktmäßiger und sich regelmäßig wiederholender Ablauf verstanden. Doch Grüny und Nanni verweisen auf das Gegenteil: „Der Rhythmus besteht nicht aus reiner Wiederholung und

Wiederherstellung des Gleichen, sondern aus unendlicher Variation, Differenzierung, Gleichgewichtsstörung, einer ständigen ‚Krise'. Anders gesagt, der Rhythmus darf nicht ohne ‚Arhythmia' gedacht werden. Was sich mehr oder weniger regelmäßig wie ein Kehrreim oder der Glockenklang wiederholt, wird nie von der Unregelmäßigkeit verschont (...)" (Grüny und Nanni 2014, S. 24)

Tanz ist Bewegung, der mehr als Gehen ist und eine Erfahrung von Zeit und Raum. Die Therapeutin Eibach meint: „Im Tanz werden wir vom Zuschauerinnendasein befreit und zu Akteurinnen unseres Lebens." (Eibach 1998)

Wie ein Tanz vergrößert das Labyrinth sinnliche Wahrnehmungen und schärft das Bewusstsein im Umgang mit sich (und anderen, so mehrere Personen im Labyrinth gehen) und den Themen Grenzen, Freiheit, Geführt werden, Sich-führen-Lassen, sich wenden. Solche Erfahrungen sensibilisieren und können in Wissen umgewandelt werden. Wissen gilt es auch in Bewegung zu halten, wie sich selbst. Erstarrtes Wissen ist nicht mehr lebendig, sondern wie ein Artefakt im Museum.

Das Körpergedächtnis ist selbst eine kulturelle Form, die stets historisch spezifisch ist. „Der Rhythmus hat eine politische Funktion." (Grüny und Nanni 2014, S. 26)

Wenn eine Labyrinth-Begehung als Tanz verstanden wird, so ist es heute schwierig und vielleicht unmöglich zu erforschen, was Körper vor 3000 Jahren wussten und lernten. Und doch wirken Körpergedächtnis und das Verständnis der Einheit von Körper und Kultur nach und lassen sich gegenwärtig erfahren und erforschen. „Vielleicht ist das einzige Ergebnis einer Labyrinth-Begehung, dass uns auffällt, dass es da einen anderen Teil von uns gibt, der zu uns spricht – kein geringes Ergebnis!" (Lauren Artress 2006) Eine für mich bemerkenswerte Erfahrung war, dass die Wissenschaft nun im Leben angekommen ist. Weise Menschen, ob Schaman:innen, Prophet:innen, Wissenschaftler:innen oder welche Namen ihnen auch gegeben wurden/werden: Sie erzähl(t)en über die Welt und das Leben und wie sich gut mit ihr und in ihr zum Wohle aller leben lässt. Es gibt Differenzen, doch keine Kluft mehr zwischen Wissenschaft und (religiöser) Weisheit, wie Gespräche zwischen dem Dalai Lama und Anton Zeilinger zeigen.

Der pendelnde Weg hat seinen Rhythmus. Der menschliche Körper hat seinen Wach-Schlafrhythmus, Temperatur-, Atem- und Herzschlagrhythmus, die Gehirn-Rückenmarksflüssigkeit pulsiert. Ob bewusst oder unbewusst, lebt der Körper seine Rhythmen. Rhythmen zeigen sich auch auf emotionaler Ebene, wie jene des Festhaltens und Loslassens. Die Psychoanalytikerin Verena Kast meint: „Diese ‚in einen guten Rhythmus zu bringen' ist auch eine Frage des rechten Maßes. Dieses rechte Maß ist uns aber nicht gegeben; mir scheint, wir müssen immer einmal auch vermessen sein und dann akzeptieren, daß wir uns auf das menschliche Maß zurückgewiesen fühlen, ein Maß, das ja auch nie ein für alle Mal gegeben ist, sondern dem wir uns wohl im Laufe des Lebens nur annähern. Das gilt natürlich nicht für den Menschen als einzelnen, das gilt auch für die Menschheit als Ganze. Ohne Vermessenheit gibt es keinen Fortschritt und ohne Bescheidung keine Verantwortung, die diesen Fortschritt auch für die Menschen sinnvoll anwenden läßt." (Kast 1991, S. 113)

Beim Gehen im Labyrinth begegnen einander verschiedene Rhythmen. Der labyrinthische Rhythmus wirkt. Er wirkt ein und zeigt sich an den Auswirkungen, zusammen werden sie zu Erfahrungen. Das Labyrinth ist Symbol für die Verletzlichkeit und Wandelbarkeit der sinnlichen Welt. Wird ein Stein im Labyrinth versetzt, wird sofort ein Irrgarten daraus. Eigenheiten der Struktur wirken bei einer Begehung auf die begehende Person nicht nur mental, sondern auch körperlich ein. Sanft. Sanft im Vergleich zu einer Felswand, die erklettert wird und Körper und Geist an und über ihre Grenzen bringen kann, wo jede noch so kleine Bewegung, jeder Atemzug schmerzhaft sein kann. Klettern fordert Umwege. „Umwege als Suche nach geeigneten Verfahren, und zwar nicht, um akademisch zu bestehen, sondern um sich dort noch fortzubewegen, wo die Schwierigkeiten nicht aufhören zuzunehmen. Sie nehmen mit der Präzision der Bewegungen zu, die ihrerseits eine Unschärfe voraussetzen, die Unschärfe, die jede Zeitlichkeit kennzeichnet." (Peskoller 2001, S. 127) Der Umweg im Labyrinth ist jener, der um das Zentrum pendelnd führt, durch seine Wendungen erwachsene Menschen entschleunigt. Kinder beschleunigt er, sie beginnen zu laufen. Entschleunigtes Gehen und Laufen verändern die Wahrnehmung. Anspannungen lösen sich, denn der Körper geht den Weg ohne äußere Schwierigkeiten, ohne Herausforderungen. So können sich alle anderen menschlichen Anteile zeigen, die im ablenkungsreichen Alltag ebenso vorhanden, jedoch nicht so präsent wahrgenommen werden.

Zwei unterschiedliche Rhythmen der Sprache und Hände können nicht willentlich gemacht werden. Doch ohne zu wollen, ist dies in einem Flow erlebbar, der Tor und Eingang dorthin ist. Der Gruppenrhythmus trägt und so folgt einem Herausfallen aus dem Rhythmus ohne Anstrengung ein wieder Hineinfallen. Wer sich dem Rhythmus überlässt, verspürt sich ausbreitendes Vertrauen. Wenn der Rhythmus stimmt, fühlst du dich frei wie ein Vogel, leicht wie eine Feder. Jeder Rhythmus hat seine eigene Wirkung. Ein Dreier-Rhythmus fördert Meditation. Ein Siebener-Rhythmus (vier plus drei) erzeugt Spannung und Energie und ist verbunden mit Lebensprüfungen. (Flatischler, in: Waffeder 1997).

Ich denke an eine Labyrinth-Begehung. Diese folgt in Bezug auf hinein/hinaus dem Rhythmus ta-te-te-ta-ta-te-te-ta. Wobei die Zwischenräume zwischen dem Puls unterschiedlich lange sind. Eine Labyrinth-Begehung kann zu einem Flow-Erlebnis werden, das vielleicht sogar noch besser beim Durchlaufen, im selbst gefundenen Rhythmus, erfahren wird, als beim Gehen. Unterschiedliche Rhythmen treffen einander. Dieses Forschungsfeld ist bisher noch nicht erschlossen.

Im Zusammenhang mit dem Labyrinth können die beiden Aspekte Ich-Struktur und Ich-Gefühl gebracht werden. Körperschema (Raumwahrnehmung und Bewegung im Raum) und Körperbild (von der Gesellschaft abhängig) spiegeln sich in der Labyrinth-Struktur und deren Begehen. Es gibt ein Innen und ein Außen. Je nach Aufmerksamkeit. Welche Gewissheiten sind gewiss? Wie sind sie zu erlangen, wofür sind sie Grundvoraussetzungen und wie wandelbar sind sie? Bewusstsein entwickeln im Labyrinth. Damit ist die Selbstwahrnehmung gemeint und Unbewusstes bewusst werden zu lassen, Achtsamkeit allen und allem gegenüber sowie Selbstkontrolle über Emotionen, Veränderungen von Erinnerungen wahrzunehmen, an Menschenrechten festzuhalten sowie die eigenen Denkmuster und Widerstände zu erkennen und zu verändern. Das Labyrinth ist Symbol für den Lebensweg als Umweg in einer komplexen Welt zum Frieden.

Das Labyrinth kommuniziert durch seine Struktur und teilt Folgendes mit:

Mit dem Gehen durch die Struktur findet Beziehung statt, auch wenn diese nur einseitig durch das Echo ist, die Spiegelung, die ausgelösten Emotionen führen zu einem Dialog mit sich selbst. Dabei gibt es einen Beginn und ein Ende, die beide selbst bestimmt werden. Die emotionale Ebene definiert die Sachebene und so wird die Struktur entsprechend beschrieben. Die Labyrinth-Struktur definiert den Weg. Die Emotionen sind subjektiv interpretierbar, die vom Weg und der Struktur ausgelöst werden. Es finden sowohl eine symmetrische als auch eine komplementäre

Kommunikation statt, wenn Harmonie empfunden wird bzw. Stress oder Ungeduld u. a. m.

Vielleicht ist die Analogie zulässig zu diesem Gedanken: „Was ist die Funktion des so genannten Symptoms? Das geht so weit für mich, dass, wenn ich zum Beispiel Ehe-Therapie betreibe, der Patient nicht mehr der Mann oder die Frau, sondern die Beziehung zwischen diesen beiden Menschen ist. Das ist mein Patient. An der Beziehung will ich arbeiten. Dass Krankheiten Störungen in Beziehungen sind und nicht Störungen in der Seele eines Menschen, wurde in ihren Anfängen zum Credo der Familientherapie und vor allem durch Watzlawick außerordentlich populär gemacht." (Hücker 2007, S. 104)

Was ist die Funktion einer oder einer wiederholten Labyrinth-Begehung? Nicht die Labyrinth-Struktur, nicht die gehende Person stehen länger im Fokus, sondern die Beziehung der beiden. Das Labyrinth teilt etwas mit in seinem So-Sein. Die Person reagiert mit einem spezifischen Verhalten darauf. Das Labyrinth sendet. Die Person empfängt und sendet und erhält das selbst Gesendete zurück. Ein Teddybär unterscheidet sich vom Labyrinth, weil er gehalten, geworfen, aufgeschnitten, vernäht werden kann – nicht aber körperlich betreten bzw. begangen werden kann.

Viele Menschen assoziieren das Labyrinth beim ersten Sehen mit Gehirn bzw. Gebärmutter. Beziehung. Im Labyrinth wird aus der Beziehung – im Wort ist ein Ziehen inkludiert – eine Verbindung. Dieses Wort ist neutraler und passender.

Menschen suchen nach einer ordnenden Struktur und erfinden sich eine, die ihnen Halt gibt und ein konsistentes Weltbild bildet: „Um das Unbehagen und die Unsicherheit zu beseitigen, die mit der Nicht-Durchschaubarkeit der Welt verbunden sind, werden *Erklärungen* für die wahrnehmbaren Phänomene gesucht. Auch wenn sie wenig plausibel oder die Ordnung, die sie implizit unterstellen, unwahrscheinlich sein mögen: Sie reduzieren Unsicherheit und entlasten emotional. Das führt dann dazu, dass die Bereitschaft oder Fähigkeit, sie zu falsifizieren, immer mehr abnimmt." (Pörksen 2015, S. 221)

Das Labyrinth gibt Struktur. Bedeutungen, die ich der Struktur gebe, sind folgende: Alle leben auf derselben Erde und alle sind wir unterwegs. Manche in die eine, manche in die andere Richtung. Der Struktur ist keine Hierarchie, kein Höher oder Tiefer, kein Besser oder Schlechter inhärent. Alle Menschen sind Nomad:innen auf einem Weg, der Unvorhergesehenes bringt. In diesen Unsicherheiten brauchen viele Menschen gleichzeitig eine Ordnung, die Sicherheit und Grund gibt. Das kann für familiäre, berufliche, spirituelle und politische Bereiche gelten.

Das Labyrinth ist vieldeutig wie die Welt mit ihren Ambivalenzen und Ambiguitäten. „Die Geschichte der Menschheit zeigt, dass es kaum eine mörderischere, despotischere Idee gibt als den Wahn einer ‚wirklichen' Wirklichkeit (womit natürlich die eigene Sicht gemeint ist), die sich aus dieser wahnhaften Grundannahme dann streng logisch ableiten lassen. Die Fähigkeit, mit relativen Wahrheiten zu leben, mit Fragen, auf die es keine Antworten gibt, mit dem Wissen, nichts zu wissen, und mit den paradoxen Ungewissheiten der Existenz, dürfte dagegen das Wesen menschlicher Reife und der daraus folgenden Toleranz für andere sein. Wo diese Fähigkeit fehlt, werden wir, ohne es zu wissen, uns selbst wiederum der Welt des Großinquisitors ausliefern und das Leben von Schafen leben, dumpf und verantwortungslos und nur gelegentlich durch den beizenden Rauch eines prächtigen Autodafés oder der Schlote von Lagerkrematorien unseres Atems beraubt." (Watzlawick 1976, S. 218 f.)

In welchen Verbindungen befindet sich eine Person mit sich selbst? Diese sind Grundlagen für Verbindungen mit anderen Personen und damit der Welt. Was Menschen in ein Labyrinth gehen lässt, wurde bisher noch nicht wissenschaftlich erforscht. Ebenso nicht, was eine Begehung veränderte.

Das Thema, das bis in die Antike zurückverfolgt werden kann, ist jenes der Trennung von Körper und Geist, Gefühl und Verstand, das im Kapitel Gender bereits thematisiert wurde. Auf das Labyrinth übertragen, das sich aus zwei Fäden zusammensetzt und eine pendelnde sich wendende Wegführung hat, verbinden sich Binaritäten sowohl materiell als auch mental. Das Dritte sind die Emotionen.

Noch gibt es keine neurologischen Untersuchungen, welche sichtbar machen, welche Gehirnareale bei einer Labyrinth-Begehung aktiviert werden und in welcher Balance sich Körper und Geist währenddessen und danach befinden.

Rückmeldungen: Zitate von ca. 9-jährigen Kindern:

- Im Labyrinth muss ich mich auf den Weg konzentrieren und kann nicht auf die anderen schauen.
- Das Labyrinth ist für mich beruhigend.
- Das Labyrinth ist für mich befreiend.
- Im Labyrinth kann ich mich entspannen.
- Das Labyrinth ist für mich lustig.
- Das Labyrinth ist für mich spannend.
- Das Labyrinth ist etwas Trauriges für mich.
- Im Labyrinth kann man seine Gedanken sammeln.
- Das Labyrinth bedeutet für mich Ruhe.
- Im Labyrinth kann man in sich gehen.
- Das Labyrinth ist für mich wie ein Lebensweg.

Beziehungen sind Wirkkräfte in pädagogischen Arbeitsfeldern und somit wesentlicher Bestandteil der Bildungswissenschaften, denn wo immer es Machtstrukturen und Hierarchien gibt, wirken Verbindungen, die Be-Ziehungen sind.

Gesellschaftspolitische Interpretation und Konsequenz können gezogen werden. Für das Unterrichten, das ein Miteinanderleben ist, ist es eine Möglichkeit, das Labyrinth anzubieten, um die Themen Grenzen, Balance, Bewegung, Wenden, Konzentration, Spiel u. a. zu vermitteln, indem diese erfahren und reflektiert werden. Das Labyrinth hat eine Verbindung zur Kunst und seinen Platz in der Kunst- und Kulturgeschichte. Wissenschaft und Kunst sind Aspekte von Leben, die einander bereichern können. Unterrichten und Erziehung sind untrennbar miteinander verbunden, weshalb große Achtsamkeit erforderlich ist, um kind- und menschengerecht zu handeln. Es geht nicht darum, Menschen jeden Alters zu verändern, sondern ihnen jenes Angebot zu machen (Technik, Methoden, Gespräche, Erfahrungen u. a. m.), das sie zu ihrer Entfaltung brauchen.

Peskoller sagte über ihre Lehrtätigkeit an der Universität: „Ich möchte nicht, dass alles noch reibungsloser geschieht mit dem Ergebnis, regungslos zu werden, nichts mehr zu spüren." (Peskoller 2001, S. 201) Je vielfältiger und vielschichtiger Erfahrungen und deren Reflexion sind, umso größer ist die Annäherung an Wirklichkeit, Realität und Erkenntnis. Reflexivität, die den schwierigen Vorgang des Erkennens zeigt, erweitert das Spektrum sozial- und kulturwissenschaftlichen Wissens. Dabei

dürfen gesellschaftspolitische Machtverhältnisse nicht vergessen werden, die Druck ausüben und individuellen, temporären und partiellen Widerstand und auch Anpassung in jeder Person hervorrufen, die ihren individuellen Weg geht.
Grenzen zwischen Materialität und Immaterialität können gezogen und wieder aufgelöst werden. Der Labyrinth-Weg endet im Zentrum, das oft ein sprach-raum-zeitloses ist und doch ist auch dieses Ende ein Beginn, denn nach einer Wende führt der Weg weiter, nämlich zurück – durch Raum und Zeit – vorwärts blickend. Ein neuer Lebensstil ist digitale Nomad:in zu sein. (Wandler 2022) Doch wie irreführend ist dieser Begriff! Es handelt sich dabei doch um Menschen, die an mehreren Orten sesshaft sind, nach Lust und Laune und Wetter. Ursprüngliches Nomad:innensein bedeutete, weiterzuziehen und oft auch wieder zurückzukommen, um zu überleben.

Die materielle Formung menschlicher Zivilisierung geht immer mit einer immateriellen einher, die es zu entdecken gilt.

Balance ist immer gefordert. Beim Stehen, beim Gehen, bei jedem Schritt, bei jedem Atemzug beim Klettern. Aus der Balance fallen bedeutet zu stolpern, zu fallen, zu stürzen. Ist Training. Ist Tod. Immer wieder beim Lebenstanz versuchen, in Balance zu kommen bzw. zu sein. Bewegung, die innere Musik vorgibt. Hören und Umsetzen. Immer wieder ein Gelingen. Balance ist Grundvoraussetzung, von Natur aus gegebene Schwerkraft und Grenze. Es sind manchmal kleine, manchmal große Bewegungen, die für Balance nötig sind, die einen Sturz verhindern. Ausgewogene Balance ohne Bewegung wie Gleichgewicht einer Balkenwaage bedeutet endlose Starrheit. Starrsein wird zur Gefahr, wenn Wind aufkommt, denn es braucht dann eine ausgleichende Bewegung. Beweglichkeit ist auch gefordert, wenn es darum geht, alle bisherigen umweltzerstörenden Handlungsweisen einzustellen, zu ersetzen sowie die Potenziale Künstlicher Intelligenz so einzusetzen, dass Entfremdung und Ungerechtigkeiten verringert werden. Um Verständnis dafür zu entwickeln, bedarf es des Vermögens, sich verbinden zu können – mit sich und allen anderen und allem anderen. Das Labyrinth kann ein hilfreiches und konstruktives Tool dafür sein.

Wandlungsprozesse

Körperliche Herausforderungen wie ein schwerer Rucksack, fehlende Verpflegung und Wasser, Wetterkapriolen und alles, was beschwerlich sein könnte, sind bei einer Labyrinth-Begehung so gut wie eliminiert. Die Person kann sich auf Wesentliches besinnen oder sich ablenken lassen, mental gegenwärtig auf dem Weg bleiben und gehen und Wandlungsprozesse stressfrei und frei von äußeren Gefahren wahrnehmen. Mit oder ohne Motiv kann die Reise angetreten werden, mehr oder weniger offen und bereit sein, zu erfahren, mit oder ohne Frage, mit oder ohne konkretes Thema, Gefühl oder Anliegen. Beim Bergsteigen geht der Aufstieg mit einer Verlangsamung einher. Im Labyrinth entschleunigen die Wendungen, die Richtungswechsel, die unterschiedlich langen gebogenen Wege bis zur nächsten Wende. Körperlicher Schmerz ist meist kein Thema, außer ein Schuh drückt oder eine Biene sticht. Emotionen und Gedanken bewegen innerlich. Kein Kampf gegen die Schwerkraft. Friede in der Ebene.

Bergsteigen verlangt u. a. nach Wissen über Höhenlagen, Gletscher, Lawinen, Tiere und nach geschmeidiger Beweglichkeit. Im Labyrinth braucht es nichts von alledem. Kein Vorwissen, keine Vorerfahrungen, nur Bereitschaft, sich einzulassen, zu erkunden.

Selbstvergewisserung kann bei und mit jedem Schritt geschehen. Grenzen können überschritten werden. Grenzen können sich im Glücksfall auch plötzlich und unerwartet auflösen. Mit einem Blick, einem Klang, einer Berührung löst sich ICH auf – wie ein Ausatmen im Sein – und entsteht wieder wie ein Einatmen. Panische Angst vor und sehnsuchtsvolle Suche nach dieser Auflösung ist temporär ein bestimmendes Moment in jedem Leben.

Viele Menschen bleiben vor dem Labyrinth stehen, das in diesem Kontext sowohl als Erfahrung und Symbol verstanden werden kann, und gehen, aus welchen Gründen auch immer, nicht hinein. Ich habe den Eindruck, nur wenige entscheidungsmächtige Politiker:innen suchen und gehen Wege des Gemeinwohls für Menschen, Tiere, Pflanzen, ja alles, was die Welt umfasst. Auch nur wenige entscheidungsmächtige Wähler:innen zeigen diese Haltung. Mir fällt dazu der Begriff „geistige Sesshaftigkeit" ein. Im Jahr 1950 lebten mehr als 70 Prozent der Menschen weltweit auf dem Land. Dieser Anteil ist bis 2015 auf 46 Prozent geschrumpft. Im Jahr 2015 lebten damit mehr Menschen in einer Stadt als auf dem Land.

Die Stadtbevölkerung wird bis zum Jahr 2050 nach einer Prognose der UNO mehr als 65 Prozent der Weltbevölkerung stellen. Dabei wird der weit größte Anteil (54,7 Prozent der Weltbevölkerung) in Städten in Entwicklungsländern leben. (statista 2022) Aufgrund der Erderhitzung sind Millionen Menschen und noch mehr in naher Zukunft zur Migration gezwungen. (red 2022) Wird diese Lebensweise bzw. Tatsache zu mehr geistiger Mobilität anregen? Nur noch wenige Möglichkeiten bieten sich, um mit unberührter bzw. unkultivierter Natur eine Verbindung eingehen zu können. Welche Auswirkungen wird das für Menschen und Natur haben?

Leben ist Bewegung. Körper und Geist wollen sich bewegen. Selbst fassbar Starres bewegt sich auf atomarer Ebene. Wandeln ist Bewegung. Aus Bewegung ergibt sich Veränderung, die eine Wandlung, Verwandlung wird. Anschauliche Beispiele sind das Mahlen von Getreidekörnern zu Mehl, das Schlagen von Milch zu Butter.

Weniger anschaulich sind mentale Wandlungsprozesse. In jedem Fall schwingt und klingt Bewegung. Hören. Zuhören. Das Labyrinth spricht zu den Gehenden, ob es gehört werden will oder nicht, ob darauf in Resonanz geantwortet wird oder nicht. Das Labyrinth spricht zu uns, indem wir es begehen. Hören. Zuhören. Zugehörig sein. Mitsingen. Zusammenfinden. Gemeinsam das Lied des Zusammengehörens singen. Ein langer labyrinthischer Umweg führt zu diesem Sein.

Leben
Sein
unser aller
zwischen
Tod und Liebe

Wandlungsprozesse finden beim Erleben von Irrgarten und Labyrinth statt. Im Kapitel *Einstimmung ins Thema* werden die wesentlichen Unterschiede klar aufgezeigt, gleichsam als Gegenpole wie Schwarz und Weiß. Wie kommt es, dass ich mit Irrgarten und Labyrinth die Illusion von Entscheidungsfreiheit assoziiere?

Wahlmöglichkeiten lösen sich als Illusion auf, wie neurologische Untersuchungen zeigen: Entscheidungen werden unbewusst getroffen, auch wenn diese kognitiv und emotional als bewusst erlebt werden.

Aus einer Außenperspektive sieht es so aus: Wenn der Weg durch den Irrgarten direkt / auf wenigen oder vielen Umwegen ins Ziel führt, so wurden die Wegentscheidungen schlussendlich von der Struktur getroffen, die zum Umkehren zwingt. Wer vor dem Ziel aufgibt, kommt nicht ans Ziel. Das gilt auch für das Labyrinth. Im Irrgarten kann das Ziel als Ziel nur als solches erkannt werden, wenn es als solches gekennzeichnet ist. Andernfalls ist das Ziel eine Sackgasse wie jede andere. Im Labyrinth ist das Ziel das einzige Sackgassenende.

Aus einer Innenperspektive beziehen sich die Wandlungsprozesse auf Verständnis und Beziehungen von Irrgarten und Labyrinth bzw. auf Leben.

Alle erlebten Erfahrungen sind Eindrücke. Manche sind ephemer. Manche drücken sich im Gesicht und am Bewegen des Körpers ganzheitlich aus. Bei Labyrinth-Begehungen waren meine Hände meist frei. Manche tragen eine Kerze oder halten anderes. Einmal aß ich im Gehen einen Apfel. Wie auch immer. Im Alltag wirken die labyrinthischen Erfahrungen individuell und vielfältig im Handeln oder weiter halten nach – bis zur nächsten Labyrinth-Erfahrung, die eine andere sein wird.

Ich habe im Rahmen dieser Studie weder qualitative noch quantitative Befragungsanalysen gemacht, um Muster, Typologien und Motive zu finden. Ich habe im Labyrinth mir selbst zugehört, die ich im Dialog mit ihm war.

Das Labyrinth: Symbol und Erfahrung. Mein Thema. Mit dem Labyrinth wurde eine Struktur er/gefunden, die nicht in der Natur vorkommt. Diese wurde mit Bedeutungen konnotiert. Sie konnte möglicherweise begangen werden, doch das ist ungewiss. Eine Struktur, die einen Weg durch Raum und Zeit zeigt. Gab es damals bereits Symbole? Das Labyrinth kann auch als Gegenteil von Nomadentum, also Sesshaftigkeit, angesehen werden. Sicher und be/geschützt durch das Leben gehen wollen, nenne ich es.

Wie fühlt es sich an, ohne Vergangenheit und Zukunft gegenwärtig zu leben, ohne über den Alltag hinausreichende Ziele und Absichten, ohne etwas abzuzählen? Das versuchen Anthropolog:innen zu beschreiben und zu übersetzen. Die Mehrheit der Menschen ist im 21. Jahrhundert eingekerkert in eine lineare Raum-Zeit-Welt aus Zahlen und Zielen. Ist das Labyrinth Symbol eines sesshaften Lebens, dessen beschränkter Weg vorgegeben ist? Ist es das? Ein Lebensweg, der beschritten und begangen wird, allein oder in Gemeinschaft, im (rituellen) Tanzschritt. Für ein Leben außerhalb der sogenannten zivilisierten Welt haben jene, die in dieser leben, kein Symbol, weil sie es nicht notwendig finden, zu abstrahieren. Warum sollten sie? Dass manche Menschen zu Abstraktionen neigen und andere diese nicht mögen, ja vielleicht bewusst ablehnen, zeigt sich in der Menschheitsgeschichte.

Ich selbst war bis zur Arbeit an diesem Text in der bisherigen Denkwelt gefangen, das Labyrinth für ein Symbol archaischer, vorpatriarchaler Weltzeit zu halten. Meine Sichtweise hat sich gewandelt. Nun zeigt das Labyrinth für mich den Übergang zur Abstraktion, vom Nomad:innentum zur Sesshaftigkeit.

Der Labyrinth-Weg wurde von mir immer und immer wieder begangen. Er führt zuerst zur Neugierde, einer Göttin, zur Gemeinschaft, zu mir selbst und dann von allem wieder weg. Wie des Kaisers neue Kleider erschien mir plötzlich das Labyrinth: Ein Aufruf zum Überschreiten anscheinend gegebener Wahrnehmungs- und Denk-Grenzen, die es in „Wirklichkeit" gar nicht gibt!

Struktur und Freiheit sind für mich eine Wortkombination, die für Chaos steht. Ich sehe ein Dreieck vor mir, das sich aus Hören, Schweigen und Reden zusammensetzt. Ein Irrgarten mit allen seinen Kehrwiedergassen, die unterschiedliche Welten beinhalten, ist für mich kein Bild von Getrenntheit, sondern Teil eines Labyrinths, das alle scheinbar verschiedenen Welten in sich verbindet. Chaos und Ordnung als Unwissen und Erkennen verstanden. Carolin Amlinger und Oliver Nachtwey verstehen Freiheit im Gegensatz zu Rechtsradikalen in diesem Sinne: „Freiheit ist für manche Menschen kein geteilter gesellschaftlicher Zustand, sondern ein persönlicher Besitzstand. Es entsteht, wenn man so denkt, eine verdinglichte Freiheit, die als individuelle Eigenschaft und nicht als gesellschaftliches Verhältnis gedacht wird. Eine Freiheit, die gesellschaftliche Beziehungen verneint und gesellschaftliche Abhängigkeiten leugnet." (Amlinger und Nachtwey 2023)

RESÜMEE

Das Labyrinth war, wie Kern bereits vor 40 Jahren aufgrund historischer Belege analysierte und zusammenfasste, vor allem ein Symbol. Symbole stehen für andere Objekte und komplexe Sachverhalte. (Schwarz 2010, S. 166) Kern listet folgende Labyrinth-Symbol-Bedeutungen auf: Leben, Tod, Wiedergeburt, Unendlichkeit, Kosmische Hochzeit von Himmel und Erde, Verbindung zum Göttlichen, Zeugung, Geburtsweg, Lebensweg, Geburt, für die Stadt Jericho und Salomon. Das Labyrinth ist Signet für Architekt:innen sowie eine Abbildung von Himmelskörpern und deren Bewegungsspur am Himmel und eine Abbildung der sündigen Welt. Das Labyrinth wurde als Amulett und Tätowierung verwendet, es stellte eine konkrete Schlachtanordnung dar. Das Labyrinth wurde zur Abwehr böser Einflüsse und als Schutz angebracht. Das Labyrinth ist eine begehbare Struktur, ein meditativer, spiritueller und ritueller Ort (Kern 1982, S. 26 ff), seit den 1970er Jahren vermehrt zum Begehen angelegt.

Ich ziehe nun ein Resümee meiner Forschungsarbeit „Das Labyrinth: Symbol und Erfahrung“, die auf einer phänomenologischen Herangehensweise beruht.

Begleitet wurde ich beim vorliegenden wissenschaftlichen Forschungsprojekt vom Zitat: „Ein Mangel an Vorstellungskraft ist aber kein Argument.“ (Graeber und Wengrow 2022, S. 36) Dieser Satz ermutigte mich immer wieder, unkonventionell zu denken und voranzugehen und einen möglichen Mangel an Vorstellungskraft als Ausdruck und Ergebnis meiner kulturellen Anpassung zu sehen. Der Satz verbindet Wissenschaft und Erfahrung. Ihm bin ich gefolgt, um Neues zu entdecken. Labyrinthisches Neuland. Inneres Neuland.

Das Labyrinth birgt als Symbol einen Weg in sich. Dieser ist konkret und zugleich abstrakt, denn der Weg ist leer. Diese Leere kann zu einem Spiegel werden, gefüllt mit Erinnerungen, Wünschen u. a. Der Labyrinth-Weg ist auf konkretem Boden und dessen Beschaffenheit vorgegeben und erfahrbar. Wie eine Person diesen erlebt und darauf reagiert, ist individuell und ebenso individuell relevant. Eine Person wird sich die Schuhe ausziehen und barfuß gehen, eine andere sich fürchten, auf zu spitze Steine zu treten. Eine wird in sich gekehrt gehen, eine andere ihre Aufmerksamkeit auf Menschen richten, die ihr begegnen etc. Jeder Moment, jeder Mensch, ist einzigartig, auch wenn allgemeine menschliche Eigenschaften alle miteinander ähnlich sein lässt. Der zuerst abstrakte Weg wird ein konkreter Weg, der durch die Begehung zu einer Erfahrung wird und danach wieder abstrahiert werden kann.

Das Labyrinth lädt mit seiner Schwellenöffnung ein, einzutreten und Erfahrungen zu machen. Es ist möglich, mit einer Frage ins Labyrinth zu gehen, um Antworten zu erhalten. Menschen gehen mit ihren bisherigen Lebenserfahrungen ins Labyrinth und fügen diesen neue hinzu. Aus Warum-Fragen können Wie-Fragen werden. Fragen können auch vergessen werden und sich auflösen. Alles ist möglich.

Diese unbegrenzten Möglichkeiten in einer klar begrenzten Struktur als Raum und Welt, sind das Verbindende von Labyrinth als Symbol und Erfahrung.

Mir kommt dieses anschauliche Bild in den Sinn: Schifahren. Es gibt Stellen, wo sich die Landschaft anbietet, Schuss zu fahren. Keine:r käme auf die Idee, zornig zu sein, weil die Landschaft an einer Stelle sagt: Sorry, da geht es nicht weiter, mach da mal einen hübschen Bogen, eine elegante Wedel-Wendung! Diese Erkenntnis ist im Irrgarten und Labyrinth zu gewinnen, praktisch erfahrbar wie auch durch das Symbol vermittelt: Nimm diese Wende im Leben an, sie ist zweckmäßig.

Die Labyrinth-Struktur besteht aus zwei unterschiedlich langen Fäden, die in unterschiedlicher Gestalt liegen und miteinander eine Ergänzung und Einheit bilden. Diese beiden Fäden können als binäre Begriffe scheinbarer Gegensätze (weiblich und männlich, gut und böse u. a. m.) interpretiert werden. Damit symbolisiert das Labyrinth einerseits eine gleichwertige Verbindung von Unterschiedlichem und andererseits die Auflösung von Binaritäten, indem die beiden ein Drittes miteinander bilden. Labyrinth-Erfahrungen, wie different und un/bewusst sie alle auch sind, liegt doch eines zugrunde: Das Labyrinth ist Symbol und Erfahrung: *In Verbindung Sein; sowohl mit sich als auch mit dem Weg, der Struktur und allem, was ist.*

Vielleicht sind meine Worte nur andere Worte dafür, was Bachmann mit ihren meinte, als sie schrieb: „(…) es werden alle Menschen frei sein, auch von der Freiheit, die sie gemeint haben.“ (Bachmann 1978, S. 121)

Wie Bergsteigen und Klettern können auch Labyrinth-Begehungen durch den Kontakt zur Materie, zum Boden beim Gehen, von heilendem Charakter sein.

Völckers beschreibt den Lernprozess: „Denn im Tanz lernen Körper den Boden unter ihren Füßen und die Wirkung der Schwerkraft kennen. Sie erkennen ihre Freiheit und das eigene Vermögen, die Schwerkraft zu überwinden, zu springen, zu fliegen, zu fließen und sich zu vereinen in der Bewegung mit anderen.“ (Gehm et al. 2007, S. 12) Ich füge ergänzend hinzu, dass der Körper neben der Freiheit auch seine Grenzen kennen lernt. Bei einer Labyrinth-Begehung passt sich der Körper an und reagiert mit Temporeduzierung auf Richtungswechsel.

Das Labyrinth birgt in sich Chaos und Ordnung, Symmetrie und Asymmetrie und alles, was dazwischen liegt, und macht dies alles erfahrbar. Es bringt in Bewegung und ins Schwingen. Durch die Jahrhunderte wurde bis in die Gegenwart die Gestalt des Labyrinths verändert. Jede Gestalt hat ihre Qualität. Für mich persönlich ist die ursprüngliche Form die schönste, ausgewogenste und heilsamste, in ihr schwingt Archaisches und Kreativität gleichermaßen. Wie Hermann Kern sehe ich in ihr nichts, was „optimiert“ werden könnte oder sollte. Daher steht das Labyrinth in seiner ursprünglichen siebengängigen Gestalt als Symbol und Erfahrung im Zentrum dieses Forschungsprojekts. Mögen andere Personen andere Labyrinth-Formen erforschen.

Den Weg zu wagen und damit das unvorhersehbare Leben zu leben, benötigt Mut und Offenheit. Aus welcher inneren Haltung der Mut zu wandeln erwächst, ist dabei entscheidend. Wächst er aus einem eigenen Willen oder erwächst er aus Demut. Das Labyrinth bietet einen geschützten Raum. Es lädt dazu ein, sich auf den Weg zu machen, in Bewegung zu kommen, sich einzulassen. Es ermöglicht/schenkt Umweg-Erfahrungen und Ankommen. Im Innehalten ist erfahrbar, dass es die Wege des Labyrinths sind, die das Zentrum umfassen. Das Labyrinth ist nun das *Umfassende*. Und entlässt danach in den Alltag.

In der Alltagswirklichkeit gibt es Anfang und Ende. Diese Realität als einzige und als absolut zu nehmen, wäre eine Einengung von Wirklichkeit. So wie logische Beweise eben nur logische Beweise sind, nicht aber absolute. Ob Axiome wahr sind, ist und bleibt eine Glaubenssache. Logische Beweise sind Gedankenspiele. Ich spiele mit labyrinthischen Gedanken und habe meine Freude damit. Spielen auch Sie!

Anfang und Ende fallen labyrinthisch zusammen, das bedeutet, sie bilden eine untrennbare Einheit, die nur durch Zeit und Raum getrennt ist. Die Vorstellung einer Welt ohne Zeit und Raum ist vielleicht unmöglich, doch in einer Gefühlswelt erleb- und erfahrbar. Labyrinthisch gesehen geht es also nicht um die philosophischen Fragen, die Anfang und Ende betreffen und „Wer bin ich?“, „Woher komme ich?“ und „Wohin gehe ich?“. Im Labyrinth können die Begriffe Beginn und Ende eine andere Bedeutung haben, weil praktisch und theoretisch an jedem Ort des Labyrinths begonnen und geendet werden kann und immer und überall Wandlung möglich ist.

Namen für etwas, das ein Seinszustand ist, der sich wandelt: Energie, Potenzial, Lebenskraft, Lebensenergie u. a. Wahrnehmbar sowohl im Inneren als auch im ins Außen Projizierte. Das Labyrinth gibt keine Glücksversprechen ab, es schenkt Wandlungs-Erfahrungen; jedem Menschen andere. Und diese erzählen darüber. Auch wenn es oft keinen direkten Zusammenhang zum Thema Macht zu geben scheint, so ist dieser gegeben. „Deshalb stirbt die Macht nie aus: Auch wenn sie aufgespürt, verfolgt, zermürbt und von hier vertrieben wurde, wird sie an anderer Stelle, wo ich sie am wenigsten erwartet habe, wieder auftauchen. Und Sprache ist eine der komplexesten Formen der Unterjochung, weil sie gleichzeitig einen Hort der Macht und der unbewussten Unterwürfigkeit darstellt. Jedes Zeichen, das der Sprache ihre Gestalt gibt, birgt ein Stereotyp, dessen Manipulatorin und Manipulierte Ich/ich in eins bin.“ (Trinh 2010, S. 99) Im Alltag sind Machtgefälle demnach allgegenwärtig. Wenn keine Labyrinth-Struktur materiell vorhanden ist, so kann die Gruppe von einer Person angeführt werden, die dem Labyrinth-Faden, der Wegstruktur, mental folgt. Es kann also eine Führungsperson geben, die über spezielles Wissen verfügt, das der Gruppe dient. Allerdings unterscheidet sich diese von jenen patriarchalen Führungspersonen, die eigenen Machtvorstellungen folgen. Im Labyrinth befinden sich alle Menschen auf derselben Ebene, es gibt keine Hierarchie, kein Machtgefälle, darum ist es auch ein Symbol für Egalität. Das Labyrinth ein Ort, wo Einsichten und Wissen entstehen.

Es erschließen sich für eine Einzelperson Innen- und Außenwelt und in einer Gruppe ein Einfügen und Teilsein einer Gemeinschaft. Die Labyrinth-Erfahrungen finden im alltäglichen Raum und in alltäglicher Zeit statt, doch wandeln sich diese und können zu Transzendenzerfahrungen führen. Erklärend zum Begriff Transzendenzerfahrung: „Die Idee des in der Sache versöhnten Allgemeinen und Besonderen ist es, die die metaphysische Erfahrung zu einer Erfahrung mit dem ganz Anderen werden lässt, zu einer Transzendenzerfahrung.“ (Gimmel 2011, S. 143) und ich zitiere erklärend weiter: „Damit meint die Leiberfahrung den zentralen Erkenntnisgrund von Wahrheit. Auch für Adorno wird die metaphysische

Erfahrung zum Garant von Wahrheit, auch bei ihm besteht die metaphysische Erfahrung wesentlich darin, einen Begriff als Idee erfahrend zu antizipieren." (Gimmel 2011, S. 146) Solche Erfahrungen können rhythmisch durch spezielle Schritte, Trommelrhythmen, Gerüche und Farben bewirkt und verstärkt werden. Die Bewegungsinformationen des langen, pendelnden und nicht gabelnden Weges, führen zu Erkennen. Das Labyrinth beinhaltet also einen komprimierten Erkenntnisweg. Die Gestalt eines Gehirns, einer Gebärmutter. Das ergänzende Dritte: Beides: Labyrinth. Der Ariadnefaden ist eine ununterbrochene Linie und auch eine ununterbrochene Leere, die transpersonale Erfahrungen ermöglicht.

Relevant und von Bedeutung ist die Machart des Labyrinths. Im Alltag wird von den starren Gegebenheiten des Bodens ausgegangen. Wenn aus dem Alltag hinausgedacht wird und das Labyrinth in einem gekrümmten Raum gedacht wird, dann kann sich das Ende elastisch dahin bewegen, wo ein Ende des Gehens stattfindet, womit der Raum des Anfangs und des Endes nicht mehr ident sein müssen. Daher kann auch von einer *Faltung des Labyrinths* gesprochen werden. Wenn das Labyrinth ein Symbol für Leben ist, dann kann es nicht nur starr sein. Es ist auch, was zuerst kaum vorstellbar ist, elastisch (siehe Kapitel 4.4) und passt sich an. So eindeutig die Struktur in Raum und Zeit ist, so fällt sie ohne diese beiden Dimensionen in sich zusammen und wird zu etwas, was ich nicht weiß. In meiner Vorstellung ohne Zeit und Raum entsteht keine Leere, sondern ein Brei, in dem alles unstrukturiert enthalten ist und aus dem Wirklichkeit geschöpft wird.

Nach diesem langen Forschungs-Entdeckungs-Weg kam ich zu zwei persönlichen Erkenntnissen: Sicherheit liegt für mich in Beweglichkeit. Schreiben ist mein Ariadnefaden.

Beantwortung der Forschungsfrage

Meine theoretische Annahme war, dass zwischen Form und Inhalt des Labyrinths wie auch zwischen Symbol und Erfahrung Zusammenhänge bestehen. Diesen Zusammenhängen wollte ich auf die Spur kommen. Ebenso sollte eine Antwort auf die Forschungsfrage: *Wie hängen Phänomene nichtlinearer Bewegung mit nichtlinearem Denken zusammen?* gefunden werden. Ziel meiner Forschung war, eine Theoriebildung zu erarbeiten und zu präsentieren, möglicherweise eine Theorie, die dem Labyrinth inhärent ist.

Ich habe in einem tabellarischen Überblick (siehe Anhang) Phänomene nichtlinearer Bewegung mit nichtlinearem Denken in Zusammenhang gesetzt. Das Denken an sich gibt es nicht, weil es immer schon kulturell interpretiert ist und dem ein Ursache-Wirkungs-Schema zugrunde liegt. Alles andere außerhalb dieses Schemas ist im Text eingebettet.

In diesem Bewusstsein fasse ich meine Forschungsergebnisse zusammen:

Das Labyrinth ist ein Symbol für Lebenserfahrungen und Erkenntnisse. Wird das Labyrinth begangen, ermöglicht es Erfahrungen und ist ein Ort, wo spezifische Einsichten und konkretes Wissen entstehen. Darin liegt auch das Potenzial, von bisherigen Interpretationen aufgrund von neuen Erfahrungen zu neuen Denkkonzepten zu gelangen.

Erfahrungen sind von besonderer Qualität, weil sie meist mit allen drei Gedächtnissystemen verknüpft sind. Schwarz stellt fest: „Bei Erfahrungen handelt es sich um die wertvollste Art des Wissens, denn sie nutzen nicht nur eine Form des Gedächtnisses, wie es beim Faktenwissen der Fall ist, sondern Erfahrung kombiniert die verschiedenen Gedächtnissysteme miteinander." (Schwarz 2010, S. 66–67) Es gibt aufgrund der Analyse zwei unterschiedliche Theorien: Das Labyrinth stellt die Abstraktion eines Tanzes dar, in dem Sinn, dass Tanz selbst Ausdruck von Wissen und Miteinander ist. Menschen sind divers und auch gleichwertig, begegnen einander im Tanz wertschätzend und voneinander abhängig. Immer wieder gemeinsam den Labyrinth-Tanz zu erfahren, verstärkt und bestärkt das Gefühl der Verbundenheit, des Gesehenwerdens und des Sehens. Diese Art friedvoller Begegnungen aller ermöglicht unkompliziert ein Annehmen und Angenommen werden im So-Sein. Das Labyrinth ist Symbol für einen Raum der Verständigung. Der Tanz, alleine getanzt, eröffnet andere Perspektiven und Lernprozesse, wie zum Beispiel, Leere und Einsamkeit als Potenzial und Selbstvertrauen zu entdecken. Die andere Theorie sieht im Labyrinth ein Symbol einer Raum- und Zeitstruktur, die in ein neues lineares Denken und Weltbild einstimmt.

Phänomene nichtlinearer Bewegung hängen mit nichtlinearem Denken zusammen. Dass alles einen Anfang und ein Ende hat, ist typisch für ein Weltbild westlicher Kultur. Und doch ist in dieser auch bekannt, dass Ende und Anfang zusammenhängen und untrennbar verknüpft sind. Zum Beispiel werden bei Vulkanausbrüchen von der Lava Pflanzen zerstört und nach einiger Zeit entstehen andere und neue Pflanzen. Andere Kulturen sehen alles zyklisch bzw. haben eine Spirale oder Songlines u. a. m. als Symbol. Wurde bisher das Labyrinth als ein Symbol vorpatriarchaler Zeiten verstanden, lässt es sich unter diesem Aspekt, dass der Weg einen Beginn und ein Ende hat, neu einordnen. Der Weg durch die Struktur kann durch eine 180°-Wende wiederholt und somit zu einer Endlosschleife werden. Auf der Metaebene bleibt offen, wohin der Raum führt, wenn die Person am Ende wieder am Anfang steht, jedoch in die entgegengesetzte Richtung und nicht ein weiteres Labyrinth sich öffnet.

Das Wort *linear* bedeutet *aus Linien bestehend*. Das Herkunftswort stammt aus dem Lateinischen *linea* und bedeutet (gerade) Linie. Diese ist unendlich. Wenn sie begrenzt ist, ist sie eine Strecke. Linear bedeutet im Gleichgewicht sein. Das ist eine Illusion in Wirtschaft, Natur und anderen Sparten. Zufälle geschehen und rufen ein Nichtgleichgewicht hervor, das Ursache für Bewegung wird. Madlen Ziege erläutert in ihrem Buch „Die unglaubliche Kraft der Natur“, wie Stress Tieren und Pflanzen den Weg weist, weil stressige Herausforderungen zum Leben gehören, da sie Impulse für Veränderungen werden und auch Kreativität auslösen können.

Es gibt auch nichtlineare Systeme (die Teil von Systemen der Systemtheorie sind), deren, wie auf Wikipedia nachzulesen ist: „Ausgangssignal nicht immer proportional zum Eingangssignal (Systemreiz) ist. Sie können wesentlich komplexer sein als lineare Systeme.“ Eine Metapher für bisher gedachte lineare gesellschaftliche Evolution ist eine senkrechte Leiter, z. B. für die Art der Nahrungsbeschaffung oder die Geschichte materiellen Fortschritts. Die Definitionen der Begriffe gesellschaftliche Evolution, Zivilisation und Fortschritt werden als zentrale Aspekte aufgeklärten Denkens betrachtet und wenige nur reflektieren, dass diese vor allem dazu dienten, ein Bewusstsein europäischer Überlegenheit zu bewahren. Wenn lineare Denk- und Machtstrukturen dekonstruiert werden sollen, so eignet sich als Alternative die Struktur des Labyrinths mit seinem nicht-linearen, wendungsreichen, pendelnden und als Umweg definierten Weg. Dass diese Struktur dem Leben sehr nah ist, zeigt sich darin, dass „die Nambikwara im Lauf eines Jahres zwischen zwei ökonomischen Kategorien hin und her wechseln und die Cheyenne u. a. jahreszeitengemäß zwischen Strukturen einer Horde und einem Staat wechseln.“ (Graeber und Wengrow 2022, S. 129)

Das Labyrinth ist geometrisch nicht stabil. Das spiegelt Sein wider. Der kanadische Ökologe Crawford Stanley Holling war einer der ersten, der mit der herrschenden Annahme brach, dass Ökosysteme sich zu einem perfekten Gleichgewicht entwickeln und in diesem Zustand stabil sind. Bewegung bedeutet Veränderung, die auch Nicht-Balance bedeutet, was manche als Störung bezeichnen, tatsächlich jedoch eine kommende Veränderung und eine neue Erfahrung bedeutet. Kann behauptet werden, der Weg hat eine eigene Kraft/Energie/Wirkung?

Der Nobelpreisträger Ilya Prigogine erforschte das Nichtgleichgewichtssystem der Thermodynamik, das ein offenes System ist. Es ist mit seiner Umgebung in Wechselwirkung und tauscht mit ihr Energie oder Materie aus. Ein Beispiel ist die Erde und ihre Atmosphäre, die Wetterveränderungen hervorruft. „Leben scheint den thermodynamischen Gesetzmäßigkeiten zu widersprechen, weil Organismen Ungleichgewichte wie Konzentrations- und Temperaturunterschiede erhalten und Ordnung aufbauen können, anstatt der Entropiezunahme zu verfallen. Dazu müssen sie einen ständigen Energieumsatz aufrechterhalten (ein sogenanntes offenes System im Gegensatz zu geschlossenen Systemen der klassischen Thermodynamik)." (https://de.wikipedia.org/wiki/Ilya_Prigogine)

Die bisher genannten Aspekte veranschaulichen, wie relevant Ungleichgewicht und A-Symmetrie sind, die dem Labyrinth inhärent sind.

Indem Menschen ihre Aufmerksamkeit auf ein Thema, einen Punkt, eine Person u. a. m. lenken, sind sie fokussiert und blenden anderes aus. Die Bewegung durch das Labyrinth entlang der Wegführung hat Struktur. Struktur gibt Halt und bietet Ordnung. So ist es möglich, dass manche im Labyrinth bewusst Grenzen überschreiten und andere bewusst erproben, Grenzen einzuhalten. Das ermöglicht bisherige Automatismen, Verhaltensweisen und Vorstellungen aufzulösen, sich davon zu befreien. Im Labyrinth sind vor allem die Themen Grenzen, Zurückschauen, Vorwärtsgehen, Richtungswechsel, im Zentrum Sein, Wenden, Entschleunigen und Unterwegssein enthalten. Im Begehen des Labyrinths ist Denken nicht der Sinnlichkeit enthoben.

Ist nicht alles im Universum in stetiger Bewegung und darf dennoch nicht angenommen werden, irgendetwas sei eo ipso bzw. darf als selbstverständlich betrachtet werden? Wenn dem so ist, dann ist Staunen das adäquate Verhalten.

Das Labyrinth ist Symbol wie auch ein Sonnenaufgang Symbol für den Beginn eines neuen Tages ist, einer neuen Epoche, Helligkeit nach einer Zeit der Dunkelheit, für Wärmendes auch. Wer einen Sonnenaufgang erlebt, verfügt über eine Erfahrung, der ein Symbol zugeordnet werden kann. Symbol ist alles, was nicht nur für sich selbst, sondern gleichzeitig auch für etwas anderes steht und das betrifft wohl alles in der Welt. Dabei können sich die Bedeutungen mit der Zeit verändern bzw. von Mensch zu Mensch unterschiedlich sein. Damit verbindet das Labyrinth-Symbol und Labyrinth-Erfahrungen eine untrennbare, doch veränderliche Beziehung, die durch das Schreiben dieses Textes auch mich miteinbezieht.

„Die Lösung des Problems liegt eigentlich immer im Wesen des Humors. Eigentlich beruht jeder Witz auf einer unvermuteten plötzlichen Wendung im Gedankengang." (Watzlawick 1987) Die vielen plötzlichen unvermuteten Wendungen des Labyrinth-Wegs vergegenwärtigend, lässt sich das Labyrinth als eine Struktur mit humorvollem Wesen beschreiben.

Wenn die Behauptung „Das Suchen macht das Finden unmöglich" (Watzlawick 1987) zutreffend ist, dann bietet das Labyrinth viele Finde-Erfahrungen, da der Weg vorgegeben ist wie auch das Zentrum und der Ausgang nicht gesucht werden müssen.

Das Labyrinth beinhaltet fünf Fakten (Fakten unterliegen persönlicher und gesellschaftspolitischer Bewertungen und Emotionen, sind aber an und für sich neutral): Wendungen mit Richtungswechsel, pendelnde Nähe-Distanz-Beziehungen, Umwege und ein unbekanntes Ziel, welches auch ein Wendepunkt ist. All diesen geht eines voran: zum Eingang gehen, den ersten Schritt auf dem Weg hinein in ein Thema bzw. einen Raum zu machen. Auf linearem Weg sind maximal 180° zu überblicken. Labyrinthische Wegwendungen eröffnen weitere 180°-Perspektiven und somit 360°. Das Labyrinth ist ein Ort, wo mehr und verschiedenartige Einsichten und Wissen entstehen. Jede weitere Labyrinth-Erfahrung wurzelt in der vorhergehenden und ist Teil eines Prozesses. Erfahrungen verifizieren das Symbol Labyrinth. Beide sind deckungsgleich.

Form und Inhalt des Labyrinths sind Symbol und Erfahrung für Bewegung, Weitergehen, Ankommen im Zentrum, Ankommen am Ausgangspunkt, Perspektivenwechsel und Wenden – es erleichtert und fördert gegenwärtiges Hiersein. Form und Inhalt des Labyrinths sind auch Symbol für Veränderungsprozesse, Verbindung, Beziehung und Spiegelung. Als

Überbegriffe können Welt und Lebensweg genannt werden, womit das Labyrinth Symbol von Welt, Lebensweg und Bewegung ist. Das Labyrinth ist Symbol für Materie und alles, was Nicht-Materiell und nicht messbar ist. Das Labyrinth ist Symbol für besondere nicht alltägliche Raum- und Zeiterfahrungen. Der Ariadnefaden, die Wegführung, ist Symbol für (Selbst-)Vertrauen und Geführt-Sein. Das Labyrinth ist Symbol für Spiegel und Spiegelungen und Multiperspektivität. Das Labyrinth ist Symbol für Welt. Das Labyrinth ist Symbol für einen Raum der Verständigung. Das Labyrinth ist Symbol sowohl für vorpatriarchales Sein als auch und für westliches patriarchales Denken. Form und Inhalt des Labyrinths sind Symbol für Leer- und Freiräume, Struktur, Trennung, Verbindung, Beziehungen, Bewegung, Weitergehen, Wenden, Ankommen, Perspektivenwechsel und Veränderungsprozesse.

Als Essenz bzw. Symbol-Kategorien können kreatives Potenzial einer Verweltlichung und Erzählung genannt werden.

Labyrinth und Irrgarten sind Symbole für Eigenmächtigkeit und Hilflosigkeit. Wie der Weg begangen wird, ist immer selbstbestimmt. Die Wegführung ist immer vorgegeben, was aus einer Hilflosigkeit heraus als Kontrollverlust erlebt werden kann. Diese kann durch eigenmächtige Grenzüberschreitungen aufgelöst werden. Das Labyrinth ist Symbol für charakteristische und menschliche Lebenserfahrungen auf dem Lebensweg. Es beinhaltet fünf Fakten: Wendungen mit Richtungswechsel, pendelnde Nähe-Distanz-Beziehungen, Umwege und ein unbekanntes Ziel, welches auch ein Wendepunkt ist. All diesen geht eines voran: den Eingang finden, den ersten Schritt auf dem Weg hinein, in ein Thema, einen Raum zu machen. Das Labyrinth ist beides: ein Symbol für ein Fadenspiel, wobei es selbst ein Fadenspiel ist, im Sinne Haraways.

Bewegung ist dem Leben, ist der Labyrinth-Erfahrung inhärent. Labyrinthisches Denken ist damit auch in Bewegung, nicht starr und nicht auf Ewigkeit angelegt. Entgegen bodenständigen Labyrinth-Begehungen ist mit einer spielerischen Umsetzung das Labyrinth, wenn es mit einer Schere in Streifen geschnitten wird, dreidimensional und beweglich. Im Labyrinth-Denken liegt keine explodierende Sprengkraft. Labyrinthisches Gehen erfordert kein körperliches Training oder körperliche Herausforderungen. Erfahrungswissen fließt und strömt ohne Zentrifugalkraft in selbstbestimmter Art und Weise durch Zeit und Raum. Dennoch kann sich das Gefühl von Angst und Verirrt-Sein verkörpern, ebenso wie Freude und Friede, weil das Labyrinth Unbewusstes in Bewegung bringen kann. Haben die Gehenden eine Türe oder ein Fenster offengelassen, kann etwas bewusstwerden, oder eben auch nicht.

Es gibt keine Probleme, die das Labyrinth Gehenden macht, doch es gibt Richtungswechsel und Wendungen als Herausforderungen. Jeder Schritt gehört zum Entwicklungsprozess und zum Prozess des Weitergehens. Das ist ein Angebot, beweglich, lebendig lernend zu sein und zu bleiben. Und zu staunen. Es geht auch um Lösungen. Verknotetes zu entknoten. Verknotetes verknotet zu lassen. Das Entscheidungskriterium ist für jede Person ein anderes. Hinzugefügt sei, dass sich ein allgemein anerkannter und akzeptierter anthropologischer Begriff des „Individuums“ in der Wissenschaft bis heute nicht durchgesetzt hat, worin ich Diversität und Ambiguität menschlichen Seins bestätigt sehe. Die begrenzte Bedeutung wissenschaftlichen Denkens erfordert die Notwendigkeit, dieses Denken mit anderen Wahrnehmungs- und Verbindungsqualitäten zu ergänzen, wie dies Trinh und Haraway ausführlich beschreiben.

Meine in der vorliegenden Arbeit neu gebildeten These lautet: Das Labyrinth, das einen nichtlinearen Weg in sich birgt, regt an und unterstützt nichtlinear zu denken, indem Menschen diesem Weg folgen und so eine Sache / ein Thema aus einer 360°-Perspektive sehen, erfahren und bedenken (können). Das ermöglicht, aus festgefahrenen Situationen heraus und somit in Bewegung zukommen.

Ich komme zurück auf Zeilingers Aussage: „Ein wesentlicher Punkt ist, dass wir lernen, dass nichts für sich allein existiert. Alles existiert nur in Beziehung zu etwas anderem. Und die Aussagen der Naturwissenschaft sind nur ‚Aussagen über Beziehungen‘ von möglichen Beobachtungen.“ (Zeilinger 2022)

Die Botschaft, die dem Labyrinth inhärent ist, lautet für mich somit: Mach Dir Deine Beziehungen bewusst und was Verantwortung ist! Spüre Dein Zentrum in Dir und bleibe wendig! Ich helfe Dir dabei. Ich vermittle Dir Schutz, Sicherheit und Selbstvertrauen, bis Du erkennst, dass der Weg weder zu einem Gott, einer Göttin, noch zu sich selbst führt, sondern – wie des Kaisers neue Kleider – ein Aufruf zum Überschreiten anscheinend gegebener Grenzen ist.

Somit komme ich zu einem Ergebnis, das nicht intendiert war, nämlich, was Becker und Hoeres in ihrer Definition festlegten: dass es bei Symbolen im Laufe der Zeit zu Bedeutungsverschiebungen kommen kann und damit oft eine Mehrdeutigkeit einhergeht. (Becker und Hoeres 2022) Mit meiner Arbeit habe ich belegt, dass dem Symbol Labyrinth jede Bedeutung, auch Gegenteiliges und Konträres, gegeben werden kann.

Ich schließe alle beschriebenen Kontexte nicht in einem Konzept ab und ein. Das Labyrinth ist und zeigt in aller Klarheit: Ich bin eine offene Struktur – und so ist auch meine Theorie.

Der Labyrinth-Weg hat offensichtlich seinen Rhythmus. Ich habe den meinen. Wir verbinden uns. Ich spitze meine Ohren, beginne mein Lied zu singen und gehe meinen labyrinthischen Weg in Freiheit.

Reflexion über Forschungsdesign und Forschungsmethode

Wie bei einer Labyrinth-Begehung ließ ich alle Erwartungen los und war bereit, alle unerwarteten Wendungen zu akzeptieren, so auch den außeruniversitären Forschungsweg, den ich, mit allen Vor- und Nachteilen, allein ging. Das gab mir die Freiheit, so zu schreiben, wie ich allein es richtig finde. Damit setze ich wohl Trinhs und Haraways Theorie praktisch um, indem ich mich dem Flow des Lebens, das keinen Kern hat und vielleicht auch keine Entwicklung, anvertraue. Offenheit ist auch ein Kriterium von qualitativer Forschung.

Ich ging strukturell analog einer Labyrinth-Zeichnung und -begehung vor: Wie sich das Labyrinth zusammensetzt, so setzt sich auch das Forschungsprojekt zusammen, was sich am Inhaltsverzeichnis klar zeigt.

Mein Anliegen war, auch Sichtweisen auf das Labyrinth von Menschen anderer Kulturen einzubeziehen, was die Aussagekraft meiner Arbeit sicher vergrößert hätte. Doch das war mir aufgrund des Reiseaufwands nicht möglich. Es ist wohl auch so, dass Menschen anderer Kulturen bewusst keine Bücher über ihre Gedanken und ihr Wissen schreiben, weil alle, die wissenschaftlich arbeiten, auch wissenschaftlich denken und schreiben müssen. So beziehe ich mich nur auf Autor:innen, die dem westlichen Kulturkreis angehören. Manche schrieben über ihre Forschungsarbeiten über bzw. mit Amazonas-Bewohner:innen (Südamerika), Menschen aus der Gruppe der San in Namibia (Afrika) und Aborigenes (Australien) und so konnte ich diese zumindest auf Umwegen miteinbeziehen.

Meine Denkarbeit ist eine westlich geprägte, was ich bedaure und doch muss ich diese Grenze, die ich mir bewusst gemacht habe, akzeptieren. Wenn Watzlawicks Aussage „Das Suchen hindert uns am Finden" (Watzlawick 1987) gültig ist, dann war mein Vorgehen bei meiner Forschungsarbeit richtig, denn ich suchte nicht. Ich ging wahrnehmend und denkend Schritt für Schritt weiter, fand so Zusammenhänge und entdeckte Neues.

Ein Forschungsansatz hätte sein können, Menschen zu befragen. Ich entschied mich dagegen. Ich entschied mich für einen phänomenologischen Ansatz und auch dafür, mein Wissen, meine Erfahrungen zu vertiefen, so viel wie möglich an die Oberfläche zu bringen, interdisziplinär zu denken, zu analysieren und zu reflektieren. Ich las nur wenige belletristische Bücher in dieser Zeit. Eines davon war ein 1941 erschienenes Werk der Journalistin Virginia Cowles, in dem sie schreibt: „Wir begriffen nicht, dass das Unglück der Nachbarn auch unser eigenes Unglück bedeutet; dass wir alle Teil des Ganzen sind." (Cowles 2022, S. 616) Auf einer theoretischen Ebene bedeutet das, dass ich Teil eines Systems bin, das ich beschreiben will.

Ich setzte mich intensiv mit Sprache und deren Verwendung auseinander. Begriffe wie z. B. *die Verbindung* vermitteln, dass sie neutral sind. Doch wie aussagekräftig ist ein Begriff, wenn er ohne Adjektive, also Qualitätskriterien und Intensitäten beschrieben wird? Wahrheit wird durch Sprache konstruiert. Ich könnte anhand von Prototypensemantik eine Hierarchie der Kategorien erstellen, doch darauf verzichte ich bewusst, um auch in diesem Zusammenhang erfahrungsferne Hierarchien zu vermeiden. Trinh meint, dass erst durch die Vermischung und auch den Tausch von Rollen, Geschichten, Kontexten, Bezügen u. a. dies bewusst wird und Dekonstruktion stattfinden kann. Eine lineare Erzählung ist immer in der Binarität und interpretiert, so Trinhs Standpunkt. Trinh will auch nicht das tun, was traditionell unter *erzählen* verstanden wird. Sie erzählt *zu* aber nicht *über*. (Trinh 2010, S. 10) Entlang dieses Ansatzes versuchte ich zu denken und nicht über etwas zu schreiben, was mir, so kommt es mir vor, nur in Ansätzen gelang. Ich schrieb mich.

Die Ordnung der Labyrinth-Struktur sehe ich als ein Angebot, immer mehr Freiheiten zu leben, Leben zu tanzen – sowohl im konkreten als auch im abstrakten Sinn. Das Labyrinth teilt mit und erinnert uns: „Bewegung macht klug und neugierig, macht eben auch geistig beweglich."

(Hunger und Zimmer 2012, S. 12) und ich ergänze: Das Labyrinth hilft, neugierig und beweglich zu bleiben.
Die Wirksamkeit eines Tools, also die Wirkkraft des Labyrinths, hängt auch immer von der bewussten Bereitschaft und Offenheit bzw. den Ängsten der Personen ab, sich auf Neues einzulassen, bisherige Überzeugungen loszulassen. Da alles mit allem verbunden ist und in Wechselwirkung steht, ist auch immer auf einer unbewussten Ebene eine Wirksamkeit gegeben. Dieser unbewusste Aspekt wird in der vorliegenden Arbeit nicht berücksichtigt, da dieser in den Bereich der Psychotherapiewissenschaft fällt. Die Zusammenhänge zwischen Gehen und Gehirn sowohl auf philosophischer, phänomenologischer als auch neurologischer Ebene werden noch weiter zu erforschen sein. Von welcher Art die Verbindungen von Füßen, Händen und Denken sind, ebenso.

Folgende Frage von Graeber und Wengrow berührt mich und bringt in schwingende Bewegung: „Wie sind wir in einer einzigen Form sozialer Realität stehen geblieben, und warum sind Beziehungen, die letztlich auf Gewalt und Herrschaft beruhen, in dieser Realität normal geworden?“ (Graeber und Wengrow 2022, S. 553) Auch die Geschichtsschreibung geht ihren Weg durch die Jahrtausende und wirft von neuen Standpunkten aus Blicke in die Welt und erkennt: „Nie hätten wir vermutet, dass die Sklaverei höchstwahrscheinlich mehrmals in der Geschichte und an zahlreichen Orten abgeschafft wurde und dies sehr wahrscheinlich auch für den Krieg gilt. Leider ist die Abschaffung solcher Phänomene offenbar selten endgültig.“ (ebd., S. 557) Diese Erkenntnis, in der großes emotionales Bedauern der beiden Autoren mitschwingt, dass auch der Zustand von Frieden nicht endgültig andauert, zeigt, wie schwierig es sein kann, zu akzeptieren, dass wir immer unterwegs sind bzw. zu sein scheinen und sich alles stets verändert und nichts für immer gleich ist.

Nachdem ich mehr als 160 Seiten geschrieben hatte, dachte ich, ich sei bei der Hälfte angelangt und würde noch drei Monate Schreibzeit benötigen. Doch wenige Tage später wurde mir klar: Jetzt habe ich alle Aspekte beschrieben und nur noch den Text druckfertig zu machen. In der folgenden Nacht träumte ich Folgendes: Ich war bei einem Treffen, auf dem ich hörte, dass es eine aktuelle These gibt, die besagt, dass die Funktion von Menschen auf der Erde der Kalkabbau sei bzw. die Bildung von Gänge-Tunneln im Gestein. Ich staune und denke: „Interessant! Auf diese Idee wäre ich niemals gekommen.“ Als ich aufwachte, war ich irritiert und fand die These skurril und fragte mich, was ich damit machen soll. Wie interpretieren? Ich assoziierte: Gänge im Unterirdischen anlegen. Das Unterirdische setze ich mit Unterbewusstsein gleich. Gänge in dieses Unterbewusstsein bauen, verstehe ich als Bewusstsein entwickeln. Bewusstsein entwickeln im Labyrinth! Welch schönes Bild, dieser Gesteinsblick. Kalk bringe ich in Zusammenhang mit Vergesslichkeit. Kalkabbau also gegen das Vergessen. Vergessenes erinnern und dabei Bewusstsein entwickeln. Wie schön!

Die Erfahrungen der Extrembergsteigerin Peskoller und der Extremeistaucherin Nordblad sowie aller anderen bisher zitierten Menschen haben bei mir die Auswirkung, dass ich existenziell Verbindendes erkenne. Ich staune darüber, wie sehr diese verschiedenen Erfahrungszugänge doch sehr ähnliche Lern- und Erkenntniswege sind.

Meine Forschungsarbeit war für mich, ja, so als ob ich Steine aufhebe, sammle, schleife oder so belasse und in einen goldenen Armreif nach meinem Ansinnen einfüge, der nun fertig und glitzernd vor mir liegt. Zum Weiterschenken.

Diese Forschungsarbeit war ein Experiment mit vielen Fäden. Ein Faden ist wissenschaftliches Denken, ein anderer Faden mein Denken aufgrund meiner Lebenserfahrung und ein anderer Faden das Wissen und die Weisheit anderer Menschen. Mein Schreiben war ein Weben, das Bewegung ist. Es umfasst ein mentales Fortbewegen und ein materielles Weitermachen im Hiersein. Mein Gehen war ein nomadisches, mit Rastpausen. Mein Weg führte durch Wüsten, von Oase zu Oase und zum Meeresufer, wo ich zu den bunten Meereslebewesen hinabtauchte, um viel später dann die Sterne am Nachthimmel bei ihrer Wanderung zu begleiten. Manche Nächte ließen mich frieren, andere umarmten mich innig. Nie erlebte ich Chaos, wohl überraschende Wegwendungen.

Jetzt ist das Gewebte, mir kommt das Bild eines Rocks in den Sinn, mit aller Vielfalt eine Einheit, wobei manches aufgrund der Faltung gegenwärtig und dennoch unsichtbar ist.

Von Beginn an war mir bewusst, dass ich nie ganz erfassen werde können, was Labyrinth bedeutet, doch hoffte ich auf manche Erkenntnis. Grundsätzlich optimiert Teamarbeit qualitative Forschung und daher ist es wahrscheinlich, dass ich, alleine arbeitend, einiges nicht sah und erkannte. Mein Wissen und wie ich denke, mir bewusst zu machen und im Kontext mit dem Labyrinth weiterzugeben, war auch eine Intention. Beinahe geschockt, jedenfalls durchgerüttelt, war ich, weil ich bisher davon überzeugt war, dass das Labyrinth ein vorpatriarchales Objekt ist, als ich plötzlich erkannte, dass das Labyrinth auch als Übergangobjekt zum Patriarchat gesehen werden kann.

Das Labyrinth ist Symbol und Erfahrung von Bewegungsdynamik im Leben, das es in Erinnerung zu halten gilt, damit kein langer Stillstand zur Erstarrung führt. Und vielleicht ist eine Labyrinth-Begehung eine Erfahrung, die hilft, die Realität Leben mit allen Veränderungen besser annehmen und akzeptieren zu können und so zum eigenen inneren Frieden zu finden. Meine innere Haltung hat Auswirkungen. Ganz sicher gibt es auch andere Antworten und Nicht-Gesuchtes auf wendungsreichen labyrinthischen Wegstücken noch zu entdecken. Wissen ist im Universum vorhanden. Ich kann eine wissenschaftliche Frage stellen – das Leben funktioniert nicht immer logisch, es würfelt – und eine körperlich sinnliche Antwort im Wachen oder im Traum erhalten. Mit allem Unbekannten freundlich zu leben und so leben zu lernen, scheint mir wesentlich, wie auch, im Dialog zu bleiben. Das Labyrinth ist offen. Das System ist nicht geschlossen. „Die Welt ist nicht erfüllt." (Haraway 2017, S. 120)

Trinhs Theorie wird von Babka als *Theorie in Bewegung* bezeichnet (Babka, in: Trinh 2010, S. 10), da diese permanent die Perspektive wechselt. Themen werden kurz aufgegriffen, behandelt, fallen gelassen oder zur Seite geschoben, um sie an anderer Stelle wieder aufzunehmen. „Denn der Kern der Sache ist immer anderswo als vermutet." (Trinh 2010, S. 28) Das entspricht meinem labyrinthischen Theorieansatz, der sich im Forschungsprozess bewährt hat. Aus meiner Sicht wurden die sieben Kernprinzipien qualitativer Forschung (nach Steinke 2003): Intersubjektive Nachvollziehbarkeit als Hauptkriterium, Indikation des Forschungsprozesses, empirische Verankerung, Limitation, Kohärenz, Relevanz und reflektierte Subjektivität erfüllt. Mit Hilfe der qualitativen Methode konnte das Ziel, eine Hypothese zu gewinnen, erreicht werden.

Eine göttliche Schöpfungskraft kann weder wissenschaftlich bewiesen noch nicht bewiesen werden, daher sind alle Aussagen darüber eine meta-physische Spekulation. In diesem Wissen füge ich nun folgende Gedanken an: Eine Anektote lässt den Maler Apelles zum Schuster sagen: „Was über dem Schuh ist, kann der Schuster nicht beurteilen." Denn der Schuster hatte auf Grund einer Sandale die Anatomie des Sandalenträgers kritisiert. Daraus könnte sich die Redewendung „Schuster bleib bei deinem Leisten" gebildet haben. Das klingt so einleuchtend und selbstverständlich wahr. Doch ist es das wirklich? Nein! Denn die Sandale zeigt, wie das Körpergewicht aufkommt, also mehr auf den Zehen oder dem Ballen liegt etc. und kann somit Konkretes über die Sandalen tragende Person aussagen. Immer und überall ist es zweckmäßig zu überprüfen, ob und wem vertraut wird, auf welche Aussage oder Handlung gebaut werden kann bzw. wer oder was Halt gibt. Geradezu paradox ist also, dass der Maler bei seiner Malerei bleiben sollte, weil er nichts von Sandalen versteht, nichts davon, was diese erzählen. Wie wäre eine Unterhaltung zu diesem Thema zwischen Sappho und einer Schusterin verlaufen? Malen Sie es sich doch bitte aus!

Bis vor kurzem war die Annahme, dass die Überzeugung von Nichtmateriellem als ein Zeichen von Unmündigkeit zu betrachten ist, unter Wissenschaftler:innen groß. Aufgrund der Quantenphysik verändert sich diese Auffassung. Forschungen zu Placebo-Wirkungen belegen, dass der Aspekt „Vertrauen" von großer Bedeutung ist. (Hubert 2020)

Bewusst betrat ich während meiner Forschungstätigkeit kein Labyrinth. Ich schrieb aus einer Distanz, um klarer wahrnehmen und besser reflektieren zu können und blieb doch immer in Verbindung. Weil ich das Labyrinth in mir habe, inkorporiert und ich mental in ihm bin, wir eine Einheit bilden, über die ich mehr ahne und immer noch nur wenig weiß, obwohl ich eine Gewandelte bin.

Trinhs Frage: „Wer leidet an dem Bedürfnis nach Klassifikation und Identifizierung? Wer strebt eine Identität, eine gewisse Identität an? Fragen enthalten immer die Vorurteile des Fragenden. Da es ‚keine geheime Einheit' gibt, ‚die sich am Ende der Zergliederungsarbeit fassen ließe', keine geheime Bedeutung, die hinter der Verpackung zu entdecken wäre, heißt die Suche nach Bedeutung, die Verpackung weg zu werfen." (Trinh 2010, S. 117) hat im Rahmen der Reflexion hier ihren Platz.

Beim Korrekturlesen erst habe ich meiner Arbeit den Titel „Labyrinthische Freiheit" gegeben, weil ich diese nach dem langen Schreibweg von zwei Jahren nun in mir spüre: Ich muss nichts tun. Ich muss keinen Weg mehr gehen. Es genügt zu sein. Ich kann wahrnehmen: Ich bin mit allen verbunden. Das ist mein persönliches Resümee mit dem Wissen: „Die Zusammenhänge reichen möglicherweise weiter, als wir denken." (Graeber und Wengrow 2022, S. 514)

Ausblick und offene Fragestellungen als Ergebnis dieser Forschung

Aspekte meiner Forschungsarbeit, die mir davor unbekannt waren, hatten Auswirkungen auf mich und veränderten mich. Den Gedanken, dass es keine gesellschaftliche Evolution, so wie sie bisher verstanden wurde, gibt, legte ich auf das Labyrinth um. Ich sprach davor von Bewusstseinsentwicklung im Labyrinth und versuche nun, mit anderen Worten dieses *Sein* zu beschreiben, in anderen und neuen Bildern. Ariadnes Faden wird als der Weg durch das Labyrinth bezeichnet, doch so sehe ich ihn nicht mehr. Er ist nicht der Weg, er kennzeichnet ihn nur. Ein Faden ist nicht starr und kann beliebig gelegt sowie ab- und aufgerollt werden, auf- und abgewickelt werden, doch er entwickelt sich nicht. Er ist immer derselbe, auch wenn er unterschiedliche Formen wie Spirale und Mäander, eine Schnurgestalt, eine Knäuelgestalt u. a. annimmt. Es gibt keine Hierarchie im Faden, denn weder ist der Anfang noch das Ende oder ein Mittelteil wichtiger oder bedeutender als jeder andere Fadenteil. Er besteht als Ganzheit.

Eine Pflanze, die aus der Erde treibt, Knospen und Blüten und Früchte entwickelt, zeigt ihre möglichen Seins-Zustände in Raum und Zeit. Ich betrachte ihr Potenzial, interpretiere dies jedoch nicht als Entwicklung im Sinne von *besser oder ganz werden*. So ist es vielleicht auch mit Bewusstsein. Es ist immer vorhanden und zeigt sich in unterschiedlichen Formen, ohne sein *Sein* zu wandeln oder zu verändern.

Es kann eine Welt ohne Raum und Zeit gedacht und berechnet werden, auch wenn wir uns dies so gut wie nicht vorstellen können. Zeit und Raum sind wahrscheinlich Illusionen, die das menschliche Gehirn benötigt, um irdisches Leben zu ermöglichen. Dass evolutionäres Denken aus Vorurteilen besteht, wurde nachgewiesen. Ich frage mich, ob dies für alle Aspekte evolutionären Denkens gilt und denke Folgendes: Progression, also Fortschritt und Fortschreiten, ein Wort, ein Begriff, der mit Machtverhältnissen verbunden werden kann und auch verbunden ist. Mir fällt dazu Wasser ein. Es kann flüssig, fest und gasförmig sein, ist immer das gleiche und doch nicht dasselbe. In jedem Zustand hat es eine andere Wirkkraft: Es kann in Wasserkraftwerken Strom erzeugen, als Dampf Lokomotiven in Bewegung setzen und als Eis eine Grenze bilden zwischen sich als Wasser (also sich selbst) und Luft.

Ich stelle mir nun Bewusstsein so vor. Im eisigen Zustand bedeutet es Grenze und Krieg, im flüssigen Bewegung und Entdeckungen, als Gas Frieden und Humor. Konkret aus dem Leben gegriffen ist das Lachen des Publikums, als der russische Außenminister am 3. März 2023 in Indien behauptete, die Ukraine hätte Russland angegriffen und dieses Lachen in sozialen Medien um die Welt ging. Lawrow werde zu einer Witzfigur, die Weltmacht werde einfach ausgelacht, das müsse peinlich sein, lauteten verschiedene Reaktionen. Menschen können sich anderen unterordnen oder diese auslachen und weiter nichthierarchisch miteinander leben. Die Macht des Lachens. Diese Gedanken in Bezug auf das Labyrinth aufzugreifen und weiterzuforschen, das ist ein Ausblick.

Im Hinblick auf künftige Forschungsbereiche scheint mir quantitative Forschung anhand von Umfragen auch interessante Ergebnisse liefern zu können. Fragestellungen könnten sich darauf beziehen, in welchen Lebensphasen sich Menschen für das Labyrinth interessieren und in welchen deren Interesse dafür wieder endet.

Fragestellungen neurologischer Forschungen könnten lauten: Welche Regionen im Gehirn werden aktiviert und wie spielen diese zusammen, wenn ein Labyrinth begangen wird? Können aus dieser Forschung Schlüsse gezogen werden, um labyrinthische Begehungen therapeutisch gezielt einzusetzen?

Zu welchen Erkenntnissen kommt eine Labyrinth-Erfahrungsgruppe, die kontinuierlich über ein Jahr jede Woche Erfahrungen sammelt und diese anschließend reflektiert?

Weitere Fragestellungen beziehen sich auf das Erleben und Verstehen des Labyrinths von Menschen, die nicht vom westlichen Denken geprägt sind: Welche Bedeutung geben Menschen, die nicht westlicher Denklogik folgen, einem Labyrinth?

Möglicherweise habe ich Wesentliches übersehen, weil mir das Labyrinth viel zu nah war?

Eine Fragestellung im musikalischen Bereich könnte lauten: Welche Wirkung hat der labyrinthische Rhythmus ta-te-te-ta-ta-te-te-ta, bei dem die Puls-Zwischenräume unterschiedlich lange sind?

Bewegen und gestimmt sein. Singen und gleichzeitig Hören. Alle Disharmonien singen und hören, die es braucht für kosmische Harmonie. Im Nichtwissen nicht verloren gehen, sondern mit jedem neuen Schritt neues Wissen staunend entdecken, erfahren, in einem Korb sammeln, um nach einiger Zeit alles Wissen auszuleeren und zu verkochen und sich einzuverleiben und dann: Neues Wissen einsammeln und staunen, wie dieses schmeckt.

Welche bisherigen Aussagen zum und über das Labyrinth müssen jetzt aus dem Korb des Wissens geleert werden, damit neue ihren Platz einnehmen können?

Dies ist ein weiterer Ausblick.

Mögen sich für viele Leser:innen Forschungsimpulse finden und Labyrinth-Forschung weiter in Bewegung bleiben!

Ich habe viele Forschungs-Jonglierbälle in die Luft geworfen und wieder aufgefangen. Ein paar sind auf den Boden gefallen. Mal sehen, wer sie aufhebt oder wieder oder auch neue mit ins Spiel bringt.

Schluss-Wort als Conclusio

Nun bin ich mit dem labyrinthischen Erkunden, Denken und Schreiben fertig. Die Forschungsfragen wurden beantwortet. Das Labyrinth ist Symbol für einen Ort, wo spezifische Einsichten und konkretes Wissen entstehen und erfahren werden. Auf linearem Weg sind maximal 180° Perspektive zu überblicken, der nicht-lineare labyrinthische Weg eröffnet 360°. Darin liegt das Potenzial, zu neuen Denkkonzepten zu gelangen. Die Ordnung gab und gibt das Labyrinth selbst vor. Form und Inhalt des Labyrinths sind Symbol und Erfahrung für Bewegung, Weitergehen, Trennung, Verbindung, Eigenmächtigkeit und Hilflosigkeit, Ankommen im Zentrum, Wegwendungen mit Perspektivwechsel und Ankommen am Ausgangspunkt, was nicht alltägliche Raum- und Zeiterfahrungen und verweltlichte Erfahrungserzählungen ermöglicht sowie aufgrund der Bewegung aus „festgefahrenen“ Situationen nicht nur in körperliche, sondern auch wieder in innere Bewegung zu kommen.

Die A-Symmetrie, das Ungleichgewicht des Labyrinths, ist von relevanter Bedeutung und dem Labyrinth inhärent. Im entschleunigten Gehen, im

Wandeln, ist ein Gewandelt-Werden möglich. Das Labyrinth ist Symbol und Raum für Kommunikation mit dem eigenen Spiegelbild und allen anderen Menschen im Labyrinth. Verständigung ist immer ein Wagnis mit ungewissem Ausgang. Beim Begehen des Labyrinths ist Denken nicht der Sinnlichkeit enthoben. Obwohl das Labyrinth aus eindeutigen Grenzlinien besteht, sind Grenzüberschreitungen auf allen Ebenen möglich.

Die Grenzen wissenschaftlichen Denkens erfordern die Notwendigkeit, dieses mit anderen Wahrnehmungs- und Verbindungsqualitäten zu ergänzen, wie dies Trinh und Haraway ausführlich beschreiben und versuchten umzusetzen.

Die Theorie konnte gebildet werden, dass das Labyrinth ein Symbol einer Raum- und Zeitstruktur ist, die in ein lineares Denken und Weltbild einstimmt und gleichzeitig darüber hinausgeht. Wenn die Lösung des Problems im Wesen des Humors liegt, dann lässt sich das Labyrinth als eine Struktur mit humorvollem Wesen beschreiben. Wenn Suchen tatsächlich ein Finden unmöglich macht, dann bietet das Labyrinth, dem keine Wegentscheidungen inhärent sind, viele Finde-Erfahrungen. Das Labyrinth ist Symbol für die alltägliche materielle Welt und auch alles, das nichtmateriell und nicht messbar ist.

Meine unausgesprochene Vermutung, dass das Labyrinth grundsätzlich ein sanftes Lernfeld für Körper und Geist ist, bestätigte sich im Vergleich zum Extrembergsteigen und Extremeistauchen. Erfahrungen von Entschleunigung, Zeitlosigkeit und Friede sind allen dreien, mit vielleicht unterschiedlicher Intensität, gemein. Ich habe keine Person gefunden, die über alle drei Erfahrungen verfügt, um Vergleiche anstellen zu können. Möglicherweise sind solche Nuancierungen nicht weiter relevant.

Auch komme ich zu einem Ergebnis, das nicht intendiert war, nämlich der Bestätigung der Definition des Begriffs *Symbol* (Becker und Hoeres 2022): Bei Symbolen kann es im Laufe der Zeit zu Bedeutungsverschiebungen kommen, womit eine Mehrdeutigkeit einhergeht. Mit meiner Arbeit habe ich belegt, dass auch dem Symbol *Labyrinth* Bedeutungen und Gegenteiliges und Konträres gegeben wurde und wird.

Das Labyrinth ist Symbol für ein Fadenspiel im Sinne Haraways und selbst ein Fadenspiel, das sich aus zwei Fäden zusammensetzt, womit ein Drittes gebildet wird. Sich immer mehr im Leben bewusst zu machen und bewusst zu sein, verändert und wandelt. Fadenspiel Leben. Labyrinthische Freiheit. In Verbundenheit.

NACH-WORT

24

LITERATUR UND ONLINEQUELLEN

Bibliographie und Literatur zum Labyrinth

Attali, Jacques (1999): Wege durch das Labyrinth. Hamburg: Europ. Verl.-Anst.

Artress, Lauren (2006): Walking a sacred path. Rediscovering the labyrinth as a spiritual practice. Rev. and updated. New York: Riverhead Books.

Barmettler, Agnes; Farner, Regula; Knecht, Ursula; Krüger, Caroline; Küng, Zita; Morf, Katherina; Schmid, Rosmarie (2011): Erzähl mir Labyrinth. Frauenkultur im öffentlichen Raum; 20 Jahre Labyrinthplatz Zürich. Unter Mitarbeit von Agnes Barmettler, Regula Farner, Ursula Knecht, Caroline Krüger, Zita Küng, Katherina Morf und Rosmarie Schmid. 1. Aufl. [Rüsselsheim]: Göttert.

Curry, Helen (2000): The Way of the Labyrinth. A Powerful Meditation for Everyday Life. Unter Mitarbeit von Jean Houston. East Rutherford: Penguin Publishing Group (Compass Ser). Online verfügbar unter https://ebookcentral.proquest.com/lib/kxp/detail.action?docID=6054922, zuletzt geprüft am 10.10.2022.

Dürrenmatt, Friedrich; Reichmann, Wolfgang; Düben, Otto (2006): Labyrinth. Aus den „Stoffen I–III". Diogenes-Hörbuch. 2 CDs. Zürich: Diogenes-Verl.

Eco, Umberto; Franz, Michael (1999): Im Labyrinth der Vernunft. Texte über Kunst und Zeichen. 4. Aufl. Leipzig: Reclam (Reclam-Bibliothek).

Fröschl, Monika; Müller, Ingeborg E. (2005): Die heilende Kraft des Labyrinths. 1. Aufl. München: Don Bosco.

Graves, Robert; Seinfeld, Hugo (1994): Griechische Mythologie. Quellen und Deutung. Neuausg. in 1 Bd., 43.–46. Tsd. Reinbek bei Hamburg: Rowohlt (Rowohlts Enzyklopädie).

Hohmut, Jügen (2003): Labyrinthe & Irrgärten. 2. Aufl. München: Frederking & Thaler (Geosaison).

Jaskolski, Helmut (1994): Das Labyrinth. Symbol für Angst, Wiedergeburt und Befreiung. 1. [Dr.]. Stuttgart: Kreuz-Verl.

Kehren, Timo; Krahn, Carolin; Oswald, Georg; Poetsch, Christoph (Hg.) (2019): Staunen. Perspektiven eines Phänomens zwischen Natur und Kultur. Wilhelm Fink GmbH & Co. Verlags-KG. Paderborn, Deutschland: Wilhelm Fink (Poetik und Ästhetik des Staunens, Bd. 6).

Kern, Hermann (1995): Labyrinthe. Erscheinungsformen und Deutungen; 5000 Jahre Gegenwart eines Urbilds. 3. Aufl. München: Prestel.

Kern, Hermann; (2000): Through the labyrinth. Designs and meanings over 5000 years. Edited by Jeff Saward and Robert Ferre. Munich, London: Prestel.

Kraft, John (1997): Die Göttin im Labyrinth. Spiele und Tänze im Zeichen eines matriarchalen Symbols. Bern: ed. amalia.

Kruse, Zoltán Ludwig (2010): Labyrinthos. Wortkernschichtung. Roccastrada, Italien. Online verfügbar unter http://www.laberintes.de/titel.htm, zuletzt aktualisiert am 2011, zuletzt geprüft am 10.10.2022.

Larrington, Carolyne (1997): Die mythische Frau. Ein kritischer Leitfaden durch die Überlieferungen. Wien: Promedia-Dr.-u.-Verl.-Ges.

Lonegren, Sig (1991): Labyrinths. Ancient myths and modern uses. Glastonbury: Gothic Image.

Nagele-König, Andrea (1991): Ariadne und Dionysos. Versuch zur Diskon tinuität des Vernünftigen.

Passig, Kathrin; Scholz, Aleks (2010): Verirren. Eine Anleitung für Anfänger und Fortgeschrittene. 1. Aufl. Berlin: Rowohlt.

Peel, Jeanne M. (2004): The Labyrinth: An Innovative Therapeutic Tool for Problem Solving or Achieving Mental Focus. In: *The Family Journal* 12 (3), S. 287–291. DOI: 10.1177/1066480704264349.

Reißmann, Erwin (2008): bloggermymaze. Wie zeichne/konstruiere ich ein klassisches Labyrinth? Würzburg. Online verfügbar unter https://bloggermymaze.wordpress.com/2008/09/30/klassisches-labyrinth-konstruieren/, zuletzt aktualisiert 2022, zuletzt geprüft am 10.10.2022.

Renye, Denise (2020): Using a Labyrinth As an Integration Tool. Hg. v. GoodTherapy. Denver, USA. Online verfügbar unter https://www.goodtherapy.org/blog/Labyrinth-as-Integration-Tool, zuletzt aktualisiert 2021, zuletzt geprüft am 10.10.2022.

Rhode, John W. (2006): A Framework for Labyrinth Research. Texas. Online verfügbar unter https://zdi1.zd-cms.com/cms/res/files/382/AFrameworkforLabyrinthResearch.pdf, zuletzt geprüft am 10.10.2022.

Saward, Jeff (2022): Labyrinthos Library. Thundersley, England. Online verfügbar unter https://www.labyrinthos.net/biblioasiaafrica.html, zuletzt geprüft am 10.12.2022.

Saward, Jeff (2003): Das große Buch der Labyrinthe und Irrgärten. Geschichte, Verbreitung und kultische Bedeutung. Aarau und München: AT Verlag.

Saward, Jeff: Caerdroia, Zeitschrift gegr. 1980, Thundersley, England.

Schaefer, Signe; Staley, Betty; Matthews, Margli (1987): Das Erwachen Ariadnes. Frauen antworten auf d. Herausforderung d. Bewusstseins. Stuttgart: Verl. Freies Geistesleben.

Schmakowski, Rafaela (2021): Zeiträume. Zeit. Kultur. Kalender. Labyrinthe. 1. Aufl. Berlin: epubli.

Seifried, Ilse M. (1999): Die Kunst zu wandeln – das labyrinth – Mythos und Wirklichkeit. St. Pölten: Niederösterreichische Landesregierung.

Seifried, Ilse M. (Hg.) (2002): Das Labyrinth oder Die Kunst zu wandeln. Innsbruck: Haymon.

Seifried, Ilse M. (2018): Symbol der Welt. Eine Philosophie des Labyrinths. Wien. Online verfügbar unter https://www.i-m-seifried.at/Galerie-meiner-Arbeiten/Buecher-und-Online-Publikationen/, zuletzt aktualisiert 2018, zuletzt geprüft am 10.10.2022.

Seifried, Ilse M. (2012): Die Kunst zu wandeln. Labyrinthkongresse 2001–2012. Weitere Beteiligte: Peter Bosch. Ilse Seifried (Regie). Wien: Edition IK. Online verfügbar unter https://ikverein.wordpress.com/2018/07/26/verein-ikaon-at/, zuletzt geprüft am 10.10.2022.

Seifried, Ilse M. (2015): Das Labyrinth im Irrgarten. Wien: Edition IK.

Shalima, Li (2011): „Die symbolische Mutter in Ordnung bringen". Ein Labyrinth Film-Vortrag. Frankfurt a. M.: Tomult & Töchter.

University College London (2004): Körpergefühl nur eine Illusion? Unter Mitarbeit von Nadja Podbregar. Hg. v. MMCD NEW MEDIA GmbH. Düsseldorf. Online verfügbar unter https://www.scinexx.de/news/biowissen/koerpergefuehl-nur-eine-illusion/, zuletzt aktualisiert 2004, zuletzt geprüft am 10.10.2022.

Weiss, Eveline (2002): Hoffnungssymbol Labyrinth. Diplomarbeit. Universität Wien, Theologische Fakultät.

Wind, H. G. (2017): Listening to the Labyrinths. Castricum: F & N Eigen Beheer.

Wolff, Uwe (2001): Reise ins Labyrinth. Unterwegs zur eigenen Mitte. Freiburg i. Br., Basel, Wien: Herder (Herder-Spektrum).

Labyrinth-Websites

https://bloggermymaze.wordpress.com/

www.begehbare-labyrinthe.de

www.labyrinth-project.ch

https://www.labyrinth.at

www.labyrinthos.net/

www.labyrinthsociety.org/

Bibliographie

Amlinger, Carolin; Nachtwey, Oliver (2023): Gekränkte Freiheit. Aspekte des libertären Autoritarismus. 1. Aufl. Berlin: Suhrkamp.

Arendt, Hannah: Günter Gaus im Gespräch mit Hannah Arendt. Was bleibt? Es bleibt die Muttersprache. (Zur Person). Online verfügbar unter https://www.rbb-online.de/zurperson/interview_archiv/arendt_hannah.html, zuletzt geprüft am 10.10.2022.

Arendt, Hannah; Beiner, Ronald (Hg.) (2013): Das Urteilen. Texte zu Kants Politischer Philosophie; dritter Teil zu „Vom Leben des Geistes". 2. Aufl. München, Zürich: Piper (Piper, 7490).

Arendt, Hannah (2016): Vom Leben des Geistes. 9. Aufl. Hg. v. Mary McCarthy. München: Piper (Piper, 2555).

Bachmann, Ingeborg (Hg.) (1978): Malina. München: Piper.

Bardeleben, Renate von; Matter-Seibel, Sabina (Hg.) (2000): Frauen in Kultur und Gesellschaft. Ausgewählte Beiträge der 2. Fachtagung Frauen-/Gender-Forschung in Rheinland-Pfalz. Tübingen: Stauffenburg-Verl. (Frauen-/Gender-Forschung in Rheinland-Pfalz, 2).

Bath, Corinna; Meißner, Hanna; Trinkaus, Stephan; Völker, Susanne (2011): Geschlechter Interferenzen: Verletzbarkeit, Handlungsfähigkeit und Wissen. Hg. v. FG-Geschlechterstudien. Berlin. Online verfügbar unter http://www.fg-gender.de/wp-content/uploads/2011/04/Abstract_Bath_Meissner_Trinkaus_Voelker_FG_Jahrestagung_Verletzbarkeiten2.pdf, zuletzt aktualisiert 2022, zuletzt geprüft am 12.12.2022.

Batliner, Daniel; Ballweg, Tobias (2009): Inkubation und die sieben Zwerge. Universität Luzern. Luzern. Online verfügbar unter https://www.unilu.ch/fileadmin/fakultaeten/ksf/institute/philsem/PDFs/Essay-2-Daniel-Batliner.pdf, zuletzt aktualisiert am 12.10.2009, zuletzt geprüft am 03.10.2022.

Beck, Henning (2013): Biologie des Geistesblitzes – Speed up your mind! 1. Aufl. Berlin: Springer-Spektrum; Springer Spektrum. Online verfügbar unter http://deposit.d-nb.de/cgi-bin/dokserv?id=4327282&prov=M&dok_var=1&dok_ext=htm, zuletzt geprüft am 10.10.2022.

Becker, Frank; Hoeres, Peter: Was ist ein Symbol? Hg. v. Universität Konstanz. Geschichtswissenschaft. Konstanz. Online verfügbar unter https://www.uni-konstanz.de/FuF/Philo/Geschichte/Tutorium/Themenkomplexe/Quellen/Quellenarten/Symbol_als_Quelle/Was_ist_ein_Symbol_/was_ist_ein_symbol_.html, zuletzt geprüft am 10.10.2022.

Bendel-Larcher, Sylvia (2015): Linguistische Diskursanalyse. Ein Lehr- und Arbeitsbuch. Tübingen: Narr Francke Attempto (Narr Studienbücher). Online verfügbar unter https://elibrary.narr.digital/book/99.125005/9783823378686.

Bergier, Jean-François (1989): Die Geschichte vom Salz. Frankfurt a. M.: Campus-Verl.

Bertozzi, Carolyn (2022): Wie Nobelpreisträgerin Carolyn Bertozzi die Wissenschaft rockt. Unter Mitarbeit von David Rennert. In: *Der Standard.* Online verfügbar unter https://www.derstandard.at/story/2000139875814/wie-nobelpreistraegerin-carolyn-bertozzi-die-wissenschaft-rockt, zuletzt aktualisiert am 12.10.2022, zuletzt geprüft am 14.12.2022.

Bianchi, Paolo (2019): Irritierende Umwege gehen. Unter Mitarbeit von Veronika Schuster. Zürcher Hochschule der Künste. Zürich (142). Online verfügbar unter https://www.zhdk.ch/file/live/f9/f99a70620391045d6f313110aef0c49fb3acc052/interview_out_of_the_box_kmn1903_low.pdf, zuletzt geprüft am 10.10.2022.

Bieri, Peter (2009): Die Vielfalt des Verstehens. Über die Sprache der Natur und die Sprache der Literatur, Göttingen. Akademie der Wissenschaften, zuletzt geprüft am 04.04.2020.

Bill, Josef (2019): Staunen. Tor zur Wirklichkeit. 1. Aufl. Würzburg: Echter Verlag (Ignatianische Impulse, v.85). Online verfügbar unter https://ebookcentral.proquest.com/lib/kxp/detail.action?docID=6724079, zuletzt geprüft am 10.10.2022.

Bono, Edward de (1989): Denken lernen heisst auch Lachen lernen. DOI: 10.5169/SEALS-976067.

Braun, Helmut; Ausländer, Rose (Hg.) (1984): Gesammelte Werke in sieben Bänden. Frankfurt a. M.: S. Fischer

Breithaupt, Fritz (2022): Das narrative Gehirn. Was unsere Neuronen erzählen. Berlin: Suhrkamp. Online verfügbar unter https://ebookcentral.proquest.com/lib/kxp/detail.action?docID=7021703.

Brinkmann, Malte (2020): Phänomenologische Bildungsforschung. Humboldt-Universität zu Berlin. Berlin. Online verfügbar unter https://www.researchgate.net/publication/344403473, zuletzt aktualisiert 2020, zuletzt geprüft am 18.12.2022.

Bublitz, Hannelore (2021): Judith Butler zur Einführung. 6., ergänzte Aufl. Hamburg: Junius (… zur Einführung).

Bublitz, Hannelore (2018): Das Archiv des Körpers. Konstruktionsapparate, Materialitäten und Phantasmen. Bielefeld: transcript (Sozial theorie). Online verfügbar unter https://elibrary.utb.de/doi/book/10.5555/9783839442784, zuletzt geprüft am 10.10.2022.

Butler, Judith (1991): Das Unbehagen der Geschlechter. 1. Aufl. Frankfurt a. M.: Suhrkamp.

Candia, Gianluca de; Pareyson, Luigi (Hg.) (2021): Vom Staunen der Vernunft. 1. Aufl. Münster: Aschendorff Verlag.

Castaneda, Carlos (2003): Das Rad der Zeit. Das Vermächtnis des Don Juan. 4. Aufl. Frankfurt a. M.: Fischer-Taschenbuch-Verl. (Fischer-Taschenbuch, 14590).

Cleghorn, Elinor (2022): Die kranke Frau. Wie Sexismus, Mythen und Fehldiagnosen die Medizin bis heute beeinflussen. 1. Aufl. Köln: Kiepenheuer & Witsch.

Cotten, Ann (2017). In: *Text + Kritik* (214), S. 38–41.

Di Cesare, Donatella (2022): Das Komplott an der Macht. Unter Mitarbeit von Daniel Creutz. 1. Aufl. Berlin: Matthes & Seitz Berlin Verlag.

Die Armutskonferenz (2022): Aktuelle Armutszahlen. Daten aus EU-SILC 2021. Hg. v. Die Armutskonferenz. Wien. Online verfügbar unter https://www.armutskonferenz.at/armut-in-oesterreich/aktuelle-armuts-und-verteilungszahlen.html, zuletzt geprüft am 28.12.2022.

DWDS (2023). Hg. v. Berlin-Brandenburgische Akademie der Wissenschaften. Berlin. Online verfügbar unter https://www.dwds.de/wb/sinnen, zuletzt geprüft am 05.03.2023.

Eberling, Knut (2022): Warum Theorie nicht ich-los sein sollte. ORF Science. Wien. Online verfügbar unter https://science.orf.at/stories/3212839/, zuletzt aktualisiert am 04.05.2022, zuletzt geprüft am 10.11.2022.

Eberwein, Werner (2015): Was ist Phänomenologie? Berlin. Online verfügbar unter https://werner-eberwein.de/was-ist-phaenomenologie/, zuletzt aktualisiert 2022, zuletzt geprüft am 10.12.2022.

Elsler, Lukas (2011): Wissenschaft im Diskurs. Wie Wissenschaftlichkeit intersubjektiv bestimmt wird. Hg. v. Universität Münster. Online verfügbar unter https://www.unimuenster.de/imperia/md/content/wissenschaftstheorie/preisfrage/elsler_-_wissenschaft_im_diskurs.pdf, zuletzt geprüft am 20.04.2021.

Everett, Daniel Leonard (2013): Die größte Erfindung der Menschheit. Was mich meine Jahre am Amazonas über das Wesen der Sprache gelehrt haben. 1. Aufl. München: Dt. Verl.-Anst.

Flick, Uwe; Kardoff, Ernst von; Steinke, Ines (Hg.) (2017): Qualitative Forschung. Ein Handbuch. Unter Mitarbeit von Heinz Bude. 12. Aufl., Originalausgabe. Reinbek bei Hamburg (Rororo Rowohlts Enzyklopädie, 55628).

Foucault, Michel (2000): Von der Subversion des Wissens. Mit einer Bibliographie der Schriften Foucaults. 5. Aufl. Frankfurt a. M.: Fischer-Taschenbuch-Verl. (Fischer-Taschenbücher Fischer Wissenschaft, 7398).

Freistetter, Florian (2015): Quantenheilung hilft, denn alles ist Schwingung und Energie. Hg. v. Standard. Wien. Online verfügbar unter https://www.derstandard.at/story/2000017159015/quantenheilung-hilft-denn-alles-ist-schwingung-und-energie, zuletzt aktualisiert am 09.06.2015, zuletzt geprüft am 13.09.2022.

Friedrich, Udo; Hoffmann, Ulrich; Quast, Bruno (Hg.) (2020): Anthropologie der Kehre. Figuren der Wende in der Literatur des Mittelalters. Berlin, Boston: De Gruyter (Literatur – Theorie – Geschichte, Band 21). Online verfügbar unter https://www.degruyter.com/isbn/9783110706093.

Freudenberg, Ricarda; Lessing-Sattari, Marie (Hg.) (2020): Zur Rolle von Irritation und Staunen im Rahmen literarästhetischer Erfahrung. Theoretische Perspektiven, empiriebasierte Beobachtungen und praktische Implikationen, Wien: Peter Lang, Online verfügbar unter https://ebookcentral.proquest.com/lib/kxp/detail.action?docID=6457943.

Gargani, Aldo G. (1990): Das Staunen und der Zufall. Wien: Braumüller (Philosophica, 5).

Gaßner, Josef M. (2012): Urknall, Weltall und das Leben. Vom Nichts bis heute morgen. Harald Lesch und Josef Gaßner (Regie). 4 CDs (ca. 270 Min.). Grünwald: Komplett-Media.

Gehm, Sabine; Husemann, Pirkko; Wilcke, Katharina von (Hg.) (2007): Wissen in Bewegung. Perspektiven der künstlerischen und wissenschaftlichen Forschung im Tanz. Bielefeld: transcript (TanzScripte, Band 8).

Geißler, Karlheinz; Geißler, Jonas; Orthey, Frank Michael (2022): Zeitverständnis. München. Online verfügbar unter https://timesandmore.com/philosophie/zeitgeschichte/, zuletzt aktualisiert 2022, zuletzt geprüft am 10.10.2020.

Gesellschaft für Neue Phänomenologie e. V. (Hg.) (2022): Was ist Neue Phänomenologie? Universität Rostock. Online verfügbar unter https://www.gnp-online.de/die-gnp/neue-phaenomenologie.html, zuletzt aktualisiert 2022, zuletzt geprüft am 10.10.2022.

Gess, Nicola (2021): Zwischen Wahn und Wundern. Eigenzeiten des Staunens. In: *Zeitschrift für Kulturwissenschaften* 15 (1), S. 37–52. DOI: 10.14361/zfk-2021-34687.

Gess, Nicola; Schnyder, Mireille; Marchal, Hugues; Bartuschat, Johannes (Hg.) (2017): Poetik und Ästhetik des Staunens. Boston: BRILL (Poetik und Ästhetik des Staunens Ser). Online verfügbar unter https://ebookcentral.proquest.com/lib/kxp/detail.action?docID=6513729.

Gimmel, Jochen (2011): Metaphysische Erfahrung und Verzweiflung. Hg. v. Universität Mainz. Philosophische Fakultät. Online verfügbar unter https://download.uni-mainz.de/fb05-philosophie-schopenhauer/files/2020/03/2011_Gimmel.pdf, zuletzt geprüft am 12.01.2023.

Göttsche, Dirk; Dunker, Axel; Dürbeck, Gabriele (Hg.) (2017): Handbuch Postkolonialismus und Literatur. Stuttgart: J. B. Metzler.

Grüny, Christian; Nanni, Matteo (Hg.) (2014): Rhythmus – Balance – Metrum. Formen raumzeitlicher Organisation in den Künsten. Bielefeld: Transcript-Verl. (De Gruyter eBook-Paket Sozialwissenschaften, Bd. 30). Online verfügbar unter https://www.degruyter.com/isbn/9783839425466.

Günthner, Susanne; Hüpper, Dagmar; Spieß, Constanze (Hg.) (2012): Genderlinguistik. Sprachliche Konstruktionen von Geschlechtsidentität. Tagung „Sprachliche Konstruktionen von Geschlechtsidentität“. Berlin, Boston: De Gruyter (Linguistik – Impulse & Tendenzen, 45).

Gutiérrez Rodríguez, Encarnación (Hg.) (2017): Wissen materialisieren. Epistemologische Hierarchisierung und rassifizierte Wissensproduktion. Unter Mitarbeit von Ha, Kien Nghi und Mesghene, Mekonnen. Heinrich-Böll. Berlin (Geschlossene Gesellschaft).

Gutland, Christopher (2019): Denk-Erfahrung. Eine phänomenologisch orientierte Untersuchung der Erfahrbarkeit des Denkens und der Gedanken. 1. Aufl. Baden-Baden: Verlag Karl Alber (Alber Thesen Philosophie, 70).

Haraway, Donna Jeanne (2017): Monströse Versprechen. Die Gender- und Technologie-Essays. Deutsche Erstausgabe. Hamburg: Argument Verlag (Argument Classics).

Haraway, Donna Jeanne (2018): Unruhig bleiben. Die Verwandtschaft der Arten im Chthuluzän. Frankfurt, New York: Campus Verlag. Online verfügbar unter http://www.content-select.com/index.php?id=bib_view&ean=9783593438542.

Harlizius-Klück, Ellen: Zahlverwandtschaften. Versuch über die Reproduktion des Geschlechts der natürlichen Zahl. Online verfügbar unter 10.14361/transcript.9783839410134.27.

Harlizius-Klück, Ellen (2004): Weberei als *episteme* und die Genese der deduktiven Mathematik.

Harlizius-Klück, Ellen (2005): Das Gewebe der Geschlechter und der Faden der Logik. Wien. Online verfügbar unter http://ctr.hum.ku.dk/upload/application/pdf/f51d6748/Das%20Gewebe%20der%20Geschlechter%20und%20der%20Faden%20der%20Logik.PDF, zuletzt geprüft am 10.10.2022.

Harlizius-Klück, Ellen (2007): Das unendliche Geschlecht – Löcher und Lücken im Gewebe der Mathmatik. In: Ute Frietsch, Jennifer John, Konstanze Hanitzsch und Beatrice Michaelis (Hg.): Geschlecht als Tabu. Orte, Dynamiken und Funktionen der De/Thematisierung von Geschlecht. s. l.: transcript Verlag (GenderCodes – Transkriptionen zwischen Wissen und Geschlecht, 5), S. 205–215.

Hasler, Felix (2015): Neuromythologie. Eine Streitschrift gegen die Deutungsmacht der Hirnforschung. 5., unveränderte Aufl. Bielefeld: transcript (XTexte).

Hopkins, Jeffrey (Hg.) (2003): Der Weg zum Glück. Sinn im Leben finden. 9. Aufl. Freiburg im Breisgau, Basel, Wien: Herder.

Hochgerner, Markus (1994): „Das Ich ist vor allem ein körperliches ...“. Psychosentherapie mit Konzentrativer Bewegungstherapie. In: Renate Hutterer-Krisch (Hg.): Psychotherapie mit psychotischen Menschen. Wien: Springer, S. 295–311.

Hocquet, Jean-Claude (1993): Weißes Gold. Das Salz und die Macht in Europa von 800 bis 1800. Stuttgart: Klett-Cotta.

Hoffmann-Ammann, B. (2022): Wie Angst unser Gehirn verändert. Medizinische Universität Innsbruck. Innsbruck. Online verfügbar unter https://www.i-med.ac.at/mypoint/news/740331.html, zuletzt geprüft am 10.10.2022.

Hubert, Martin (2020): Doktor Placebo – Wie Erwartungen gesünder machen (Wissen). SWR 2, 02.12.2020. Online verfügbar unter https://www.swr.de/swr2/wissen/doktor-placebo-wie-erwartungen-gesuender-machen-swr2-wissen-2020-12-02-100.html, zuletzt geprüft am 10.10.2022.

Hücker, Franz-Josef (2007): In memoriam Paul Watzlawick. In: *Psychotherapie Forum* 15 (2), S. 104. DOI: 10.1007/s00729-007-0197-y.

Hunger, Ino; Zimmer, Renate (Hg.) (2012): Frühe Kindheit in Bewegung. Entwicklungspotenziale nutzen – das Buch zum 7. Osnabrücker Kongress Bewegte Kindheit 2011. Schorndorf: Hofmann.

Information Philosophie (Hg.) (2006): Feministische Philosophie: Feministische Phänomenologie. Online verfügbar unter https://www.information-philosophie.de/?a=1&t=889&n=2&y=1&c=50, zuletzt geprüft am 12.12.2022.

Kammer für Arbeiter und Angestellte für Wien (Hg.) (2013): Reichtum in Zahlen. Online verfügbar unter https://www.arbeiterkammer.at/service/studien/wirtschaftundpolitik/studien/Reichtum_in_Zahlen.html, zuletzt geprüft am 28.12.2022.

Kast, Verena (1991): Sisyphos. Der alte Stein – der neue Weg. 4. Aufl. (14.–16. Tsd.). Zürich, Stuttgart: Kreuz-Verl. (Zauber der Mythen).

Kast, Verena (2018): Trauern. Phasen und Chancen des psychischen Prozesses. 1. Aufl. Freiburg im Breisgau: Verlag Herder. Online verfügbar unter http://nbn-resolving.org/urn:nbn:de:bsz:31-epflicht-1260580, zuletzt geprüft am 10.10.2022.

Kehren, Timo; Krahn, Carolin; Oswald, Georg; Poetsch, Christoph (Hg.) (2019): Staunen. Perspektiven eines Phänomens zwischen Natur und Kultur. Wilhelm Fink GmbH & Co. Verlags-KG. Paderborn, Deutschland: Wilhelm Fink (Poetik und Ästhetik des Staunens, Bd. 6).

Kempermann, Gerd (2018): Bewegung und Hirnleistung. Gehen hilft uns geistig auf die Sprünge. Interview. Unter Mitarbeit von Christopher Schwarz. Hg. v. Dieter von Holtzbrinck. In: *Wirtschaftswoche*. Düsseldorf. Online verfügbar unter https://www.wiwo.de/lifestyle/bewegung-und-hirnleistung-gehen-hilft-uns-geistig-auf-die-spruenge/23120110.html, zuletzt geprüft am 12.12.2022.

Kleindl, Reinhard (2023): Mysteriöse Linien. In: *Der Standard*. Wien. Online verfügbar unter https://www.derstandard.at/story/2000144029369/das-raetsel-um-die-entstehung-der-sechseckmuster-in-salzwuesten-ist, zuletzt aktualisiert am 01.03.2023, zuletzt geprüft am 01.03.2023.

Kotthoff, Helga; Nübling, Damaris (2018): Genderlinguistik. Eine Einführung in Sprache, Gespräch und Geschlecht. Unter Mitarbeit von Claudia Schmidt. Tübingen: Narr\Francke\Attempto (Narr Studienbücher).

Kotzab, Herbert (2022): Überblick zu wissenschaftlichen Methoden zur Verfassung von Abschlussarbeiten. Universität Bremen. Bremen. Online verfügbar unter https://www.uni-bremen.de/fileadmin/user_upload/fachbereiche/fb7/lm/Dateien_LM/Methodenkatalog.pdf, zuletzt aktualisiert am 2022, zuletzt geprüft am 10.11.2022.

Kröger, Kaja (2020): Passiver Widerstand? Der Körper und die feministische Philosophie. Unter Mitarbeit von Marvin Dreiwes. Stiftung Forschungsinstitut für Philosophie Hannover. Hannover. Online verfügbar unter https://philosophie-indebate.de/3648/indepth-passiver-widerstand-der-koerper-und-die-feministische-philosophie/, zuletzt aktualisiert am 29.05.2020, zuletzt geprüft am 10.12.2022.

Kuckartz, Udo (2018): Qualitative Inhaltsanalyse. Methoden, Praxis, Computerunterstützung. 4. Aufl. Weinheim, Basel (Grundlagentexte Methoden). Online verfügbar unter http://ebooks.ciando.com/book/index.cfm?bok_id/2513416.

Lao Tse (1990): Tao-te-king. Zürich: Diogenes (Diogenes-Taschenbuch Detebe-Klassiker, 21875).

List, Elisabeth (1991): Feministisches Denken im Spektrum der Gegenwartsphilosophie. In: *Deutsche Zeitschrift für Philosophie* 39 (5), S. 514–527. DOI: 10.1524/dzph.1991.39.5.514.

Lorde, Audre; Rich, Adrienne; Schultz, Dagmar (Hg.) (1993): Macht und Sinnlichkeit. „Du kannst nicht das Haus des Herren mit dem Handwerkszeug des Herren abreißen". S. 199–212. Erweiterte Neuausgabe. Berlin: Orlanda Frauenverlag.

Marçal, Katrine (2022): Die Mutter der Erfindung. Wie in einer Welt für Männer gute Ideen ignoriert werden. Hamburg: Rowohlt Verlag. Online verfügbar unter http://epub.sub.uni-hamburg.de/epub/volltexte/einzelplatz/2022/135071/.

Miller, Alice (2007): Dein gerettetes Leben. Wege zur Befreiung. 1. Aufl. Frankfurt a. M.: Suhrkamp.

Meyen, Michael (2011): Qualitative Forschung in der Kommunikationswissenschaft. Eine praxisorientierte Einführung. 1. Aufl. Wiesbaden (Studienbücher zur Kommunikations- und Medienwissenschaft).

Meyer-Stromfeldt, Bernd (2022): Bewegungsgeräte nach Hengtenberg. Hg. v. Basisgemeinde Wulfshagenerhütten eG. Tüttendorf. Online verfügbar unter https://basisgemeinde.de/artikel/bewegungsgeraete-nach-hengstenberg-, zuletzt aktualisiert 2022, zuletzt geprüft am 16.12.2022.

Moser, Andrea (2010): Kampfzone Geschlechterwissen. Kritische Analyse populärwissenschaftlicher Konzepte von Männlichkeit und Weiblichkeit. Wiesbaden: VS Verlag für Sozialwissenschaften / GWV Fachverlage GmbH Wiesbaden. Online verfügbar unter http://gbv.eblib.com/patron/FullRecord.aspx?p=750387, zuletzt geprüft am 10.10.2022.

Narby, Jeremy (2001): Die kosmische Schlange. Auf den Pfaden der Schamanen zu den Ursprüngen modernen Wissens. 2. Aufl. Stuttgart: Klett-Cotta.

Nordblad, Johanna (2022): Die Eisbrecherin. Unter Mitarbeit von Karin Cerny. Hg. v. Red Bull AG. The Red Bulletin. Baar. Online verfügbar unter https://www.redbull.com/ch-de/theredbulletin/johanna-nordblad-eistauchen-freediving-weltrekord, zuletzt aktualisiert 2022, zuletzt geprüft am 12.01.2023.

Peskoller, Helga (1988): Vom Klettern zum Schreiben – Ein Versuch, sich zur Gänze zu verwenden. Monographie einer Dissertationsgeschichte als erzählte Wissenschaft. Dissertation. Leopold-Franzens-Universität, Innsbruck. Erziehungswissenschaft.

Peskoller, Helga (1998): BergDenken. Eine Kulturgeschichte der Höhe: 2 Studien. Zugl.: Innsbruck, Univ., Habil.-Schr., 1996. 2. Aufl. Wien: Eichbauer.

Peskoller, Helga (2001): Extrem. Wien, Köln, Weimar: Böhlau.

Peskoller, Helga (2012): zu Fuß. Eine körperliche Bildnotiz. In: *Paragrana* 21 (1), S. 69–82. DOI: 10.1524/para.2012.0006.

Peskoller, Helga (2014): Körperlicher Raum. Unter Mitarbeit von Wulf, C., Zirfas, J. In: Christoph Wulf und Jörg Zirfas (Hg.): Handbuch pädagogische Anthropologie. Wiesbaden: Springer VS (Handbuch), S. 395–401. Online verfügbar unter 10.1007/978-3-531-18970-3_35.

Peskoller, Helga (2015): Berge, Menschen, Meere. In: *Paragrana* 24 (1), S. 39–50. DOI: 10.1515/para-2015-0004.

Peskoller, Helga (2018): Im Zeit-Raum: Bergdenken – Helga Peskoller. Unter Mitarbeit von Johannes Kaup. orf. Wien (Gespräche). Online verfügbar unter https://oe1.orf.at/artikel/220886/Im-Zeit-Raum-Bergdenken-Helga-Peskoller, zuletzt geprüft am 01.05.2021.

Plagge, Walter (2012): Bewegungsparcours (Wie geht das?). okto tv, 03.07.2012. Online verfügbar unter https://www.okto.tv/de/oktothek/episode/10120, zuletzt geprüft am 13.12.2022.

Plahl, Sylvia (2020): Bewegungsintelligenz. Wie wir lernen, uns wieder körpergerecht zu bewegen. Deutschlandradio. Köln. Online verfügbar unter https://www.deutschlandfunkkultur.de/bewegungsintelligenz-wie-wir-lernen-uns-wieder.966.de.html?dram:article_id=450918, zuletzt geprüft am 10.10.2022.

Pokorny: Die Wirkprinzipien der Konzentrativen Bewegungstherapie. In: Hochgerner, Markus; Adler, Eva (Hg.) (2000): Was heilt in der Psychotherapie? Überlegungen zur Wirksamkeitsforschung und methodenspezifische Denkweisen. Wien: Facultas-Univ.-Verl. (Psychotherapeutische Theorie und Praxis, 5).

Pörksen, Bernhard (Hg.) (2015): Schlüsselwerke des Konstruktivismus. Unter Mitarbeit von Siegfried J. Schmidt. 2., aktualisierte und erweiterte Aufl., Online-Ausgabe. Wiesbaden: VS Verlag für Sozialwissenschaften (Springer eBook Collection).

Poetsch, Christoph (2019): Das Staunen als Anfang der Philosophie. In: *Zeitschrift für Philosophische Forschung* 73 (1), S. 100–132. DOI: 10.3196/004433019825852439.

Ransmayr, Christoph (2022): Unter einem Zuckerhimmel. Balladen und Gedichte. Unter Mitarbeit von Anselm Kiefer. Frankfurt a. M.: S. Fischer.

red, ORF.at (2022): Bericht: 2050 leben drei Milliarden in Klima-Hotspots. ORF. Wien (News). Online verfügbar unter https://orf.at/stories/3293220/, zuletzt aktualisiert 2022, zuletzt geprüft am 10.12.2022.

red. (2023): Lawrow in Indien von Publikum ausgelacht. orf. Wien (News). Online verfügbar unter https://orf.at/#/stories/3307502/, zuletzt aktualisiert am 04.03.2023, zuletzt geprüft am 04.03.2023.

Reitz, Michael (2019): Was macht Macht? Die Philosophie Michel Foucaults. Salzburger Nachtstudio. Radio. Wien. Online verfügbar unter https://oe1.orf.at/player/20190821/561449.

Rothhaupt, Josef; Vossenkuhl, Wilhelm; Rothhaupt, Josef G. F. (Hg.) (2012): Kulturen und Werte. Wittgensteins Kringel-Buch als Initialtext. Berlin: De Gruyter (Über Wittgenstein, Bd. 1).

ruf & ehn (2022): Physikalische Fingerübungen. In: *Der Standard,* 22.10.2022, I 4.

Schami, Rafik (2014): Damaskus im Herzen und Deutschland im Blick. 4. Aufl. München: Dt. Taschenbuch-Verl. (dtv, 13796).

Schmid Noerr, Gunzelin; Ziege, Eva-Maria (2019): Zur Kritik der regressiven Vernunft. Beiträge zur „Dialektik der Aufklärung“. Wiesbaden: Springer VS.

Schrattenholzer, Elisabeth (2015): Macht macht Sprache – Sprache schafft Wirklichkeit. Für ein Fundament ohne Fundamentalismus. Wien (Kulturwissenschaft, 50).

Schrattenholzer, Elisabeth (2019): Was ist Identität – und was nicht? Worte, Werte, Weltanschauung: Für ein Fundament ohne Fundamentalismus. Hg. v. Elisabeth Schrattenholzer. Wien. Online verfügbar unter https://www.elisabeth-schrattenholzer.at/wp-content/uploads/2019/12/Schrattenholzer-Beitrag.pdf, zuletzt geprüft am 23.04.2020.

Schwarz, Friedhelm (2010): Verstehen Sie Ihren Verstand? Gehirnforschung für den Alltag. 1. Aufl. 2010. Stuttgart: Haufe (Haufe Sachbuch Wirtschaft, 214). Online verfügbar unter http://nbn-resolving.org/urn:nbn:de:bsz:31-epflicht-1246478.

Seifried, Ilse M. (2021): Schreibprozesse bei Barbara Frischmuth unter den Aspekten „schöpferische Leere" und „Gender". Masterarbeit. Universität Wien, Wien. Sozialwissenschaften. Online verfügbar unter https://ubdata.univie.ac.at/AC16269850, zuletzt geprüft am 10.10.2022.

statista (2022): Anteil der Stadt- und Landbevölkerung weltweit. Hg. v. Statista GmbH. Hamburg. Online verfügbar unter https://de.statista.com/statistik/daten/studie/1174428/umfrage/anteil-der-stadt-und-landbevoelkerung-weltweit/, zuletzt aktualisiert 2022, zuletzt geprüft am 10.10.2020.

Trinh T. Minh-ha (1996): Grenzereignis. Künstlerinnenstatement. Tokio, 1996.

Trinh T. Minh-ha (2010): „Woman, Native, Other" // Woman, native, other. Postkolonialität und Feminismus schreiben. Eingeleitet von Anna Babka. Unter Mitarbeit von Matthias Schmidt. Wien: Turia + Kant.

Trinh T. Minh-ha, (2016): Mother's Talk. Mutter(s) GeRede als Erzählkunst des Lebens. In: Anna Babka, Marlen Bidwell-Steiner und Wolfgang Müller-Funk (Hg.): Narrative im Bruch. Theoretische Positionen und Anwendungen. 1. Aufl. Göttingen: V&R Unipress (Broken Narratives, Band 1), S. 239–248.

Trinh T. Minh-ha, (2016): Voice over I. In: Anna Babka, Marlen Bidwell-Steiner und Wolfgang Müller-Funk (Hg.): Narrative im Bruch. Theoretische Positionen und Anwendungen. 1. Aufl. Göttingen: V&R Unipress (Broken Narratives, Band 1), S. 249–254.

Trinh T. Minh-ha, (2016): Lovecidal. Walking with the Disappeared. New York, NY: Fordham University Press. Online verfügbar unter https://ebookcentral.proquest.com/lib/kxp/detail.action?docID=5205725.

Trinh T. Minh-ha (2017): Trinh T. Minh-ha: Gedanken aus dem Zwischenraum. Interview. Unter Mitarbeit von Julia Grillmayr. In: *Der Standard*. Wien. Online verfügbar unter https://www.derstandard.at/story/2000061310309/gedanken-aus-dem-zwischenraum, zuletzt geprüft am 05.05.2020.

Trinh T. Minh-ha (2018): Das Bild, das weiße Blatt und die Leere. Mediale und epistemische Transformationen in Kunst, Design und Film. Unter Mitarbeit von Eva Knopf, Sophie Lembcke und Mara Recklies. Bielefeld: transcript (Edition Kulturwissenschaft; Archive dekolonialisieren, Band 173).

Waffeder, Manfred (Regie) (1997): Herzschlag der Kontinente. Film. Deutschland: zdf, arte.

Wandler, Reiner (2022): Portugal schafft Sonderbedingungen für digitale Nomaden. In: *Der Standard*. Wien (Wirtschaft). Online verfügbar unter https://www.derstandard.at/story/2000140797914/portugal-schafft-sonderbedingungen-fuer-digitale-nomaden, zuletzt aktualisiert 2022, zuletzt geprüft am 12.12.2022.

Watzlawick, Paul (1987): Wenn die Lösung das Problem ist. Evangelisches Bildungswerk Stuttgart. Stuttgart, 1987. Online verfügbar unter https://www.youtube.com/watch?v=cl4aZTPsTSs, zuletzt geprüft am 28.09.2022.

Watzlawick, Paul (2007): Vom Unsinn des Sinns oder vom Sinn des Unsinns. Der vorliegende Text basiert auf zwei aufeinander bezugnehmenden Vorträgen im Wiener Rathaus, am 17. Mai 1989 und am 5. November 1991. 6., verb. Aufl. Wien (Wiener Vorlesungen im Rathaus, 16).

Weigel, Sigrid (1996): Kein philosophisches Staunen – Schreiben im Staunen: Zum Verhältnis von Philosophie und Literatur nach 1945: Benjamin, Adorno, Bachmann. Hg. v. J. B. Stuttgart: Metzler'sche. Deutsche Vierteljahrsschrift für Literaturwissenschaft und Geistesgeschichte. Stuttgart. Online verfügbar unter DOI: 10.1007/BF03375568.

Westphal, Kristin (2014): Phänomenologie als Forschungsstil und seine Bedeutung für die kulturelle und ästhetische Bildung. Hg. v. Projekt: „Kubi-online: Wissenstransfer für Kulturelle Bildung“. Wolfenbüttel. Online verfügbar unter https://www.kubi-online.de/artikel/phaenomenologie-forschungsstil-seine-bedeutung-kulturelle-aesthetische-bildung, zuletzt aktualisiert 2021, zuletzt geprüft am 16.12.2022.

Wetzel, Jakob: Henne oder Ei? Online verfügbar unter https://www.sueddeutsche.de/wissen/henne-ei-problem-fortpflanzung-evolution-1.5924445?utm_source=pocket-newtab-global-de-DE, zuletzt geprüft am 13.06.2023.

Wieselberg, Lukas (2022): Auch spannend: Gedanken wandern lassen. ORF Science. Wien. Online verfügbar unter https://science.orf.at/stories/3214354/, zuletzt geprüft am 28.07.2022.

Wildermuth, Volkart (2022): Das Wir im Ich. Das Wir im Ich – Wie Kultur unser Denken und Fühlen prägt. (Dimensionen). Ö1, 24.08.2022. Online verfügbar unter https://oe1.orf.at/player/20220824/687962, zuletzt geprüft am 24.08.2022.

Witten, Edward (2022): Wissen aktuell, 18.07.2022. Online verfügbar unter https://oe1.orf.at/player/20221010/694486, zuletzt geprüft am 20.07.2022.

Wittgenstein, Ludwig (1989): Ludwig Wittgenstein und der Wiener Kreis. Hg. v. Brian MacGuinness und Friedrich Waismann. Frankfurt a. M.: Suhrkamp (Werkausgabe, 3).

Zehnder, Christian (2017): Das Staunen und seine Krisen aus philologischer Sicht. DOI: 10.5169/SEALS-893701.

Zeilinger, Anton (2019): Was ist Wahrheit? Das Pilatus Projekt, 2019. Online verfügbar unter https://www.addendum.org/, zuletzt geprüft am 10.10.2022.

Zeilinger, Anton (2022): „Ich habe immer nur das gemacht, was mich interessiert hat“. Wiederholung von 2001 (Im Gespräch). Ö1, 06.10.2022. Online verfügbar unter https://oe1.orf.at/player/20221006/694299, zuletzt geprüft am 10.10.2022.

Zeilinger, Anton (2020): Anton Zeilinger: „Die Welt ist nicht nur materiell“. Unter Mitarbeit von Martin Tauss. Furche. Wien. Online verfügbar unter https://www.furche.at/wissen/anton-zeilinger-die-welt-ist-nicht-nur-materiell-4195608, zuletzt geprüft am 08.10.2022.

Zeilinger, Anton (2022): „Pfeif drauf, was andere sagen“. Unter Mitarbeit von Tanja Traxler. Hg. v. Bronner. In: *Der Standard*. Wien. Online verfügbar unter https://www.derstandard.at/story/2000139790280/nobelpreistraeger-anton-zeilinger-pfeif-drauf-was-andere-sagen, zuletzt aktualisiert am 08.10.2022, zuletzt geprüft am 10.10.2022.

ABBILDUNGSVERZEICHNIS

Gieselmann, Sibylle: 21
https://sibyllegieselmann.com/

Reissmann, Erwin: 1, 2, 3, 5, 12, 13, 15, 16, 17, 18, 20, 22, 23 a
https://bloggermymaze.wordpress.com/

Saward, Jeff: 6, 7, 8, 9, 10, 11, 14
https://labyrinthos.net/

Seifried, Ilse: 4, 19, 23 b, 23 c
https://www.i-m-seifried.at/

NMAI (National Museum of the American Indian, Smithsonian Institution), Katalognummer 11/415: 24, https://americanindian.si.edu/

ANHANG

Phänomene Nicht-linearer Bewegung – Labyrinthisches	**Nicht-Lineares Denken**
180°-Wendungen sind ein Richtungswechsel.	Denkwende: Gegenargumente werden aufgegriffen, was auch die Denkweise verändert.
Der Weg führt pendelnd (Nähe – Distanz) zum Zentrum.	Das Denkergebnis scheint nahe und manchmal weit entfernt vom Thema bei diesem Denkprozess zu sein.
Der Umweg zeigt in Summe 360°.	Jeder Aspekt gehört zum Thema und wird aufgegriffen. Intersektionales Denken ist so möglich. Die Komplexität und die Relevanz der Blickrichtung werden erkannt.
Der Weg hat einen eigenen Rhythmus.	Wollen und das Ziel werden temporär losgelassen, weil Denken eigenen Rhythmen unterliegt. Das Sich-führen-Lassen von diesen Rhythmen bringt neue Bilder, Perspektiven und unerwartete Gedanken.

Phänomene Nicht-linearer Bewegung – Labyrinthisches	**Nicht-Lineares Denken**
Es ist unbekannt, ob und wenn, welches Ziel es gibt.	Assoziationen, Emotionen und Einfälle werden aufgegriffen und nicht logischem Denken untergeordnet, weil dieses nur eine Weise des Denkens ist, das wie Leben nie zur Gänze kontrolliert werden kann. Der Denk-Blick ist nicht nur nach außen, sondern auch nach innen gerichtet.
Der Eingang ist der Ausgang.	Die Gedanken zu Beginn sind mit Erfahrungen angereichert.
Beim Gehen ist die gesamte Person (Emotion, Geist, Körper) einbezogen, mit dem Boden in Kontakt und mit einwirkenden Kräften (z. B. Gravitation) konfrontiert, auf die reagiert wird.	Denk-Prozesse und ihre Veränderungspotenziale annehmen, denn nichts ist denkunmöglich, außer die Angst verhindert dies.
Gehend handeln!	Denken und Welt werden bzw. sind verbunden.
Dem Labyrinth-Weg folgen, Erfahrungen machen	Dem Denkweg, ohne Bewertungen und Entscheidungen zu treffen, folgen und reflektieren, was sich zeigt.
Weggrenzen respektieren oder überschreiten	Überzeugungen führen das Denken woanders hin als wenn diese losgelassen werden und weiter über bisherige Überzeugungsgrenzen gedacht wird

ABSTRACT

D*as Labyrinth als Symbol und Erfahrung* wird von mir mit qualitativer Methode phänomenologisch erforscht. Die theoretische Annahme, dass zwischen Form und Inhalt des Labyrinths wie auch zwischen Symbol und Erfahrung Zusammenhänge bestehen, wird belegt. Ebenso können Zusammenhänge zwischen *Phänomenen nichtlinearer Bewegung mit nichtlinearem Denken* aufgezeigt werden. Gender ist in Theorie und Methodik im Sinne von Donna Haraway und Trinh T. Minh-ha mitgedacht und umgesetzt.

Zu Beginn steht eine Auseinandersetzung mit Epistemologischem. Es folgen vier Studien, die sich auf Topographie und Choreographie des Labyrinths beziehen. Die Labyrinth-Struktur mit ihren unterschiedlichen Teilen und Labyrinth-Begehungen mit Bezügen auf körperliche Aktivitäten werden detailreich analysiert. Daran schließt sich ein philosophischer Teil zu Form und Inhalt an. Bis dahin Fehlendes und Ausgeschlossenes wird in der vierten Studie thematisiert. Danach wird ein Resümee gezogen. Die neuen Erkenntnisse, die durch Verknüpfungen und Lösen von Knoten entstehen, sind Impulse für weitere wissenschaftliche interdisziplinäre Labyrinth-Forschungen.

Dem Labyrinth adäquat verläuft der Forschungsweg nicht linear, auch wenn das Inhaltsverzeichnis als roter Faden diesen Eindruck vermittelt. Obwohl die Forschung ohne eindeutiges Ergebnis endet, weil alles, außer vielleicht in der mathematischen Welt, vieldeutig ist, bringt sie viele Teilergebnisse. Jedes davon verweist auf ein anderes und so liegt mit dieser Arbeit ein vorläufiges Denkgewebe vor.

The labyrinth as symbol and experience is explored phenomenologically by me using qualitative methods. The theoretical assumption that there are connections between form and content of the labyrinth as well as between symbol and experience is substantiated. Likewise, connections between phenomena of non-linear movement with non-linear thinking can be shown. Gender is considered and implemented in theory and methodology in the sense of Donna Haraway and Trinh T. Minh-ha.

At the beginning, there is an examination of epistemological issues. This is followed by four studies that relate to the topography and choreography of the labyrinth. The labyrinth structure with its different parts and labyrinth walks with references to physical activities are analysed in detail. This is followed by a philosophical section on form and content. What was missing and excluded until then is addressed in the fourth study. Then a summary is drawn. The new insights gained by linking and untying knots are impulses for further scientific interdisciplinary labyrinth research.

Adequate to the labyrinth, the research path is not linear, even if the table of contents as a red thread gives this impression. Although the research ends without an unambiguous result, because everything, except perhaps in the mathematical world, is ambiguous, it produces many partial results. Each of them points to another, and so this work presents a provisional fabric of thought.

INHALT

DANK

Auch beim letzten Wort mache ich eine überraschende Entdeckung und staune: *Dank* ist etymologisch von *denken* abgeleitet, das ursprünglich *wahrnehmen* und *erkennen* bedeutete. Mensch-Sein.

ZUR AUTORIN

Ilse M. Seifried

1956 in Wien geboren
Lehramt für Sonderschule und Sprachheilpädagogik
Weiterbildung in Konzentrativer Bewegungstherapie (ÖAKBT, Wien)
Weiterbildung in Musiktherapie (bei W. und U. Strobel, Würzburg)
Masterstudium *Gender Studies,* Universität Wien
Autorin von Lyrik, Prosa, Kinderbuch, Libretto, Sachbuch

https://www.i-m-seifried.at/